美國霸權的衰退和墮落

冷戰後美國外交政策的檢討

關中 著

序　言
★ ★ ★

　　當年我在美國唸書時（1966-1968，1971-1973），印象最深刻的是美國的「例外主義」（exceptionalism）。在所看到和美國外交有關的書中，莫不強調美國的天賦使命和與眾不同，美國人的優越感和使命感是令人難以置信的。

　　經過探討，發現美國「例外主義」有三個主要背景：

　　一是美國是一個高度宗教性的國家，美國自認是「山頂之城」（a city upon a hill）、「希望之地」（the land by promise）和「天佑之國」（the providential nation），美國人民是上帝的「選民」（chosen people）。由於這種強烈的宗教信仰，美國給自己製造了許多的「神話」，包括美國有使命去宣揚基督教福音和教化落後的國家和人民。

　　二是美國自認本身成功的例子可作為世界其他國家的楷模。美國得天獨厚，有最好的地理位置和最豐富的資源，南北無強國，東西有兩大洋的屏障，國土本身從未受到安全的威脅，在兩次世界大戰中均以後來居上之勢，收割勝利的成果。從此美國便認為自己偉大，「美國第一」不僅是現在或未來，而且是永遠。在冷戰結束成為唯一霸權之後，更不能允許其他國家挑戰美國的地位。

　　三是美國只相信資本主義，排斥社會主義。美國認為資本主義創造了美國的富裕、繁榮和機會均等。由於沒有歐洲的貴族和封建制

度，美國先天就是一個平等主義的社會結構，一個成就取向的價值體系。左派思想在美國被視為異端，冷戰時代更強化了這一觀念。迄今美國對非資本主義體制的國家，仍然是敵視的，如中國、俄國等。

但矛盾的是如果美國自認是「例外的」，對世界其他國家去推銷美國的價值便沒有必要。因為其他國家和美國不同，也沒有美國那麼幸運。但美國偏偏要以推銷美國價值當它外交政策的主要目的，其結果便是造成美國外交政策上的虛偽、不道德和雙重標準。

進一步探討為何美國需要如此做的原因，發現是因為美國外交菁英必須以「利他主義」（altruism）來包裝美國的自私和自利。他們不斷告訴美國人民，美國在海外打仗都是不得已的，不是為了權力和財富，更不是為了取得土地和資源，而是為了民主、自由和人權，為了解救被壓迫的人民。

為了維護美國這種正義感和使命感，美國的外交菁英對外界對美國的批評是聽不進去的。他們認為，即使方法或手段不當，也會被美國高尚的理想和理念所抵銷。久而久之，美國成為一個傲慢、自大，甚至不講道理的國家。

基本上，美國人民並不關心外交問題，他們認為美國是為了美國人民而存在，不是為其他國家而存在，這是為什麼川普會有將近一半美國選民支持的原因。今日美國的情況是政治（尤其是外交）菁英與人民疏離，人民也普遍對政府失望。從 1960 年代迄今，美國人民對政府的信心一直在下降中。

在過去 50 年間，雖然在工作上未能如願長期投入教職，但我對美國外交政策的興趣始終未減，也陸續看了不少相關的書。但我看的書愈多，對美國的反感愈深。為了維護美國的霸權，美國可以無惡不

作，甚至謊言說盡。的確，美國是空前的強大，強大到不容忽視，但一個如此強大的國家，不去關心世界上人類共同的問題，不去照顧窮困和貧苦的國家和人民，只追求自己利益的極大化，把自己的安全無限上綱，把不肯配合美國的國家予以打壓，把不接受它頤指氣使的國家稱之為流氓國家。它好像把這個世界當作自己的私有財產。天下有這樣霸道的國家嗎？

美國是世界上最幸運的國家，在它建國 246 年的歷史中，本土幾乎沒有受過戰爭的波及。但從 20 世紀初成為帝國主義後，是對外發動戰爭最多的國家，約打了 280 次。美國的對外戰爭，從來不是為了自衛，美國是世界上最安全的國家，但美國卻以「利他主義」──民主、自由、人道──為藉口去干涉他國內政，甚至可以採取「制先攻擊」。美國在第二次大戰後曾揚言以「法治促進和平」，曾幾何時，美國已完全不講法治了。當前美國的口號是「以規則為基礎的世界秩序」，問題是美國的規則，既不是國際法，也不是聯合國通過的法律，自 1994 年以來美國從未批准過任何聯合國通過的法律，包括 1982 年的聯合國海洋法公約，因為美國宣稱不能接受高於美國法律的約束。相反的，美國近年來還傾向以美國國內法來超越國際法、國際公約和外交協定。例如，如今提到「一個中國」政策時，美國的順序是「台灣關係法」優先於「美中建交公報」。美國今日所講的「規則」就是符合美國利益的規定，這是一個法治國家所應為的嗎？

我個人一生醉心於研究美國外交政策，但我年輕時對美國美好的看法已完全破滅。美國的神話變成謊話，美國的民主變成笑話，美國的資本主義成為戰爭資本主義、掠奪式的資本主義和贏者通吃的資本主義，毫無公平、正義和理想可言。美國今日之內政不修，外交進退

失據，已非三言兩語可以描述。我不揣冒昧提出一些個人閱讀的心得，敬請關心國事和天下事的同好參考，如有錯誤或不周之處，也請不吝指正。

關中 2022.7.7

戰》、《世界大戰》、《季辛吉（上冊）》和《巨人：美國帝國的興衰》。

評價：

《帝國的興衰》作者甘迺迪（Paul Kennedy）：美國是不是帝國，近年來無人能寫得比佛格森更好。

《經濟學人》：當前最會從過去尋找戰略指引的歷史學家。

《紐約時報》書評：就學術著作量與能見度，史學界無人能出其右。

佛格森是近年來在歷史和外交領域中少見的才子型作家，現年56 歲，已著作等身。在他的十幾本著作中，我選擇了三本作為本書的背景，一是《巨人：美國帝國的興衰》（Colossus: The Rise and Fall of the American Empire, 2004），二是《文明：西方和其他世界》（Civilization: The West and the Rest, 2012），三是《大衰退：制度如何敗壞和經濟如何死亡》（The Great Degeneration: How Institutions Decay and Economies Die, 2013）。

佛格森指出，唯有過去是我們可以依靠的知識來源，歷史是一種知識和詮釋，能回溯地排比與闡明人類的困境。文明史是範圍最廣的歷史，它無所不包。

在過去 500 年，西方之所以能支配世界其他地區，是因為帝國主義。西方能成為霸權，關鍵在制度。制度是文化的產物，西方主導世界文明，靠的是六項因素：競爭、科學、財產權、醫學、消費社會、工作倫理。

但西方文明在衰退中，硬實力發揮不了作用，如美國在中東的困

境；軟實力的吸引力也日益無效，如金融危機和高額的負債。

2010 年，大英博物館用 100 件文物寫世界史，其中西方的文物不到 30 件。西方的法律和建制在 2008 年金融危機後已急速的衰退，包括民主、資本主義、法治和公民社會。過多的負債是不同世代間社會契約瓦解的前兆。法治最大的敵人是「惡法」。2008 年金融危機是美國政府和國會配合華爾街銀行家製造出來的災禍，美國政府竟允許金融事業從事掠奪性放款是最大的罪惡。2008 年金融危機反應出政府深層（deep state），難以治理的結構性債務累積的問題。絕大多數文明的崩解，不外就是戰爭和債務，如今這兩個條件，美國都充分具備，一旦失衡，就會土崩瓦解。

「世界銀行」（World Bank） 2013 年出版的《世界治理》（World Governance）中，指出自 1996 年迄今，在四個層面的治理品質，美國都在下降，包括政治課責，政府效能、品質管制和貧富差距。

美國公民社會的式微也是造成美國社會流動力下降、社會日益不平等的主因之一，造成這種現象的原因是電視網路和政府過度侵犯公民社會領域。

西方（主要是美國）在過去 35 年經濟成長的成果，大部分落入超級精英的口袋。西方國家面對的主要風險將是：資產價格泡沫、政治腐敗、所得不均和通膨危機。

美國是一個靠戰爭成長的國家，屆至 2018 年，美國對外有超過 280 次的戰爭和軍事干預，還有對內對印地安人 291 次的種族滅絕戰爭。

美國在獨立建國後，本想要併吞加拿大，但被英國阻止，美國又

想併吞古巴，但因南北戰爭而中止。在 1846 年侵略墨西哥，勝利後取得美國西南大部分的土地，包括今日的加州、亞利桑那、新墨西哥、德克薩斯等州，使美國的國土增加一倍。1898 年以緬因州軍艦事件與西班牙開戰，戰勝後取得關島、波多黎各、菲律賓，後加上夏威夷，美國正式成為帝國主義國家。

1823 年美國宣布「門羅主義」，把整個西半球的美洲大陸和沿海島嶼，列入美國的控制和管轄，不准任何其他國家染指。美國對待拉丁美洲國家的政策極為殘忍，不但要親美，接受美國領導，還要實施美國的制度。1913 年美國駐英國大使佩吉（Walter Page）對英國外相格雷（Edward Grey）說，美國對墨西哥的政策就是不停的干預，殺死不服從的人，直到他們學會美國的制度為止。

冷戰初期，杜魯門總統曾說，只有美國的制度才能拯救世界被極權統治，只有美國制度成為世界制度，美國才能生存。

在冷戰時代，為了避免觸發和蘇聯的直接衝突，美國的戰略是「代理戰爭」和「有限戰爭」，但美國人民的耐性更為有限，尤其不能容忍美國軍人的大量傷亡，所以美國在韓戰和越戰都無法取勝。尤其越戰的慘敗，重創美國的地位和形象，甚至造成國內的分裂危機，使詹森（Lyndon Johnson）總統不得不放棄爭取連任，以平息國內反戰的怒火。尼克森（Richard Nixon）以「越戰越南化」推動「聯中制俄」，結束越戰的主張，贏得選舉。

蘇聯在 1991 年解體後，美國本有大好的機會去成為一個正常的國家，以軟實力結合盟國和國際組織的力量，去推動一個和平、安全和正義的國際社會。尤其全球化已成為世界的主流，美國大可善加運用去減少軍事衝突，協助落後國家的發展，減少世界上的不平等。但美國非但反其道而行，反而對第三世界進行更多的軍事干預，如巴爾

幹半島和中東地區，對中美洲的若干小國也不放過（如海地、尼加拉瓜、巴拿馬……）。

美國最大的缺點便是只相信武力，冷戰結束後，美國的一些統治精英認為美國已沒有對手，可以為所欲為，甚至可以先發制人，進行預防性攻擊。2003 年，在沒有任何證據和聯合國的同意下入侵伊拉克，造成全世界對美國的反感（只有一個例外，英國）。長達近 20 年的中東戰爭（阿富汗、伊拉克、敘利亞、伊朗）使美國「單極霸權」提前結束。

佛格森說，美國未能記取歷史的教訓，帝國不能只靠武力，還需要正當性。所以他認為美國這一「自我否定的帝國」（self-denying Empire）不會支持太久。

即使唯一支持美國攻打伊拉克的英國，其首相布萊爾（Tony Blair）在 2003 年 7 月在美國國會演講時說，「所有主導性強權在一時之間似乎都是無敵的，但事實上，這只是一時的。」

三、卡普蘭（Robert Kaplan）

美國資深記者，地緣政治專家，旅行作家。過去 30 年，他擔任《大西洋月刊》記者，並經常在其他重要報章發表作品。曾任美國智庫戰略預測公司地緣政治分析主任、國防部國防政策委員會委員、新美國安全研究中心資深研究員和美國海軍學院客座教授。

他曾實地採訪中東、兩伊戰爭、巴爾幹半島、蘇聯與阿富汗戰爭等，著作超過十幾本，在台灣的中譯本有《世界的盡頭》、《南中國海》、《地理的復仇》、《歐洲暗影》、《戰之華》，未譯為中文的包括《巴爾幹幽靈》（Balkan Ghosts: A Journey Through History）、

《無政府狀態來臨》（The Coming Anarchy）、《東進韃靼》（Eastward to Tartary）等。

他最新的作品是《西進帝國》（Earning the Rockies），副標題是「地理如何形塑美國世界地位」（How Geography Shapes America's Role in the World）。他 2015 年從麻省出發，以一個月的時間，由東而西，把他畢生的旅行經驗來思考美國的地理和歷史，分析地理因素對美國命運和國家投射所造成的影響。

評價：

蓋迪斯（John Lewis Gaddis）教授為《冷戰》、《肯楠傳》的作者，稱讚作者的作品令人讚嘆不已。

川普政府早期的國防部長馬提斯（James Mattis）稱讚作者可平衡美國的理想主義和務實主義，指引美國前進的方向。

英國媒體名人和聯合國事務專家 William Shawcross 評論作者：精彩、駭人、美妙的文字，卓越的研究調查，勇氣十足的旅行。

卡普蘭是一位傳奇性的作者。他一生都是新聞工作者，擔任《大西洋月刊》（The Atlantic）的特派記者。他走遍世界，實地了解每個地區、國家和人民的真實環境和處境。他旅行過 70 個國家，他是 1980-1990 年代，第一位提醒巴爾幹地區將發生劇變的作家。他對歷史也有濃厚的興趣和研究，對中國的《孫子兵法》如數家珍，娓娓道來，十分傳神。

卡普蘭稱不上是學者，沒有博士學位，也未在大學專職任教，但我認為他寫的書比大多數的學者要精闢，而且可讀性甚高。看他寫的書有手不釋卷之感，而且希望一看再看。

　　他在 2001 年出版的《Warrior Politics : Why Leadership Demands a Pagan Ethos》（時報出版的中文版譯為《戰之華》，英文直譯為《戰士政治：為什麼領導者需要沒有宗教信仰的特質》），主要的內容為分析美國帝國主義大戰略。季辛吉（Henry Kissinger）在介紹中稱之為他個人近年所見最能發人深省和最有深度的作品之一，可讀性與啟發性甚高。

　　我在本書中以他的三本作品，《戰士政治》（2001）、《地理的復仇》（The Revenge of Geography：What the Map Tells Us About Coming Conflicts and the Battle Against Fate, 2013）和《征服洛磯山區》（Earning the Rockies: How Geography Shapes America's Role in the World，中文版譯為《西進帝國》，2017）和佛格森的三本大作，作為本書的導言。從他們二人歷史和地理的觀點作為基礎來了解美國後冷戰時期的外交政策。

　　卡普蘭是地理專家，但他和佛格森一樣非常肯定歷史的重要，他說歷史是延續的，沒有現代和後現代之分。歷史和地理的制約力量，只能克服，不能否定；唯有接受，才能超越。

　　他說，愈忽視歷史，錯覺就愈大。美國希望中國迅速民主化，是不了解中國的歷史。他引孔子的話，「信而好古」。他極力推崇中國的《孫子兵法》一書，他認為是一部把學識和經驗結合的哲學鉅著，古今中外，無人能出其右。

　　他說，開啟戰端是代表政治失敗，避免戰爭要靠「廟算」（戰略思考），「計利以聽」（追求自利）是避戰的道德行為，「校之以計，而崇其情」是領導人的責任。中國哲學是結合了冷靜、道德超然的觀察與反應。

們的幻想（和政治野心）。

　　小布希政府中最好戰團隊的代表性人物伍佛維茲（Paul Wolfowitz）批評季辛吉主張權力政治大於輸出美國的價值觀念，是不了解美國人民的想法。根據卡普蘭實地考察的經驗，大部分美國人民既不了解國際關係，也不關心美國外交政策。伍佛維茲就是這種充滿政治野心的幻想者（請見本書第三章）。

　　卡普蘭大作給我們的啟發：美國是一個由東向西發展的國家，它不屑東方歐洲的舊世界，它要走向西方的新世界。美國人認為能征服美洲大陸，就能征服世界，美國的邊界可以繼續擴大。

　　完成美洲大陸的統一，給了美國人民無比的信心，美國人原本是來自英國到美國東北部的「屯民」，加上早期主要來自歐洲的移民，經過南北戰爭，美國才成為一個民族國家。

四、小結

　　兩次世界大戰給了美國參與國際事務的機會，尤其在太平洋打敗日本，戰後長期占領日本，使美國在亞洲有了橋頭堡。

　　冷戰初期，基於重歐輕亞的傳統，以及避免與蘇聯發生衝突，美國在中共建立政權後本想放棄中國，但韓戰的突然爆發，給了美國重返亞洲的機會，並開始對中國進行圍堵。

　　越戰是美國企圖接收英法在中南半島的殖民地並擔心蘇聯和中國擴大在亞洲的勢力範圍，但越戰失敗，中國又和蘇聯交惡，美國改採與中國「結盟」，共同阻止蘇聯在亞洲的擴張。

　　美國當年出兵韓國為了阻止蘇聯指使北韓的侵略並得到聯合國的

授權，美國主要的目的是保護日本。但在越南以「骨牌理論」對抗越南的民族主義，正當性不足，加上不能速戰速決，造成美國反戰的民怨。韓戰和越戰（加上中國的內戰），美國均無法取勝，美國應引以為戒。從美洲跨大平洋征服亞洲，不如美國預期的順利。

美國西向的下一個目標是中國，這是阻止美國完成全球霸權的最後一個阻力。相反的，中國的崛起和強大，還可能把美國逼退西太平洋。這是美國當前最大的挑戰，也是美國對中國敵視的主要原因。

無獨有偶，美國的西進政策受阻於中國，但中國卻經由中亞、鐵路和「一帶一路倡議」（BRI），全力向西方發展。在經濟上，中國已在歐洲打下基礎，如果中國和俄國聯手，完成對歐亞大陸的控制，美國將兩頭落空，未能征服亞洲，也失掉歐洲。這將是 21 世紀，大國競爭的格局。

第一章
★ ★ ★

冷戰後美國的
戰略選擇

一、美國自我角色的定位

（一）冷戰後世界權力結構的可能變化

冷戰時代的世界權力結構是「兩極」（bipolarity），由美蘇兩大超強的恐怖平衡形成。1970 年代，美國首先提出「多極結構」（multipolarity），一方面希望緩和美蘇對立，另方面也務實面對日本、西歐和中國的崛起。當時認為是軍事上的雙極——美、蘇，政治和經濟上的五極——美、蘇、日、歐、中。季辛吉（Henry Kissinger）推動「聯中制蘇」，有所謂「美、蘇、中」三角關係。卡特（Jimmy Carter）總統時期，布里辛斯基（Zbigniew Brzezinski）又以「三邊主義」（trilateralism）——美、日、歐——來強化美國與蘇聯對抗的力量。1999 年漢廷頓（Samuel Huntington）說美國的「單極結構」已成為「單極——多極結構」（uni-multipolar structure），不久將成為「多極結構」。這些事實說明了一件事，世界權力結構在改變中。

1991 年蘇聯解體後，對世界權力結構的可能變化，漢廷頓提出下列六種「場景」（scenario）：

1. 單極安定（unipolar stability）。
2. 雙極合作（bipolar cooperation）。
3. 多極合作（multipolar cooperation）。
4. 全球共治（global governance）。
5. 挑戰霸權（challenge to hegemon）。
6. 裂解混亂（fragmented chaos）。

謹分別說明如下：

1. 單極安定（unipolar stability）

單極（unipolarity）加上多邊主義（multilateralism）會帶來最和平、最安定和最繁榮的時代。

沒有其他國家有能力或意願來挑戰此一全球霸主（global hegemon）。

美國不濫用其權力，其他國家不聯合對抗美國。

美國與主要大國維持友好關係。

美國和俄國在 START Ⅲ 之後將飛彈減至 1,000 個以下。

日本仍以與美結盟為主，但在影響力上已遠不如中國。

歐洲仍是邦聯型態，但組成已不包括美國和加拿大在內的歐洲軍隊。

法國和德國成為歐洲中的核心（a Euro-Europe）。

中國、俄國、印度、日本集中力量發展內部。

台灣和中國仍分離。

聯合國和世界貿易組織（WTO）較有影響力。

世界人口維持在 80 億左右。

2. 雙極合作（bipolar cooperation）

在 2025 年時，中國在國內生產總值（GDP）上與美國已不相上下，雖然平均個人所得仍遠在美國人民之後。

兩國經濟相輔性大於競爭性。

由於美國與中國彼此均無領土野心，雙方的合作已證明對彼此有利。

中國在聯合國不算活躍，但在有關和平維持活動中，甚少和美國作對。

台灣問題已在「一國兩制」下解決，不再是美國和中國的困擾。

中國雖算不上民主，但也不是獨裁國家。

3. 多極合作（multipolar cooperation）

雖然權力分散，但大致彼此可以互補。

民主和平的範圍擴大，動亂的範圍縮小。

土耳其、烏克蘭等國已確定在民主國家之列。

俄國和中國也極為接近民主。

民主與和平互相加強，國際社會相互依存和貿易的程度大幅提高。

2025 年時，美俄戰略武器已將彈頭減至 500 個，中國同意其上限為 300 個，其他核子國家的上限是 175 個。

聯合國安理會成立一軍事委員會，多數會員承諾提供安理會所需要的軍力集體安全成為事實。

以色列和阿拉伯國家已能和平相處，巴勒斯坦共和國成為中東的「新加坡」。

第三世界國家持續快速發展，農業科技改進使大多數國家在基本糧食上可以自足，很少國家只依賴少數或單一農產品。

4. 全球共治（global governance without world government ）

一個超國家的公民社會正在形成。

四分之三的人類接受共同的價值，包括政治上自由選擇，對自由市場的信賴，以及對人權的尊重。

國家仍然存在，但為了解決共同問題，大家同意經由國際組織，政府或非政府的組織去處理。

國家仍有主權，但每一個國家都可被「滲透」（permeable），無論是阿爾巴尼亞或是美國。

跨國公司比大多數國家還要富有（在 2000 年時，全世界一百大經濟體中，51%是跨國公司，49%是國家）。

聯合國安理會與祕書長負起維持和平與安全的責任，安理會有自己的快速反應部隊。

經由國際和平學院、中東大學等設計，到 2025 年時，聯合國可以提供一批處理國際問題的專家。

5.　挑戰霸權（challenge to hegemon）
當美國走向弱勢之時，中國便會企圖推翻美之霸權。

儘管中國人民仍然貧窮，但中國巨大的生產總值使得中國可以建立強大的武力，中國的科學家將會把中國推到科技領先的地位。由於對戰略物質的需要（例如石油），中國對控制中亞與南中國海的動機便會加強。

中國已由獨裁走向民族主義的民主，中國不必然要改變世界秩序或走向蘇聯帝國模式，但擴大其主權訴求是可以理解的。

中國可能要求日本拒絕美國的「地區飛彈防禦體系」（TMD），也會要求台灣接受「一國兩制」，美國可能又派航空母艦到台灣海峽，但是否依然有用？中國自 1990 年代便開始研究在高科技戰爭中，如何以小博大，在 20 到 30 年之後，中國還會輕易退讓嗎？

一旦中國將美國逼退，中國便取得挑戰美國霸權的資格。

6.　裂解混亂（fragmented chaos）
在進入 21 世紀，美國的處境可說是進退兩難，內外交迫。

美國如過分使用其權力，將會激怒其盟友和敵人；如美國無所作為，追隨美國者將紛紛求去。

在外，有強烈的反美情緒；在內，本身矛盾層出不窮。

以上六種「場景」（scenario）在不同的時間和地點實現。一個安定的單極會存在約十年左右，然後會被其他模式取代，美國與中國可能會合作一陣子，但當中國較為強大之時，便會挑戰美國之霸權。另外一種可能是美國和中國的合作可能面對第三者的挑戰——如俄國、日本、或印度。

經濟和環境上的不確定因素將會呈現，人為的鬥爭及自然的災害會耗損掉十幾年或幾十年的經濟進步，在若干地區，農技的突破會帶來繁榮，但另外一些地區可能仍困在長期的艱苦狀態。

最大的問題將是在安定和平與混亂貧窮兩者之間，哪一個會愈大愈強？哪一個會愈小愈弱？這兩者的關係又將如何？哪一種模式最好？哪一種模式最可能實現？

很容易看出，第五、第六兩種模式是最不好的，在霸權和挑戰者之間的衝突以及裂解混亂可能造成巨大人命和物資的損失。暴力愈大，傷害愈大，重建也愈難。有影響力與負責任的國家應設法阻止這兩種狀況的發生。

只要能促進和平和繁榮，其他的模式都可以接受，其中第四種模式——全球共治——還有兩個好處。第一，它促進一個真正超國家社會的發展，第二，它比任何單獨國家可以處理具有全球性的困難問題。

（二）美國對後冷戰世界的看法

自從第二次世界大戰後，美國花了無數的人力和物力研究蘇聯，但幾乎沒有人預測在 1980 年代末期，蘇聯會走上解體。因此，面對

蘇聯的解體後的世界新情勢，美國的學者和政策官員幾乎一時不知所措。在 1990 年代，不同觀點的論述一波一波的推出，一如美國傳統的外交政策辯論，主要仍是樂觀論和悲觀論之分，也是理想主義和現實主義之爭。

	樂觀論	悲觀論
思想上	歷史的終結	文明的衝突
方式上	民主和平	權力平衡
趨勢上	全球經濟	全球霸權

1. 樂觀論點

最早的樂觀論者是日裔美人福山（Francis Fukuyama），他是一位與美國政府關係十分密切的學者，他認為冷戰以不流血的方式結束，代表的是一個歷史的終結（The End of History），自此之後全世界將走向西方的、自由的民主資本主義，因為隨著蘇聯集團的瓦解，世界歷史上最大的辯論已經結束了，所以美國今後的外交將是和平的時代。

隨著這種看法，一些學者主張美國應有責任在全球推動民主，並認為民主的國家比不民主的國家較易和平相處，如 Bruce Russet 之《Grasping the Democratic Peace》（1993），Tony Smith 之《America's Mission》（1994），以及 Strobe Talbott 之《The Democratic Peace》（1996）。

隨著福山的「自由，民主資本主義」時代的來臨以及在全球推動民主，美國興起了一批新的力量，這一股力量的範圍包括政治學者、新聞界、律師、投資顧問、企業界及經濟學者。他們的目標要成為全

球主義者（the Globalists），他們的樂觀和信心遠超過任何傳統的政治菁英。他們認為傳統的民族國家在國際關係中已落伍了，代之的是國際與跨國的利益。

麥休斯小姐（Jessica Matthews）1997 年在她〈權力轉移〉（Power Shift）一文中指出「全球公民社會的興起」，經濟成為世界最強大的力量。柯林頓政府商務部次長蓋頓（Jeffrey Garten）明白的指出由於美國已沒有軍事上的敵人，推動商業是美國外交政策合乎邏輯的基礎。德國政論家越飛（Josef Joffe）指出，如果強權以服務他人而被接受才是維持強權之道。

1998 年葉金和史坦尼斯洛（Deniel Yergin and Joseph Stanislaw）合寫了一本《制高點》（The Commanding Heights），把過去 50 年的國際關係歸納為自由市場和國營經濟的競賽，冷戰結束後因為思想上的分歧減少，全世界國家將更加團結。

在美國最知名的此類著作是《紐約時報》外交專欄作者佛萊德曼（Thomas L. Freidmen）所寫的一本書《高級車和橄欖樹》（The Lexus and the Olive Tree）。他的中心論點強調美國外交應以犧牲橄欖樹來促銷高級車。換言之，鼓勵世界採取最新的資本市場模式，不鼓勵對領土或教條的辯論和衝突，其結果是更全球化、更多的高級車，甚至連橄欖樹也不反對全球化，反而成為全球化的助力。佛萊德曼更進一步推出他「防止衝突的金黃色弓型理論」（Golden Arches Theory of Conflict Prevention），認為只要有麥當勞連鎖店（McDonald's franchise）的國家，彼此之間就不會發生戰爭。不可否認的，佛氏對全球化已有了一種使命感的熱心。這些全球主義者很認真的相信在後冷戰時代，只有高舉資本主義的美國才能贏得其他國家的信賴。

2. 悲觀論點

悲觀論者始自漢廷頓（Samuel P. Huntington）1996 年出版的《文明的衝突》（The Clash of Civilizations），他把世界分為八個「文明」，每一種文明有其地緣上及價值上的特點，並對其他文明有排斥性。在冷戰時期，由於美蘇長期的緊張對峙，壓制了這種文明上的差異；在後冷戰時期，這種文明上的差異成為國際關係上的決定因素，以及外交政策上的基本事實。

漢廷頓論點是建立在人類的彼此仇恨上，同時他對文明的定義也過於主觀，他的論點基本上代表著白人的優越感，有強烈種族主義的味道，我很懷疑他對中國的儒家思想有多少了解。

由於美國在 1990 年代動輒以人道的理由進行軍事干涉（Somalia 1993, Haiti 1994, Bosnia 1995, Kosovo 1999），若干美國學者對「民主和平」反感，他們不認為有所謂「公正干涉」（impartial intervention）的存在，也不認為美國有這種能力，他們甚至懷疑美國追求的往往變成「非自由的民主」（illiberal democracy）──有民主之名而無民主之實。

這些論點強調美國應扮演較保守的角色，他們認為評估美國能力比評估美國利益重要，有一位學者曼德包（Michael Mandelbaum）甚至批評美國不能把外交當作社會服務（foreign policy as social work）來做。曼德包的同事，Johns Hopkins 大學的哈潑（John L. Harper）也持同樣的立場，認為決定成為美國夥伴的重要條件不是「民主」，而是「利益」。

在美國政府擔任過重要職務的人士，多以地緣政治、權力平衡及國家安全為其主要訴求，1996 年蘭德公司（RAND）的一篇研究報告建議美國作為全球領導的國家，必須扮演一個平衡者的角色。季辛

吉（Henry Kissinger）建議美國應扮演十九世紀英國的角色，在歐洲加強北約，阻止俄國再起；在亞洲借助中國力量維持亞太均勢。越飛（Josef Joffe）認為或應學習十九世紀末德國俾斯麥的政策，以各種雙邊或多邊同盟來阻止反美力量的結合。布里辛斯基（Zbigniew Brzezinski）認為為了防止挑戰美國地位的聯盟出現，美國應鼓勵北約東擴，拉攏中國，最終建立一個共負責任的全球核心。

曾擔任國防部長的史勒辛吉（James Schlesinger）認為後冷戰時期，美應恢復傳統的國家安全目標，並應特別重視核武擴散問題。歷史學者小史勒辛吉（Arthur Schlesinger, Jr.）認為如果美國不能建立新的集體安全體系，就會面對一個混亂而危險的世界。他甚至說，如果美國不肯付出代價，包括金錢和鮮血，就不可能建立「世界新秩序」。他坦率的指出，美國必須有一個敵人，才能凝聚力量。

比較折衷的觀點，以哈阿斯（Richard N. Haass）為代表，在其《勉強的警長：冷戰後的美國》（The Reluctant Sheriff: the United States After the Cold War）一書中，哈氏說美蘇競爭和核戰威脅的結束，產生了「失序的」（deregulated）的世界，其中若干國家在追求自身利益時及處理敵對國家問題上享有較大的自由。哈氏認為美國在重建秩序過程中可做兩件事，一是在其他國家之間防止侵略，二是鼓勵其他國家參與全球經濟。哈氏指出美國不可擔任全球警察但應公平的與其他國家合作，擔任一個「誠實的掮客」（honest broker）。兩年後哈氏在 1999 年《外交事務》上的另一篇文章〈What to do with American primacy?〉更進一步闡述了這種折衷的觀點。他說：美國外交政策的正確目標是鼓勵一個合作和協調，而不是一個競爭和衝突的多極結構。在這種世界中秩序不是建立在權力平衡上的和平，或對昇高衝突的恐懼，而是對全球目標和問題上的廣泛協議上。正如季辛吉

在其早期大作《A World Restored》一書中所說的「國際共識」（international consensus）。哈氏認為理想的後冷戰國際社會應建立在四個基礎上：一，盡量減少使用武力解決國際爭端；二，減少毀滅性武器的數量及擁有這種武器的國家；三，有限制的人道干涉；四，經濟公開──貿易自由化和市場透明化。

　　美國的若干現實主義學者認為在單極體系中，其他重要強權會不斷努力去創造多極體系，而他們的利益與超強的美國多半是衝突的。所以美國的單極時代不會太長，換言之，從冷戰時代的兩極，到今日的單極再到未來的多極，大約為 20 年的光景。難怪布里斯辛基（Zbigniew Brzezinski）說美國將是第一個、最後一個、也是唯一的全球超強（The first, the last and the only global superpower）。

（三）冷戰後美國戰略的辯論

　　後冷戰時代美國的外交政策陷於單極主義和多極主義之爭，這代表美國與世界的關係以及如何與其他國家相處的選擇。基本上，這是美國傳統的孤立主義和世界主義之爭，但孤立主義如今只是美國人民情緒的發洩，而不是外交政策中具體的選項，所以主要的爭議還在世界主義，其中便分為單邊主義和多邊主義兩派意見。單邊主義中又分為平行式的單邊主義，即主權論，強調美國不接受任何不利於美國的國際法或國際協議的約束；和良性霸權的單邊主義，亦稱為「新雷根主義」，強調美國為了自己的利益，有權使用其武力，包括制先性和預防性的攻擊。多邊主義中又分為選擇性的多邊主義和廣泛性的多邊主義。

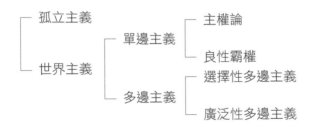

奈伊（Joseph Nye, Jr.）主張美國應以多邊主義為主，單邊主義為輔，並提出兩者交互為用的七個原則。哈阿斯（Richard Haass）指出美國真正執行的是「單點式（a la carte）的多邊主義」，也就是「選擇性的多邊主義」。

當前美國的問題是自己無法形成共識，也無法將自己的價值形成國際共識。

在世界主義的爭論中，學者們的主張都有自己的理論依據，其中大致可分為三派：

1. 權力平衡派：如季辛吉（Henry Kissinger）、布里辛斯基（Zbigniew Brzezinski）、瓦茲（Kenneth Waltz）。
2. 相互依存派：如奈伊（Joseph Nye, Jr.）、基歐漢（Robert Keohane）、霍夫曼（Stanley Hoffmann）。
3. 霸權主義派：如克勞薩默（Charles Krauthammer）、凱根（Robert Kagan）、克里斯托（William Kristol）。

除了理論的辯論之外，更值得探討的是到底美國想要成為一個什麼樣的國家？筆者簡單介紹幾位知名專家學者的看法如下：

1. 羅斯克蘭斯（Richard Rosecrance）認為美國應該作為一個一般性的國家（an ordinary country）。
2. 雷克（Anthony Lake）認為美國應該成為一個主導民主政治

和市場經濟的國家。

3. 奈伊（Joseph Nye, Jr.）、基歐漢（Robert Keohane）和霍夫曼（Stanley Hoffmann）認為美國應重視相互依存和國際合作，作為全球治理的國家。

4. 史勒辛吉（James Schlesinger）主張美國應作為一個務實的國家，以有選擇性的外交政策和集體的行動對付對安全的威脅。

5. 布里辛斯基（Zbigniew Brzezinski）認為美國不能輕易放棄「圍堵政策」，應作為有高度戰略意識的國家。

6. 克勞薩默（Charles Krauthammer）和凱根（Robert Kagan）認為美國應作為一個仁慈的霸權（benevolent hegemony），維持美國的單極結構。

7. 雷尼（Christopher Layne）和史華茲（Benjamin Schwarz）認為美國的安全問題來自本身的政策，美國對世界的責任是有限的，美國應作一個平衡者。

8. 肯楠（George Kennan）認為美國應減少對外的干涉，作為一個「以身作則」的國家。

美國是不甘心作為一個一般性的國家的，回到孤立主義也不可能。柯林頓總統時代（1992-2000），美國是希望作為一個重視國際相互依存，以民主政治和市場經濟為導向的國家。小布希總統（2000-2008）很明顯的是走霸權和單極結構的途徑。

（四）對美國力量的解釋

1. 美國衰退論

認為美國衰退的論點是建立在三個前提上，一是與其他國家相

比，如日本和西歐，美國在經濟上的表現落後，二是認為經濟是國家最重要的力量，三是美國帝國的過度伸張（imperial overstretch）造成美國國力的下降。

美國衰退論的主要倡導者為保羅甘迺迪（Paul Kennedy），他在1987年出版的《強權的興衰》（The Rise and Fall of the Great Powers）引起了廣泛性的注意和討論。他的論點主要在兩方面，一是帝國的過度伸張（imperial overstretch），二是科技和經濟的不斷遭受挑戰。

華勒斯坦（Immanuel Wallerstein）認為在 1960 年末期世界性的動亂象徵「大美和平」（Pax Americana）的結束。為了挽救美國信用和實力的下降，美國採取了兩種方法，一是尼克森（Richard Nixon）、福特（Gerald Ford）和卡特（Jimmy Carter）三位總統的低姿態，但最後在伊朗碰了釘子；二是雷根（Ronald Reagan）和老布希（George W. H. Bush）總統的高姿態，但又在伊拉克碰了壁。美國低姿態的作法是和解政策（detente），對石油輸出國家（OPEC）妥協，和「三邊主義」（trilateralism）。高姿態的作法是高舉理想主義——消滅共產主義，展示軍事力量——教訓拉丁美洲小國，以及廉價出售美國資產——造成巨額負債。華勒斯坦認為冷戰的結束不代表美國的勝利，因為冷戰的本質不在勝利而在維持其架構。冷戰結束使美國喪失了支持其霸權和繁榮的最大支柱——蘇聯。他建議美國只有創造一個平等的社會才是一個比較安全的國家，他反對美國走上新法西斯的途徑，如此只會造成更大的衝突。

華勒斯坦說「大美帝國」已經結束了，從越南、中東、巴爾幹到「九一一事件」已經充分證明美國的衰退。美國今日已成為一個沒有真正力量的孤獨強權，一個沒有追隨者也不受人歡迎的世界領袖，以及在一個無法控制的混亂世界中的搖擺不定的國家。他指出美國衰退

的原因和美國崛起的原因是相同的，都是經濟、政治和軍事的因素。他認為美國只有在充滿負面效果的鷹派路線上和減少對自己傷害最小的光榮退出霸權上做出選擇。

2. 美國克制論

第二種看法是認為美國雖然強大但應克制其權力的濫用，此一派以奈伊（Joseph Nye, Jr.）為代表。他的看法是：1.不能過於強調單一權力因素，尤其是軍事力量。2.美國有力量與其他國家如何看待美國的力量是兩件事。3.在全球化和相互依存的國際社會中，美國應多運用多邊關係，盡量避免片面主義的作法。4.他一向主張硬權力和軟權力的相輔相成，他強調軟權力──可以使他人與你合作的能力──可以爭取其他國家與美國的合作，減少美國外交上的阻力。

奈伊把權力分為三度空間棋盤，上層的是軍事力量，是美國的單極結構；中層的是經濟力量，是由主要國家參與的多極結構，包括美、日、西歐和中國；下層的是跨國關係的範圍，權力結構是高度分散的，包括非國家的角色。奈伊說如果美國只關心上層，而不重視中層和下層以及和他們直向聯繫的話，美國將無法贏得這場棋局。

擔任小布希政府國務院政策設計主管的哈阿斯（Richard Haass）是公開支持奈伊看法的官員，他說，「任何想取得支配性權力的政策，將會得不到美國國內的支持，並且招致國際社會的反彈，其結果將付出高昂的霸權代價，與最小的預期收益。」他在《勉強的警長》（The Reluctant Sheriff）一書中，指出冷戰後的世界是一個「沒有規則的世界」（deregulated world），許多國家在行動上享有較大的自由，他認為美國的政策應偏重在兩方面，一是防止侵略，二是擴大全球經濟體系。他強調美國需要與其他國家合作，同時在處理國際問題上，要有選擇性。

但在小布希政府中，國防部已取代了國務院成為美國外交政策的設計者。2000 年美國的國防預算為 GNP 的 16%，但外交預算僅占 1%，奈伊認為這是不可思議的事。

3. 美國霸權論

第三種看法是認為美國在後冷戰時代已經成為世界唯一的超強，美國應掌握這一機遇將美國的「單極時刻」（unipolar moment）轉變為長期的霸權。這一派的代表性人物是克勞薩默（Charles Krauthammer）和凱根（Robert Kagan），他們認為當前的世界秩序不是建立在權力平衡上，而是建立在美國的霸權上。如果美國放鬆，其他國家便會挑戰美國的地位，所以美國必須積極維持其霸權地位。為了達到此一目的，美國每年應該增加 500 至 1,000 億美元的國防經費，美國不但要退出「反飛彈條約」（ABM），還應儘快部署「飛彈防禦體系」（NMD）。他們主張美國應強硬對付中國，一如當年雷根強硬對付蘇聯可以導致蘇聯的瓦解；對伊拉克問題，他們主張以地面部隊進攻，直到將海珊（Saddam Hussein）政權徹底消滅。他們鼓勵小布希總統要學習雷根不惜一戰的決心，才能成為偉大的總統。

這種新保守主義的主張是基於兩個理由：一是美國的強硬路線不會有什麼風險，反對者至多只是說說而已，沒有國家膽敢與美國正面衝突；二是如果美國不這樣做，反而會被其他國家愈來愈不重視。

另外一位學者米謝謨（John Mearsheimer）提出「進攻性現實主義」（offensive realism）的理論，和新保守主義的觀點呼應。他認為冷戰的結束代表了多極結構的回流和主要大國之間衝突的再起。他的理論是國際政治是大國政治，大國之間的意圖是無法掌控的，大國為了生存而必須對外侵略，大國追求權力的最大化是為了安全的最大化。最高型式的安全便是霸權，任何聯盟均無法有效取代軍事擴張。

他指出國際結構和國家行為，國家權力和國家生存是相互影響的，在國際政治中，進攻才是最好的防禦。

新保守主義和「進攻性現實主義」雖然都主張霸權和擴張，但兩者最大的不同是前者是樂觀的，而後者是悲觀的。前者認為以絕對權力追求絕對優勢，以絕對優勢追求絕對安全是可以達成的；後者則認為追求權力的最大化只是一種姿態或理想，身為大國不得不這麼做，但絕對優勢和絕對安全是不可能達到的。為了阻止可能和必然的挑戰者，任何大國都要透過聯盟去確保自己的安全。這是為什麼他的書名稱之為《大國政治的悲劇》（The Tragedy of Great Power Politics）的原因。

（五）美國角色的自我定位和表現

1. 良性霸權

冷戰過後，美國成為全世界唯一的超強，在可見的未來，也沒有任何國家能在軍事上，經濟上超越美國，由於美國認為自己是世界上不可缺少的國家，但美國對其他國家並無領土的野心，只希望依照美國的想法來維持世界的和平和美國的安全，所以美國自認是良性霸權（benign hegemony）。

良性霸權的意義：

(1) 世界的事就是美國的事。

(2) 美國的利益和其他國家的利益是結合在一起的。

(3) 一個正義的美國使其他國家既不恐懼也無需猜忌。

問題是，全世界接近 200 個國家中，有幾個國家會接受這種定義？

2. 廉價霸權

在柯林頓政府時代（1993-2000 年），由於在外交政策上重視經濟合作以及在對外干涉時盡量減少美國的損失，被認為以極少的代價維持了後冷戰時代美國的特殊地位和既得利益，被其支持者稱之為「廉價的霸權」（hegemony on the cheap）。柯林頓政府外交的特色便是避免對戰略問題做明確的界定，基本上，他盡量不做重大決定，如建立反飛彈體系（NMD）的辯論。

但美國這種廉價霸權事實上對美國所標榜的人道主義是一大諷刺，1994 非洲小國盧安達（Rwanda）發生內亂，50 萬人以上遭受種族滅絕（genocide）。在事件之初，只須少許兵力便可阻止此一悲劇發生，但美國竟然無動於衷，美國政府面對批評，居然不承認所謂種族滅絕一事。在介入南斯拉夫內戰時，為了避免美軍傷亡，美國堅持採取高空轟炸，與聯合國地面維和部隊大唱反調，結果造成眾多無辜平民的死傷。如果美國的「廉價」是以其他國家人民的損失為代價，美國有什麼理由沾沾自喜呢？

3. 超強而不主宰

由於一時之間失去了明顯的敵人，美國不得不對其維持的龐大全球軍力尋找存在的理由，如文明的衝突，回教勢力對西方的反撲，國際恐怖主義，中國的威脅，甚至把「流氓國家」提升到直接威脅美國的地位。這些說法都不具備知識上及政治上的可信性，而僅是建立在猜測及最壞情況下的「拼湊」而已。

很明顯的，後冷戰時代，美國一直在尋找適合自己的定位，從一個「普通的國家」、「改革的美國」、「全球管理人的美國」、「實用主義的美國」，到「新圍堵政策」、「大美和平」、「平衡者」，

再到回到「孤立主義的美國」，美國似乎有很多的選擇。但事實上，美國的選擇也不大，因為權力和責任是相對的。

美國必須在「追求全球霸權」和「支持全球多極體系」中做一選擇，前者有極大的誘惑力但卻十分危險；後者要求美國自我克制，但有利真正的和平與安全。

1990 年代，老布希和柯林頓兩任總統的表現尚能相當自制，力圖「超前而不主宰」（preeminent, not dominant）。只不過 2000 年後出現了一個野心勃勃的小布希政府，他的言行早已踰越了前兩任政府的「規格」。

4. 力行獨斷主義，拒絕多元結構

後冷戰時代的國際社會是多元的結構，美國雖為超強，但為了安全與和平，理應與聯合國合作，與主要國家磋商，以取得共識的方式來處理國際問題。以美國優勢地位，只要師出有名，各主要國家也會盡量配合美國，如 1991 年的波斯灣戰爭之例。

但事實的發展卻完全與大家的期望相反，在 2001 年之後，我們看到美國在對外關係上，似乎變本加厲的獨斷獨行，其具體的言行表現，可以從漢廷頓在 1999 年《外交事務》（Foreign Affairs）上〈孤獨的超強〉（The Lonely Superpower）一文中所描述的為代表：

美國的罪狀：

(1) 在其他國家行使治外法權。

(2) 把其他國家分類，對不符合美國標準者進行制裁。

(3) 以自由貿易和開放市場為名，為美國大企業爭取利益，並修改國際經濟體系的規則來配合美國的利益。

的武器。而且柯林頓所「保證」的時間是在他離職之後。

(2) 國際刑事法庭公約（Convention on International Criminal Court, 1CC）

由於後冷戰時代種族糾紛，衝突和戰爭頻頻發生，對於種族屠殺之嚴重違反人權行為，聯合國認為應有一超國家的組織予以直接處理，以收防止與嚇阻之效。美國本亦支持此一構想，但希望此一機構設在安理會下，但大多數國家認為安理會易流於冗長之辯論，且常任理事國還享有否決權，故在 1998 年 7 月羅馬會議中通過此一公約時，決定在安理會外設置一獨立機構（120 個國家贊成）。

在美國，支持參與此一公約人士的論點認為美國人民很少有機會受到國際刑事法庭的管轄，但反對者認為只要美國有被調查的可能，美國就不應該參加此一公約。他們指出如果美國在參加聯合國維持和平工作時，如不慎捲入事端，就會面對其他國家的審判，這是不可思議的。換言之，他們認為美國公民不應該接受任何國際的調查和審判。最露骨的說法是兩位參議員，格蘭姆斯（Rod Grams）說：美國不可能將其主權交給一個國際組織，由這個組織來超越美國的法律制度，來決定美國的外交政策。另一位保守派大將赫姆斯（Jesse Helms）更直言：美國可以入侵或轟炸任何地方，只要他一息尚存，他永遠不會允許國際刑事法庭來判斷美國安全的決定。他指責 ICC 是一隻怪獸（monster），「美國的責任便是在它壯大吞掉美國之前，先把它殺死。」

因為羅馬公約的規定並不限締約國，任何在締約國領土內犯罪的行為都在管轄之內，為了保護美國海外的駐軍，美國希望以「稀釋」（dilute）ICC 公約的內容，來保障美國的「特權」，具有治外法權性質的「駐軍地位協定」（the status of forces agreement）便是美國

「亡羊補牢」的作法。

(3) 氣候公約（Treaty on Global Warning）

1997 年近 100 個國家，包括美國，為了減少工業排放二氧化碳過多造成氣候暖化（所謂溫室效應），決議全世界 38 個工業先進國家應在 2008 年至 2012 年的排放量以 1990 年的標準減少 5.2%，此即是「京都協議」（Kyoto Protocal）。此次聯合國氣候變化綱要公約國家組織（簡稱氣候公約），185 國在德國波昂集會討論如何執行京都協議，最後做成決議（178 國同意），儘管美國杯葛，將繼續執行，在 55 個工業國家批准後生效。此外，以「歐盟」為主的 20 個富有國家，每年捐出四億美金，協助貧窮國家處理氣候問題。

美國小布希（George W. Bush）總統在 2001 年 3 月便宣布放棄對京都協議的支持，理由是懷疑科學資料的正確性，未將中國、印度納入的不公平，以及有損美國經濟利益。問題是美國承諾此一協議已有 9 年之久（老布希總統時代），如認為此一協議對美國不盡公平（美國為世界上最大排放量國，1990 年為全球 36%，2000 年為 24%），大可如日本一樣交涉得到一些妥協的安排。但美國卻擺出一副不屑理會的態度，使得德國環境部長崔丁（Juergen Trittin）指責美國逃避其應負責任。

美國輿論對小布希立場多不贊同，《紐約時報》在波昂會議前後以社論表示關切。7 月 20 日指美國對地球暖化問題並無對策，拖延下去只能日陷困境，7 月 25 日提醒美國在此問題上已被孤立，希望美國政府盡早批准京都協議。

(4) 防止細菌戰公約（Biological Weapons Convention）

1972 年的限制生物武器條約，包括美國在內，迄今已有 143 個

國家批准。由於原條約並未就查證問題有具體規定，1994 年開始討論此一問題，並訂在 2000 年 11 月完成修正。過程中，美國從無異議，但小布希政府上台後卻認為，擬議中的查證手續將影響美國的軍事和經濟利益，宣布拒絕此一修正。為了增強自己的立場，美國政府還宣稱俄國和中國可能也不支持，但事實上，不僅俄國、中國支持，連美國心目中的流氓國家——伊朗，也支持此一修正。

有關武器的談判和協議，查證（verification）一向是美國非常堅持的原則，早從 1955 年艾森豪總統提出「開放天空」（Open Skies），就是美國一貫政策。奈何各國都深惡痛絕的生物武器（又稱細菌戰），不僅有條約約束並進一步建立查證制度，本是好事一件，但美國卻一反常態，採取反對立場，真是使人有時光倒置之感。

小布希在 2001 年訪歐與出席 G8 會議之前就公開表示，美國不是走回孤立主義，美國也願意聽取其他國家的意見，但他將堅持他認為對美國以及對全世界正確的立場。他坦率的指出，有關細菌戰的查證辦法是行不通的，是美國無法接受的。

補充說明，美國主張公海航行自由，但迄今仍未批准 1982 年聯合國的海洋法公約。

(5) 貫徹霸權主義，否定條約義務

美國之所以成為世界上最大的霸權，主要就是因為他擁有全世界最強大的軍力。冷戰時代，美國和蘇聯一方面從事軍備競賽，另方面也不斷進行軍備管制談判。由於美蘇兩國都有摧毀對方的能力，在「確保相互毀滅」（Mutually Assured Destruction）的前提下，不得不謀求以一系列的條約來保証彼此的安全並建立互信與合作的機制。這種機制的建立固然一路走來，倍極艱難，但也的確發揮了阻止核子

大戰及升高區域衝突的作用。這一機制可稱之為「核武結構」，基本上包括四大部分：

1. 美蘇之間的「限武談判」（SALT I 1972），「戰略武器削減談判」（START I 1991, START II 1992）
2. 美蘇之間的「反飛彈條約」（ABM 1972）
3. 反核子擴散條約（NPT 1969）
4. 全面核子禁試條約（CTBT 1996）

在後冷戰時代，本應在以上既有的基礎上，美國應致力於達成更廣泛與更進一步的軍備管制，尤其蘇聯的威脅不再，美國的安全更有保障，美國理應把對外政策的重點放在國際社會共同關心的問題上，如經濟合作、環保、人權等。但相反地，美國卻意圖利用此一機會來鞏固美國的霸權，最具體的作法便是甘冒天下之大不韙，一心一意要建立「反飛彈體系」。「反飛彈體系」的前身是 1980 年代雷根總統的「星戰計劃」，由於雷根堅決反共，視蘇聯為「邪惡帝國」，要在核武上超前來符合美國追求絕對安全的心理，所以一時間得到美國人民支持。但由於技術問題難以克服，終其任期，並未付諸實施。1991 年後蘇聯解體，美國共和黨人士為維持美國優勢地位，提出「全國反飛彈體系」（NMD）之主張，但終柯林頓任滿仍在研發過程中。2001 年小布希就任總統，揚言為布署 NMD，不惜撕毀與蘇聯 1972 年的 ABM。美國這種主張，不但令美國潛在的競爭者不安，也使美國的主要盟國不滿，但顯然美國仍將一意孤行，完全不把其他國家的感受和反應放在眼裡。

美國大力推動 NMD 的關鍵問題不是技術和經費，也不是理由和反應，而是在國際社會中，美國是否有片面改變「核武結構」的權利和正當性？

　　在成為唯一超強之後，美國還要追求核武的絕對優勢，換言之，只許美國可以攻擊他國而他國卻無能力攻擊美國，這是國際社會所樂見的嗎？美國受到的軍事威脅最小，卻要擁有更大的武力，這樣對其他國家公平嗎？美國如認為他目前的武力尚不足維持「嚇阻」，請問今日世界上哪一個國家有能力挑戰美國而不怕美國報復？美國最怕的是核子擴散，但美國這種「只准州官放火，不准百姓點燈」的政策能有助阻止核子擴散嗎？

　　美國這種作法的心態是「先下手為強」，在其他國家無法聯合對抗美國之前，企圖建立核子獨霸的局面。但美國忘記了美國是最大的現狀保持國，也是最大的後冷戰時代的受益國，如果美國為了追求自己的利益而不顧及其他主要國家的利益，以及為了自己的利益，可以撕毀自己一手建立的「核武結構」（美國已於 1999 年拒絕批准「全面核子禁試條約」，為了布署 NMD，美國揚言將廢除 1972 的 ABM 條約），美國還有什麼立場來維持「世界秩序」？世界上其他國家有什麼理由來尊重這一「世界秩序」？

▌二、美國的新帝國主義大戰略

（一）以反恐為理由，採取片面主義的外交政策

　　在小布希政府反恐戰爭的藉口下，有關美國大戰略和重建單極世界的新觀念到處可見。這種論調主張美國片面的、制先的、甚至預防性的使用武力。如果有人願意參加便組成聯盟，但如無人願意支持，美國也要不顧任何國際社會的規範，獨自去做。這種觀點已形成新帝國的想法，美國已決定要為其全球角色設立標準，決定威脅的存在與

否，是否使用武力，以及如何型塑正義。在這種情況下，美國的主權
更加絕對，而其他挑戰美國的國家，他們的主權變成有條件的。這種
情況由恐怖主義的威脅和美國空前的全球控制所造成。這種戰略上巨
大的轉變對世界的影響已超過了冷戰結束的影響。

　　美國在阿富汗的戰爭和是否應攻打伊拉克的辯論掩蓋了這個對全
球「地緣政治」有重大影響的挑戰。計劃尚未產生，雅爾達式的高峰
會議尚未舉行，但美國的行動已大為改變了自 1940 年代迄今美國所
建立的政治秩序。當前時代的兩大現實——災難性的恐怖主義和美國
的單極結構的確有必要重新思考國際秩序的原則。對恐怖主義的威
脅、大規模毀滅性武器（WMD）、武力的使用、以及全球的規則，
美國和其他主要國家的確需要有一個新的共識，這種必要需要對美國
政策的思維有較深入了解。同樣的，美國政府也應該對它希望取代的
舊秩序的利弊有所了解。

　　美國新帝國式的大戰略將會破壞國際社會和政治夥伴的結構，但
當前卻是美國最需要他們的時候。這種方式是危險的，可能會失敗
的。它不僅在政治上站不住，在外交上也會造成傷害，如果歷史可作
殷鑑，這樣的作法將激起反對和抗拒，將使美國面對一個更為敵視和
更為分裂的世界。

★　　★　　★

九一一事件前美國的大戰略

　　從 1940 年代起美國外交政策的主流和當代國際秩序是建立在兩
個大戰略上。一是現實主義取向的，由圍堵、嚇阻和權力平衡等政策
組成。面對戰後蘇聯的威脅，美國不僅要填補歐洲留下來的權力真

空，還要對抗蘇聯的擴張。這一戰略的試金石是「圍堵政策」，用來阻止蘇聯擴張其勢力範圍。美國和蘇聯兩大陣營的雙極平衡維持了世界的秩序，經由核子武力和相互嚇阻達到穩定。核子武器和「相互保證毀滅」（MAD）使得強權之間的戰爭變為不理性。這是歷史上第一次碰到的避免大戰爆發的方法。但是「圍堵政策」和全球權力平衡隨著 1991 年蘇聯瓦解而結束。核子嚇阻已經不再是當前世界秩序中的決定性因素，它只在中國、俄國和西方的關係中繼續扮演一個穩定性因素而已。這一戰略給美國帶來了制度和夥伴關係，其中最重要的是北約和美日聯盟。美國領導的安全夥伴在冷戰時代經由承諾和保證提供了穩定的保障。美國在歐洲和東亞採取「前進戰略」（forward strategy），美國的聯盟夥伴得到安全保護，也與美國維持良性的互動。冷戰帶來的不僅是一個有用的聯盟，也產生了有其本身價值的政治秩序。

　　這一大戰略提供了一個解決歧見的協商架構，主要國家維持平等和尊重，除非重大利益需要談判，彼此均盡量調適。大國間彼此競爭，儘管戰爭不能完全排除，但權力平衡和妥善處理彼此的關係維持了穩定與和平。小布希總統在競選時指出其對外交政策為「新現實主義」（new realism），即是美國外交政策的重心將不再是柯林頓政府時代的協助其他國家「建國」和「國際性的社會工作」（international social work），隨便使用武力，改以重視大國關係和重建美國武力。小布希總統努力把俄國納入西方安全體系便是這種「新現實主義」的具體表現。美國緩和了與中國的對立也是這種政策的反應，如果歐亞的兩個大國接受美國的規則，大國之間的關係更會維持穩定。但是如此美國似乎忽略了歐洲，沒有把它當作大國，所以歐洲國家對美國非常不滿。

★　　★　　★

　　另外一個大戰略是自由主義取向的，形成於第二次世界大戰期間，為了重建世界的經濟，它建立在自由國家的市場機制上，這種主張不僅反映了美國經濟和企業的想法，也一直是美國「地緣政治」的目標。與現實主義大戰略不同的，自由主義的大戰略的目的是避免世界重回 1930 年代經濟上各自為政、支離破碎的時代。民主、自由貿易和多邊主義的制度是可以結合在一起的，他們認為建立在制度上的國際秩序，加上美國的影響力，最符合美國利益，是一個可以節省美國國力而且還可以擴大美國影響力的戰略。這個大戰略的推動包括布雷頓森林（Bretton Woods）協議產生的世界銀行、國際貨幣基金、世界貿易組織、以及經合組織（OECD）等。1990 年代，美國繼續推動這一大戰略，老布希與柯林頓總統倡議建立一個沒有外來威脅或以權力平衡為基礎的世界秩序。老布希強調大西洋社會的重要性並希望擴大亞太區域的組織，他希望這種聯盟和夥伴關係建立在共同的價值、傳統、互利和穩定的基礎上。柯林頓則希望後冷戰的時代是一個擴大民主和自由市場的時代。他認為在這種情況下，民主是全球和區域社會的基礎，貿易和資本流通則是政治改革和統合的力量。

　　小布希政府並不是公開批評柯林頓時代的大戰略，但以不同的方式來討論戰略問題。支持中國進入世界貿易組織是希望促進中國的政治改革和緩和其強勢的外交政策。九一一事件後，美國貿易談判代表左立克（Robert Zoellick）甚至把擴大貿易也和反恐戰爭掛鉤，美國國務院政策設計主管哈阿斯（Richard Haass）指出，美國外交政策的主要目標是將其他國家和國際組織整合成為一個可以配合美國利益和價值的國際社會，這也是自由大戰略的設計。但最近美國政府對鋼鐵

和農產品採取保護主義的措施引起國際社會很大的反彈，認為這是美國在自由戰略上的撤退。

這兩大戰略建立在美國分歧，甚至對立的知識傳統上，但在過去50多年來兩者一直配合的很好。現實主義的大戰略為美國全球的安全安排創造了政治的合理性；自由主義的大戰略為美國的領導提供了充實的內容。美國以強化國際社會結構的方式使用其權力和維護其國家利益。美國的權力創造了世界秩序，而不是破壞它。美國所建立的規則和制度以及政治和安全的夥伴關係對美國和世界都有好處。在1990年代末期，其規模和成就都是空前的，這是一個經由市場、制度和安全夥伴形成的全球民主國家的聯盟。這一國際秩序建立在兩個歷史的交易上，一個是美國承諾對其歐洲和亞洲夥伴提供安全保護和進入美國市場，使他們得到美國科技和資源；這些國家則同意作為美國可靠的夥伴，在外交上、經濟上和後援上支持美國擴大其全球秩序。另一個是亞洲和歐洲國家同意接受美國的領導並在他們接受的政治和經濟體系中運作；而美國則以支持其夥伴為回報。美國的權力對世界是安全的，世界對美國的回報是同意生活在美國制度之下。這種交易從1940年代開始，一直到支持後冷戰時代的世界秩序。這是世界歷史上最穩定和最繁榮的國際秩序。但是小布希政府的新思維——在九一一事件後形成——破壞了這個秩序和其背後的政治背景。

（二）新帝國主義大戰略的內容

從冷戰結束後，美國形成一個新的大戰略，它是對恐怖主義的直接反應，也是美國希望在一個重整的世界中運用其權力的設計。根據這一新的規則，美國將對恐怖主義的威脅和流氓國家採取更片面主義的和先制性的政策，而不會太在意其盟國和國際社會的反應。換言

之，美國將以其無敵的武力來管理世界。

這一新的帝國大戰略有七個要素：

1. 維持單極世界，不允許出現競爭者。沒有美國的同意，不准許任何大國的同盟出現。小布希在 2002 年 6 月在西點軍校的講話中指出，「美國要維持其不受挑戰的軍事力量，使其他地區破壞安定的武器競賽毫無意義，將其他國家的競爭限制在貿易和追求和平上。」美國將不再經由權力平衡追求安全，也不再經由民主市場來減少權力政治。因為美國是如此強大，其他國家的戰略敵對和安全競爭將會消失，每個國家都會變的更好。

   這一目標是出自國防部助理部長伍佛維茲（Paul Wolfowitz）所寫的國防部備忘錄，在老布希任內後期洩漏出來。他說，因為蘇聯的瓦解，美國必須採取行動防止歐亞出現新的競爭者。但 1990 年代他的戰略懸而未決，在這一時期，美國成長的比其他主要國家快，美國逐漸減少了國防開支，重視在科技上的投資和發展。新的目標是要把美國的領先屹立不搖，造成事實後使其他國家無法追趕。美國一些戰略家形容這一戰略為「突破」（breakout），因為美國在科技上的遙遙領先，使的任何國家或聯盟都無法對美國的領導者、保護者和執法者的地位挑戰。

2. 第二是對全球威脅和如何對付的全新分析。新現實是恐怖主義集團可能很快會取得高度破壞性的武器——核子、化學或生物——並將造成巨大的破壞。美國政府認為這些恐怖主義集團無法予以安撫和嚇阻，必須予以消滅。國防部長倫斯斐（Donald Rumsfeld）說的非常「清楚」，「有些事情我們知

道我們知道的，有一些我們知道我們不知道的。那就是說，有些事情我們知道我們不知道，但也有一些事情不知道就是不知道。有些事情我們不知道我們不知道，……每一年，我們會發現一些這些不知道的不知道。」（There are things we know that we know. There are known unknowns. That is to say, there are things that we know we don't know. But there are also unknown unknowns. There are things we don't know we don't know. … Each year, we discover a few more of those unknown unknowns.）換言之，可能有一些恐怖主義分子，沒有人會知道，他們可能擁有核子、化學或生物武器，美國也不知道他們能得到這些武器，但他們可能在毫無預警的情況下發動攻擊，在恐怖的時代，犯錯的機會很少。一小撮憤怒的人就可以造成對世界不可想像的傷害，他們不是國家，也不按牌理出牌。

3. 第三是認為冷戰時代嚇阻的觀念已經落伍了。嚇阻、主權和權力平衡是一起運作的。當嚇阻不再有用之時，現實主義的結構便開始瓦解了。今天的威脅不是其他的強國是否擁有第二次核子打擊力量，而是超國家的恐怖分子沒有住址。他們不會被嚇阻，因為他們或許願意為他們的奮鬥而死，或許能夠逃避報復。過去用來可以承受第一次打擊，還能夠進行反擊懲罰攻擊者的戰略已不再能保證安全。如今，剩下的唯一選擇便是攻擊，因此武力的使用需要制先性，甚至預防性，在可能的威脅形成之前，採取行動。但這一認知與傳統國際法中的自衛和聯合國憲章正當使用武力的規定是衝突的。倫斯斐曾對制先行動的正當性有如下的說法，「缺乏證據並不代表沒有大規模毀滅性武器的不存在」（absence of evidence

is not evidence of absence of weapons of mass destruction）。這種說法已等於否定了聯合國憲章第 51 條有關自衛的規定。美國政府應記得當 1981 年以色列以自衛的理由炸毀伊拉克在奧斯雷克（Osirak）的核子反應爐時，曾遭受全世界譴責為侵略行為。甚至英國首相柴契爾（Margaret Thatcher）和美國駐聯合國大使蔻派翠克（Jeane Kirkpatrick）也指責此一行為，美國並同意聯合國通過的譴責決議。小布希政府的作法已帶領美國走上這一途徑，即使沒有明顯的威脅，美國卻宣稱有權去採取制先或預防性的軍事行動。在西點軍校的演說中，小布希明確的指出，「在世界任何黑暗的角落，美國必須有立即打擊的準備，任何國家的侵略和恐怖行動都要付出代價。」美國政府為了因應一個益加不確定和變動不居的威脅環境，認為採取這種立場是必要的，但這種「義無反顧」的政策帶來的後果就是對何為正確使用武力，增加更多的困擾。

4. 第四是重新解釋「主權」（sovereignty）這個名詞。因為恐怖主義分子無法嚇阻，美國必須準備隨時隨地的進行干涉，期能防患於未然。既然恐怖主義分子不尊重領土完整，美國也可比照辦理。美國認為，不管同意與否，如果有的國家無法在其領土之內有效執行法律，就等於放棄了他們的主權。哈阿斯在《紐約客》（The New Yorker）上就有如下的暗示，美國政府新的觀點或原則是可稱之為「主權的限制」（the limits of sovereignty）。主權是有責任的，第一是不能屠殺自己的人民，第二是不能支持恐怖主義。如果一個政府不能盡到這種責任，它就放棄了主權的正當性，包括在領土內不受干涉的自由。其他國家，包括美國在內，就有權力去

干涉。就恐怖主義而言，還包括預防性自衛的權利。基本上，一個國家可以預料是否會被攻擊，只是不知何時會發生而已。

在這種情況下，反恐戰爭和大規模毀滅性武器擴散的問題便結合在一起了。令人擔心的是有一些專制的國家，特別是伊拉克，也包括伊朗和北韓，將會擁有大規模毀滅性武器的能力，並且將這些武器提供給恐怖主義分子。這些國家自己可能被嚇阻不會使用這種武器，但他們可能將這種武器交給不被嚇阻的恐怖主義分子。所以，小布希政府另一個原則便是不負責任、不友好、不民主的政府擁有大規模毀滅性的武器本身便是一個威脅，必須予以對抗。在過去，不民主的政府只是不受歡迎，但終究還可以容忍，由於恐怖主義和大規模毀滅性武器的問題，不民主的政府也被認為是不可接受的威脅了。所以，如今不是違反現有國際法才會遭受到美國的攻擊，只要美國認為任何國家有傷害美國利益的可能便可以予以制裁。

這種對國家主權的重新定義是令人困擾的，一方面，這一新的大戰略重申了國家領土的重要性。畢竟，如果所有的政府都能在其領土之內，有能力和負責任的執行法律，恐怖主義分子就難以生存。小布希政府的政策便是認為政府要為其領土內發生的事負責。另一方面，主權已被加上新的條件，那就是如果政府不能認真執法，便會失去主權。就某種意義而言，這種條件性的主權並不是新的觀念，歷史上，強權曾任意踐踏弱國的主權，從有主權觀念開始就已不是什麼新鮮的事了。特別在傳統的勢力範圍之內，只有強權的利益，何來其他國家的主權，美國自十九世紀起在西半球便是如此。今

日這種條件性的主權之所謂「新」，就是小布希政府要把它在全球通用，美國有權可以決定什麼時候某一個國家的主權已經喪失了，而且還可以未審先判。

5. 第五是整個國際規則、條約和安全夥伴的比重下降。這與新的威脅有關，因為如果在反恐戰爭中風險增加，犯錯的餘地減少，有關使用武力的多邊關係和協定只會增加困擾和困難。最重要的是要剷除威脅，但這種片面主義的戰略也是對國際協議的不信任。這種觀點也代表了美國人傳統上不願捲入限制美國行動的國際社會的規則和制度。對某些美國人來說，美國的主權是神聖的，是優於其他國家的，所以美國人一直有例外主義的想法。但更有影響力的觀點，特別在九一一事件之後，是美國不應從世界撤退，而是要以美國來改造世界。小布希政府一連串拒絕了許多國際的協議——從京都協議，到國際刑事法庭，到禁止生化武器公約——便是反映了這種觀點。只有在俄國堅持下，美國才勉強的與俄國簽訂了減少核子彈頭的條約，美國原來希望的只是一個「君子協定」而已。換言之，美國已經決定它已強大到可以做到我行我素的地步。

6. 第六是美國在回應恐怖主義的威脅上，可以採取直接的和無限制的手段。這個想法是因為美國認為沒有任何其他國家或聯盟，包括「歐盟」，具有打擊全球恐怖主義分子和流氓國家的軍事能力。美國過去十年的軍力發展已經把美國的盟邦遠遠拋在後面，就作戰行動而言，美國的盟邦已無法與美國軍隊配合。對美國來說，聯合軍事行動只能阻礙有效的軍事行動，美國在科索夫（Kosovo）戰爭中已學到教訓，在阿富汗戰爭中益加突顯這一弱點。倫斯斐曾說，「任務決定聯

盟，而非聯盟決定任務，如果不是如此，任務將慘遭失敗，美國無法承受這種失敗。」在小布希政府中，沒有人會主張取消「北約」，或美國與其他國的聯盟，但對今日的美國而言，這些聯盟的用處已愈來愈小。一些美國官員會辯稱，不是美國不再重視聯盟夥伴，而是歐洲人不願意履行責任，無論這些說法是否正確，美國軍力的大幅提升，不但使其他國家相形見絀，也使美國更加意氣風發。在這種情況下，維持真正聯盟的錯覺將愈來愈困難，美國的盟邦戰略意義只有視情況而定了。他們可能在後勤補給上還能對美國有所幫助而已，在美國新的戰略思想中，這些聯盟的價值只會直線下降。

7. 第七是對國際社會穩定的不重視。在美國片面主義的觀點中，必須放棄過去冷戰的傳統。美國廢棄「反飛彈條約」（Anti-Ballistic Missile Treaty）和不願簽訂正式的限武條約，就是這種觀點的寫照。美國官員們沾沾自喜的認為美國廢棄了「反飛彈條約」不但未引發武器競賽並且還有助達成美俄新的限武協議，他們認為這是走出冷戰模式而不影響國際社會穩定的證明。換言之，國際社會可以承受新的安全途徑，也有助於美國的片面主義。問題是國際社會的穩定本身並不是目的，美國政府對北韓的強硬態度對東北亞便是破壞穩定的作法，但美國政府可能認為這是剷除北韓邪惡政權的必要代價。在一個不對稱威脅（asymmetrical threats）的世界裡，權力平衡已不是戰爭與和平的主軸了。暴力已經在美國門口，如今談什麼強化國際社會規範已於事無補了，如果承認倫斯斐所說的「對於我們不知道的事情我們不知道」，任何事情都是次要的，包括國際法、傳統盟友、和正當化的標

準，因為這是戰爭。

正如克勞塞維茨（Carl von Clausewitz）的名言，「戰爭是如此危險的事，由於仁慈所造成的錯誤是最大的錯誤」。新帝國主義的大戰略就會有這種可能的陷阱。不加約束的美國權力，不顧國際社會的規則和制度將使美國面對一個更為敵意的國際社會，使美國的利益更難維護。美國想要領導世界的雄心大志在於美國有能力和願意在聯盟體系和國際體系中運作權力，如此才能使美國的權力和目標容易被盟友和世界上主要的國家接受，但這種思想在小布希政府的新思維中已岌岌可危。

（三）對美國新帝國主義大戰略的批判

1. 新帝國主義的途徑是站不住的，美國的獨斷獨行可以用在剷除伊拉克的海珊（Saddam Hussein）上，但美國在對付擁有大規模毀滅性武器的國家，就長遠來說是不太可能的，美國這樣作法將導致國際社會中武器管制體系的瓦解。小布希政府沒有在執行反擴散協議中善盡其努力，就把對付大規模毀滅性武器列為最高安全威脅的議題。九一一事件使小布希政府決心對抗伊拉克這類的國家，但面對更複雜的情況，這是不夠的，例如在國際制裁和檢查的情況下。美國也不能保證制先或預防的攻擊會進行的很順利，它可能引起美國國內政治的反彈。美國這種帝國主義的侵略，即使動機良善，也會破壞美國希望防止擴散的長期目標所需要的種種條件，多邊協議、國際制度以及友好國家的合作。

2. 制先攻擊主義將造成的問題是如果美國可以做，如何阻止其他國家採取同樣的作法。美國難道希望巴基斯坦，甚至中國

和俄國也採取這個主義嗎？採取這種行動的國家可以不提出任何證據嗎？美國辯稱如果等待證據齊全或等待國際組織採取行動將緩不濟急，但是美國應該想到如果要約束其他國家採取類似行動，這是美國唯一的理由。不止於此，美國的制先攻擊必然動用美國強大的傳統武力，如此反而迫使對美國敵視的國家加速爭取擁有大規模毀滅性的武器來對美國進行嚇阻。這本來就是安全困境的另一種模式，只是被新帝國主義的大戰略給弄得更嚴重了。另外還有一個問題，以武力去剷除大規模毀滅性武器或推翻危險的政權並不是容易的事。即使軍事干涉成功，還要處理善後問題。和平維持和國家重建是不可避免的，聯合國、世界銀行以及有關國家都要捲入援助工作。維持和平的工作可能要拖上好幾年，即使新政府產生了也不易維持秩序。在這一過程中還要應付可能引發的區域衝突，這已成了每次重大軍事行動之後的長期負擔。當這些代價和責任加到美國的軍事行動之上後，我們很懷疑這種新帝國主義的戰略會得到美國國內的支持。這是典型的帝國主義過度擴張（overstretch）的問題。如果美國擁有強大的經濟，固然可以長期維持其軍事霸權，但處理戰後問題的花費是驚人的，維持和平和重新建國如果在採取行動之前未與有關國家妥善研商，在執行時將必然困難重重。

3. 不能解決美國外交政策中核心的問題，即國際的合作。在反恐戰爭中，美國需要主要國家的合作，包括情報、執法和後勤支援。為了實現美國的目標，即使在非安全事項中，美國也需要有關國家的善意和友好的關係。在許多問題上，如貿易自由化、世界金融的穩定、環境的保護、防止跨國性的組織犯罪、面對興起的中國等許多辣手的問題，美國都需要夥

伴。但是如果美國為了自己的安全一意孤行，而仍然指望其他國家繼續在其他問題上與美國合作，這將是不可能的。

面對一個單極的和片面行動的美國，其他國家的政策只有在平時關係上拒絕與美國合作。有效的方法之一是貿易，歐洲國家最近對美國提高鋼鐵進口的關稅便採取了反制行動，這固然是一種貿易問題，但也是權力政治。美國在軍事力量上是無可比擬的，但在經濟上和政治上的力量還是不足以號令天下。其他主要國家可能沒有足夠的力量去約束美國的軍事行動，但他們可以讓美國在其他方面付出代價。

4. 如何維持美國單極力量的問題，美國將陷入帝國主義最古老的陷阱，即是自我包圍（self-encirclement）。當世界上最強大的國家濫用其權力，不顧任何正當性之時，它將面對激烈的反彈。當其他國家遵守國際秩序之時，唯獨美國可以為所欲為。美國新戰略的倡議者認為美國可以獨自在國外使用武力而不會遭受太大的不良影響，美國與盟國和朋友的關係將有一些摩擦，但他們認為這是美國領導世界的代價。歷史顯示強權容易高估自己的權力而招致自我包圍，查理五世、路易十四、拿破崙、希特勒均壓迫其他國家，擴充其帝國，但最後均被不甘心被統治的國家聯合起來推翻。與過去的帝國主義相比，美國的目標和手段雖然較為克制和溫和，但這種強硬的軍事片面主義會使美國重蹈歷史的覆轍。

5. 錯過開創新時代的機會：美國把後冷戰時期的國家分為三類：一是北美、歐洲和日本等後工業化的國家；二是中國、印度等新興工業化的國家；三是貧窮仍未工業化的國家。通常認為戰事不會發生在第一類國家之間，在第二類國家之間是有可能的，在第三類國家之間是經常發生的。

美國在第二次世界大戰後設計以聯合國安理會維持世界的和平，但不幸因為美蘇對抗和冷戰使這個功能未能發揮。冷戰結束後，應該是恢復聯合國安理會功能最好的機會，甚至為了反映國際社會的現狀，稍作擴大安理會的常任理事國也未嘗不可。可惜美國不朝這一方面努力，只想利用冷戰後的機遇，來擴大和穩固美國的霸權。

美國的利益在於鼓勵一個可以合作和協調的多極結構或「一超多強」，世界的秩序不只是維持權力平衡和避免戰爭，也要建立和維持大國之間的國際共識。季辛吉（Henry Kissinger）便曾強調美國外交最重要的工作便是把美國的理念和利益透過協商形成國際共識。如今美國為了霸權的誘惑，大幅改變美國的聯盟政策，為了堅持片面主義而放棄多邊主義，為了強調硬權力而忽視軟權力，勢必會改變美國與其他國家的關係以及其他國家對美國的看法。布里辛斯基（Zbigniew Brzezinski）在 2004 年說，「孤立的美國，不論有多強大，都會不斷增加新的敵人。」肯楠（George Kennan）在 1999 年便提出警告說，「在這個世界上，永遠不會由一個政治中心來管理，不論它有多強大。」

不只於此，美國追求霸權最大的損失便是失去一個開創新時代的機會，美國應該利用後冷戰時期難得的機會去設計一套大國之間的新關係。但如果美國採取的是霸權的政策，這個機會就不存在了。這個機會的理由是：

(1) 大國之間戰爭的可能性極小，因為無利可圖。

(2) 經濟開發與合作為當前國際社會主要的交往方式，尤其全球化的過程使國家間非安全的關係益加密切。

(3) 大國在國際體系中的行為極為負責，可從戰敗後之日本

和德國，以及蘇聯瓦解後之俄國的例子證明。

所以，美國應以自己的作法來影響國際社會的行為，但如錯過此一機會，美國將會得不償失的。

6. 缺乏正當性（legitimacy）的危機：美國在九一一事件後的表現以及在 2003 年攻打伊拉克已經使美國深陷正當性的危機之中，美國的信譽和聲望也一直在下降。

正當性是指國家的行為要合乎道理，要符合公正和正義的原則，消極的它應符合法律的規範，積極的它要被多數人認同。合法性只是必要條件，正當性才是充分條件。美國在成為世界強權之後，尤其在第二次世界大戰之後，它的正當性建立在四個支柱上：一是對國際法和國際組織的支持，二是對國際共識的尊重，三是中庸之道的行事風格，四是維持國際社會和平與繁榮的努力。

在對外關係上，美國一向主張以和平解決爭端，堅決反對侵略戰爭，在紐倫堡軍法大審中，美國法官傑克森（Robert Jackson）曾拒絕討論戰爭發起的原因，他認為侵略戰爭根本沒有正當性，何來討論的空間。凱根（Robert Kagan）為了替美國的侵略行為辯論，說美國的正當性是冷戰的環境造成的，與國際法和國際制度無關，這種說法是不符合美國重視法律的精神的。再說，美國重視國際共識的傳統是來自美國本身民主的性格，美國自己內部都要求經由妥協而達成共識，為什麼在對外關係上卻堅持一意孤行呢？美國在國際事務中一向以中庸之道著稱，美國反對任何偏激的主張和行為，這與美國的地理位置和美國人民的自給自足的心態有關。美國不是為了爭取生存空間、奪取資源或報復歷史上的仇恨去參與國際政治，除了安全之外美國至多是為了擴大自

由，推銷民主才積極的捲入國際政治。換言之，美國有較大選擇的空間，犯不上非要窮兵黷武不可。至於美國在上一個世紀——「美國世紀」——既已創造了和平與繁榮的業績和聲望；事實上和平與繁榮也成為美國正當性的最大支柱。美國應該持盈保泰，擦亮這塊招牌，才能使美國趨吉避兇，永保安康。

很不幸的，九一一事件後美國所表現的與美國過去所代表的已經完全不同了。事實上，上述美國正當性的四大支柱都已經動搖了，小布希政府已讓美國的盟友以及世界上所有的國家不得不相信美國已經變了，美國已經變壞了。

美國真正的如凱根所說，冷戰時代美國的正當性已隨「柏林圍牆和列寧的銅像崩潰了」嗎？美國強大的武力，在失掉一個對手之後，已經完全不受限制了嗎？在美國的政治傳統中，不受約束的力量是極為危險的，難道美國人對這點都不知道嗎？

美國政府為了緩和對美國片面主義的反感，提出一個「願意者同盟」（coalition of the willing）的想法，並說反對美國政策的才是「片面主義者」。可能令美國驚奇的，反對美國的「片面主義者」將會包括世界上絕大多數的國家，足可組成對抗美國的「反片面主義大聯盟」了。

7. 不符合美國的民意：這是最根本的問題，美國人民會支持這種帝國主義的政策嗎？對這個問題可分為三點來說明：一是美國基本上是一個較為內向的國家，美國人民較重視國內的事務，一般人民對國際事務較不熱衷；加上美國本身的優厚條件，美國人民並無太大的誘因去從事過於極端的海外冒險。二是在冷戰結束後，美國人民對美國在世界上的角色尚

未建立共識，從老布希總統的「世界新秩序」、柯林頓總統的「擴大參與」到當前的小布希總統的「片面主義」，均仍在變化與調適中。三是美國迄今的民意與當前美國政府的作為是有差距的。根據奈伊（Joseph Nye, Jr.）的說法，在 2000 年以後的民調顯示，六成七的美國人贊成增強聯合國的功能，六成支持世貿組織，五成六支持國際法院，四成四支持國際貨幣基金，六成六支持成立國際刑事法庭。美國人對美國世界霸權的看法相當保留，支持單邊政策的人不多。當前美國政策改變的原因不是美國人民，而是美國政府。2002 年年底，八成五的美國人認為美國應該重視「主要盟國的意見」但是，美國政府——實際上是霸權菁英——的看法卻不一樣。

　　小布希總統散布一個二分法的世界觀，將世界分成善與惡兩面，不支持美國就等於敵視美國。他從九一一以後到 2003 年 2 月這 15 個月中，用不同的方式說了 99 次「不是朋友就是敵人」。美國居然會產生這麼一批霸權的菁英，真是美國民主政治的一大諷刺。

　　小史勒辛吉（Arthur Schlesinger, Jr.）指出在冷戰時代，美國出現了一個強大的軍事集團，他們已形成一個結構——永遠要更多的人、要更多的經費、更多的武器、更多的軍事介入、以及更多的軍事解決。國際危機養肥了美國的戰爭機器，也給好戰者提供了充分的藉口去擴大霸權。

　　問題是美國人民會不會支持美國這種霸權主義的政策呢？相當多的學者並不認為有這種可能，小史勒辛吉認為美國人對帝國主義至多只是一時的衝動，他認為基本上美國人缺乏帝國主義的文化。賀許（Michael Hirsh）也說美國沒有帝國主義的「基因」（DNA），美國

三、如何定義美國的新帝國主義（包括 20 位學者的論述）

　　毫無疑問的，冷戰結束後，世界已進入「美國單極」（the American unipolar）時代。小布希政府的反恐戰爭、入侵阿富汗和伊拉克、擴增軍費，以及提出的 2002 年國家安全戰略（2002 National Security Strategy）已經使美國的力量大為伸張，也使得世界深感不安。對美國單極意義的憂心不僅顯示在美國和歐洲的最近緊張關係上，以及德國、巴西和南韓的大選上，更重要的問題是對全球政治性質的可能變化上，誰來發號施令和誰會得到利益已經成為美國長期盟友和敵人共同的話題。

　　權力經常是隱藏的或偽裝的，但當它一旦顯示而且被視為一種控制力量之時，它必然招致反彈。人們當記得法國總理克里蒙梭（Georges Clemenceau）在普法戰爭後的名言，「德國人認為他們的勝利的邏輯是占有，但我們並不認為我們失敗的邏輯是奴役。」在半個世紀後的凡爾賽條約上，他對戰敗的德國也訂下了同樣嚴竣的條件。

　　當前對美國帝國的辯論是企圖把這個單極的事實賦予意義，認為美國走上帝國的道路當然不是什麼新的說法。早在 1947 年當美國帝國剛剛開始的時候，英國的名政治學者拉斯基（Harold Laski）便指出，「美國坐在世界上像一個巨人，無論是最盛時的羅馬或英國都未能擁有像美國這麼直接、深遠和廣泛的影響。」事實上，第二次世界大戰後世界秩序的締造者如艾契遜（Dean Acheson）等人就是最崇拜大英帝國的。嗣後，在越戰時，左派思想家和修正主義的歷史學者就從美國外交史中印證這種根深蒂固的軍國主義和帝國主義的動機。美國修正主義的教父威廉斯（William Appleton Williams）在其《美國

外交的悲劇》（The Tragedy of American Diplomacy）一書中便指出，美國真正的理想主義就是被追求權力和貪婪的帝國主義給出賣了。

今日，「美國帝國」對某些人是一個贊同和樂觀的名詞，但對另些人卻是一個貶抑和危險的名辭。新保守主義者支持美國以帝國的方法使用其權力，有如齊普林（Rudyard Kipling）「白人負擔」（White Man's Burden）的現代版。他們認為這種力量是自由的力量，可以促進民主，打擊暴政、恐怖主義侵略和武器擴散。反對美國走上帝國主義者則指出如此將造成無法承擔的財政負擔，對民主的腐蝕，以及傷害到美國長期賴以維護其國家利益的國際體系和聯盟。

沒有人會否認美國的權力是不尋常的，對帝國的辯論是美國控制世界的性質和邏輯。美國不僅是一個追求其本身利益的超級強權，它也是世界秩序的創造者。幾十年來，在其他國家支持多於反對的情況下，美國遵行的是一個公開的和以法治為基礎的世界秩序。由於擁有巨大的能力、利益和理想所形成的「美國計劃」（American Project），使得美國的影響史無前例的遍及全球。不論好壞，其他國家必須要接受或依附在這一變動不居的美國秩序中。

學者們經常形容國際關係是在一個混亂無序世界中主權國家之間的互動。在傳統的西發里亞式（Westphalia）世界秩序中，國家在其領土內有使用武力的獨占權力，國際社會的秩序由國家之間權力的分散來維持。今日的單極世界將這一模式顛倒過來，美國擁有接近壟斷性的國際性武力；而其他國家在國內的事務卻日益接受全球化，也就是美國的檢視。在九一一事件後，小布希政府主張的「有條件的主權」（contingent sovereignty）和美國有權「先發制人」（preemption）使得這一改變再明顯不過了。「單極」的出現和國家主權的鬆綁是當前國際社會新的變化。

11. 巴勃（Benjamin Barber）

12. 江森（Chalmers Johnson）

13. 塔克爾和韓德瑞克森（Robert W. Tucker and David C. Hendrickson）

14. 佛格森（Niall Ferguson）

15. 阿特（Robert Art）

16. 曼恩（Michael Mann）

17. 喬飛（Josef Joffe）

18. 倫德斯特德（Geir Lundestad）

19. 蓋亞特（Nicholas Guyatt）

20. 索羅斯（George Soros）

1. 季辛吉（Henry Kissinger）

季辛吉（Henry Kissinger）是德裔猶太美國人，哈佛大學教授，冷戰初期，以權力平衡和有限戰爭在國際關係上奠定其學術地位。1968 年成為尼克森（Richard Nixon）的國安顧問，協助尼克森推動越戰越南化和與中國關係正常化，後又兼任國務卿，推動與蘇聯的和解政策。1974 年尼克森因水門案辭職後，福特（Gerald Ford）繼任總統，他繼續擔任國務卿到 1976 年福特競選總統失敗為止。

他著作甚多，《A World Restored》（1957）為他博士論文，《Nuclear Weapons and Foreign Policy》（1957）、《The Necessity for Choice》（1960）、《American Foreign Policy》（1969）、《The White House Years》（1979）、《Diplomacy》（1994），《Does America Need a Foreign Policy？》（2001）、《Ending the Vietnam War》（2003）、《Crisis》（2003）、《On China》（2011）、《World Order》（2014）。

　　季辛吉在其 1994 年的《大外交》（Diplomacy）一書中最後一章，對冷戰後的世界發展趨勢，有十分深入的分析和探討。

　　美國曾兩度建立「世界新秩序」，第一次是第一次世界大戰後，威爾遜（Woodrow Wilson）總統在巴黎和會上提出的十四點計劃，並成立國際聯盟，但被美國國會否決。第二次是第二次世界大戰後，杜魯門（Harry Truman）總統對蘇聯集團的冷戰策略，阻止共產主義的向外擴張。冷戰結束後是第三次，布希（George H.W. Bush）和柯林頓（Bill Clinton）兩位總統均提出「世界新秩序」的構想，也引起美國學術界的辯論。一直到 2001 年「九一一事件」後，小布希（George Bush）總統才確定了美國新帝國主義的世界秩序。

　　冷戰後，美國首次面對既不能退出，又不能放棄主宰世界的困境。世界上同時出現幾個實力相近的國家，建立世界秩序要根據平衡（equilibrium）和權力平衡（balance of power），這是美國不習慣、無經驗和難以接受的。美國進入國際社會是以帝國的身分，它本身就是世界秩序，不需要權力平衡。

　　但新的世界體系朝均勢方向發展，美國必須面對冷戰後美國成為唯一超強，有能力到世界任何地方去干預。但權力已經更加擴散（diffuse），與軍力有關的問題也減少了。冷戰後的世界很像十八、十九世紀的歐洲國家體系，美國的角色將持續被質疑。在缺少全面意識型態或戰略威脅之下，使得國家日益在外交政策中重視其當前國家利益。在一個由五個或六個主要大國和一些小國組成的國際體系中，世界秩序將由妥協和權力平衡來建立。

　　老布希和柯林頓認為一個新的世界秩序即將形成，但事實上，不到下個世紀（21 世紀）其具體形式將不會出現。這個新秩序將包

括：世界秩序的基本成員是哪些？他們互動的方式是什麼？以及他們互動的目標是什麼？

國際體系是不穩定的，而且國際體系的壽命一直在縮短，冷戰體系只存在了 40 年。蘇聯解體和南斯拉夫裂解又產生了近 20 個國家，冷戰後的歐洲國家缺少扮演全球角色的能力。歐洲如能團結，將可成為大國，如果分裂，便會成為二流國家。

冷戰後將有三種國家類型：一是前蘇聯和南斯拉夫分裂出來的 20 多個國家，他們有歷史的恩怨，也有種族的衝突。二是歐洲前殖民國家以不合理方式劃分國家的領土，對這些國家而言，領土的現狀（territorial status quo）是無止境殘忍內部衝突的來源。三是大國，他們可能是新世界秩序的基本成員，如印度、中國、歐盟、俄國和美國。

這種以全世界主要國家形成的世界秩序是前所未有的。由於國家的增加和他們互動的能力強化，即使在單極時刻，美國塑造世界的能力要遠比冷戰開始時減弱了。一方面其他國家對威脅的看法和美國未必相同，也不願冒不必要的危險。另方面是美國的「例外主義」並非任何國家都能享有。第三，在經濟競爭上，是美國在冷戰時代時所無法想像的。

在下一個世紀，美國的「例外主義」已不那麼重要。美國奉行的「威爾遜主義」（Wilsonianism）將不再可行——為了原則，而非利益而戰。美國的民主有其歷史的根源，非西方國家並無這種傳統。美國自認其力量和德行無人可及，但如此只能減弱美國的影響力。美國必須了解必要性和選擇的重要。美國迄今對其「核心利益」仍無明確的定義。美國應以避免歐亞大陸出現強權為其核心利益，並以權力平

衡來達成。

　　冷戰後，美國首要工作是妥善處理俄國問題，把俄國納入世界體系來影響俄國的立場。小布希和柯林頓只重視和俄國領導人的關係是不夠的，俄國在歷史上也是一個有使命感和帝國主義的國家，並有極強的民族主義。俄國會十分在意它過去加盟國和它的關係，尤其是烏克蘭（Ukraine）和白俄羅斯（Belarus）。美國應認真對待這一失敗的帝國，尤其在經濟上予以協助，如能化敵為友，將符合美國長遠的利益。

　　西歐是美國最有力的盟國，美國在冷戰後有一股淡化和歐盟關係的趨勢，這是不對的。美國和歐洲最大的共同利益是防止統一後的德國和俄國競爭控制歐洲大陸。柯林頓主張以「和平夥伴」（the Partnership for Peace）代替俄國前加盟國參加「北約」，但其缺點是在歐洲製造兩個不同的「盟國」，一個有保障，另一個沒有保障。沒有保障的「盟國」會被視為無足輕重，也容易被俄國重新爭取過去。

　　重要的是俄國與歐洲國家的關係，俄國在蘇聯時代已參加了1975 年的「歐洲安全與合作會議」（Conference on Security and Co-operation in Europe, CSCE），這一組織可擴大其功能或者改名為「和平夥伴」，如此俄國也自然成為其中一員。

　　亞洲的情況與歐洲不同，柯林頓 1993 年提出「太平洋社會」（Pacific Community）根本沒有可能，亞洲國家沒有歐洲國家如此緊密的地理環境，也沒有相互合作的歷史。相反地，他們均自認與其他國不同且彼此競爭。其中，中國將成為大國，其 GDP 在 2020 年左右將接近美國。日本是美國最大的亞洲盟友，雙方利益一致，可平衡中國的力量。其他亞洲國家並不熱衷集體安全，寧願與美國以雙邊關

係維持自己的安全，但不願美國與中國對抗，並希望美國與中國維持良好關係。美中關係應在全球，尤其亞洲，戰略上保持言而不宣（tacit）的合作。

後冷戰時代是美國第三次世界秩序的機會，美國應避免在其「例外主義」中衍生的兩種天生的誘惑，一是美國無所不能，二是孤芳自賞（isolationism）。不加選擇的介入冷戰後的種族混亂和內戰將耗盡美國的資源，但如美國顧及國內事務，又會使美國失去控制。美國應重視歷史經驗和地緣政治的因素，美國應重視克制和平衡，並放棄對權力可能的幻想。

2. 布里辛斯基（Zbigniew Brzezinski）

布里辛斯基（Zbigniew Brzezinski）為波蘭裔美國人，曾先後任教於哥倫比亞大學、約翰霍普金斯大學，在 1977 年至 1981 年擔任卡特（Jimmy Carter）總統的國安顧問。我個人認為他是美國少見的戰略思想家，在蘇聯解體後，他連寫了幾本書，如《失控》（Out of Control, 1993）、《大棋盤》（The Grand Chessboard, 1997）和《美國的抉擇》（The Choice, 2004），提醒美國且勿躁進，不可將武力過度伸張，並重視世界貧富不均的問題。他主張美國要爭取俄國留在西方陣營，也提醒俄國不能失去烏克蘭。他生前（卒於 2017 年）最後一本書《戰略遠見》（Strategic Vision, 2012），明確指出西方在衰落，美國夢在消逝中，世界走向東方化、多極化。他主張重建大西方，爭取俄國和土耳其；在東方要進行大和解，中國的成功是亞洲穩定的基礎，美國一定要與中國合作，並以日本和印度牽制中國。他說美國最大的夢魘將是中國和俄國、伊朗的合作，他的「遠見」都在一一浮現。

　　布里辛斯基的《失控》（1993）指出，歷史並未終結，只是變得更緊縮了，世界將面對巨大的政治覺醒，歷史將會產生尖銳的斷裂和衝突。

　　蘇聯解體證明以教條主義去製造一個強迫性的理想國是不可能的。極權主義的失敗和人類政治的覺醒幾乎同時發生，但世界分化的力量比整合的力量大，主要是富有國家和貧窮國家的差距的擴大。

　　美國成為唯一的全球超級大國，但在沒有共同價值的前提下，美國超強地位並不能維持太久。美國的弱點不在經濟，而在文化，這也是全球不穩定的根源。西方（主要是美國）對其他文明和宗教的輕視，對貧窮人類的冷漠、缺乏同情心，只能造成更多的不公平、不正義和仇恨。美國社會不可能成為世界的模式，如強行推動，只能加劇世界的分化。

　　今後的世界將出現六個集團，即北美、歐洲、東亞、南亞、伊斯蘭世界和歐亞黑洞（俄國），其中前三者較為健全，後三者較為不安定。

　　超過 10 億的伊斯蘭人民對西方，尤其是美國，懷有敵意。他們排斥西方文化，甚至準備和西方從事聖戰。

　　俄國的認同危機不可能以和平方式解決，全球經濟將走向碎片化，保護主義在民族主義下盛行。

　　真正的全球合作是不容易的，建構共識只能經由對話，而不是政治壓力。作者一向主張以「三邊主義」（美國、歐洲、日本）加上聯合國去推動全球治理，他也建議可擴大聯合國安理會的常任理事國，加上日本、德國、印度、奈及利亞和巴西，但並沒有否決權。

作者強調美國在外交上「自我克制」（self-restraint）的必要，在權力政治上經由國際協議，並以減少不平等和建立長久的價值的目標，他的結論是追求控制，便會失控（out of control）。

他在《大棋盤：全球戰略大思考》（1997）一書中，指出歐亞大陸是世界的重心，誰能掌握歐亞大陸，就能掌控全世界。美國外交政策必須善用在歐亞大陸的影響力，創造穩定的均勢，並由美國擔任仲裁者。美國政策的終極目標應是良性和前瞻性，應建構真正合作的全球社區關係，維持人類長程趨勢和基本利益。美國應阻止歐亞大陸出現一個主宰的力量，挑戰美國的利益，美國應界定一個完整和統合的歐亞地緣戰略。

全世界 75%的人口，60%的國民生產毛額（GDP）以及 75%的能源在歐亞大陸，歐亞大陸的力量遠超過美國，慶幸的是歐亞大陸太大，未能成為一個單一國家。

冷戰結束後，美國沒有太大的勝利意識，反倒有兩派意見。一派是美國應大規模減少介入世界局勢，另一派是美國應擴大對國際多邊主義的參與。美國應節制直接使用武力，美國應利用外交，結盟、合作部署政治資產，成為在歐亞大陸大棋盤上成功運用地緣政治的主導者。

20 世紀初麥金德（Halford Mackinder）的「心臟地帶」理論成為事實，整個歐亞大陸的優勢地位將是全球霸業的中心基礎。美國是一個非歐亞大陸的強權，但其軍力部署在歐亞大陸的三個周邊地區：西歐、中東和東亞，可發揮強大的影響力。

美國需要採取兩個步驟：

一、要確認誰是地緣政治上、歐亞大陸關鍵性國家？

二、要制定明確的美國政策去彌補、調合和掌控上述國家，來維
　　持和促進美國的重大利益。

在當前的全球局勢下，在歐亞大陸有五個關鍵性的地緣政治國
家，即法國、德國、俄國、中國和印度。美國將面對五大議題：

一、美國希望出現什麼樣的歐洲？

二、什麼樣的俄國符合美國的利益？

三、中亞出現新巴爾幹的機率為何？

四、應該鼓勵中國在遠東承擔什麼樣的角色？

五、什麼樣的歐亞結盟有可能成立？對美國最危險的結盟是什
　　麼？

初步的評估：

一、歐洲將由德國和法國去領導。

二、爭取俄國加入西方，排斥俄國的代價很高。

三、中東和南亞有 14 億人口，25 個國家，美國將受到伊斯蘭基
　　本教義派的挑戰，將出現極不穩定和暴亂。

四、中國將崛起為一大國，美國應接納中國作為一個區域大國。

五、最危險的狀況是中國、俄國和伊朗的「反霸權大同盟」，並
　　由中國帶頭。

美國的優勢必須以長程地緣戰略為指引，立足在相近似的社會政
治制度基礎上，以美國為主的多體架構連結起來。

歐洲是美國的天然盟友，應以德、法和波蘭（威瑪三角）為主
力，德法合作為先決條件。「北約」東擴是歷史的必然，否則歐洲無
法穩定。雅爾達的時代已成過去，歐洲不能再分裂。

　　蘇聯的突然解體造成歐洲的巨大黑洞，俄國將走向歐亞主義，但沒有烏克蘭的俄國將成為非歐洲國家，俄國將反對烏克蘭加入「北約」。

　　歐亞巴爾幹是權力真空地帶，但反對其他國家在此區域稱霸，土耳其和伊朗是此區域地緣政治的樞紐。

　　就地理關係而言，中國和美國應是天生的盟友，分別在東西半球，相隔 8000 浬。歷史上，日、俄、印度均曾與中國為敵，美國並無此種因素，但由於意識型態和台灣問題，美國反而成為中國最大的威脅。

　　但亞洲將成為世界上最大的經濟體，也是人口最多的地區。中國擁有核武，軍隊數目龐大，中國海軍已走向「境外積極防禦」的戰略，要在今後 15 年以有效控制第一島鏈之內海域，包括台灣海峽和南中國海。中國崛起不僅是遠東主導國家，也將成為世界第一流大國。

　　他的結論是美國是世界上第一個、唯一的全球性超級大國，也可能是最後一個全球霸權。在未來，沒有一個單一國家可能達到美國在 20 世紀曾占全球 GDP 30%的成就（2000 年將降到 22%，2020 年到 10-15%）。

3. 華倫斯坦（Immanuel Wallerstein）

　　華倫斯坦（Immanuel Wallerstein）曾任教哥倫比亞大學，加拿大麥吉爾大學、紐約大學及耶魯大學資深研究員，為「世界體系理論」代表性的學者。他的《現代世界體系》（The Modern World-System）為經典之作，在他 1995 年的《自由主義之後》（After Liberalism）中，指出：

　　大美帝國已經結束了，從越南、巴爾幹、中東到九一一已經顯示了美國第一的弱點。美國是平靜的凋謝呢？還是由於保守主義的頑抗而使得美國快速和危險的垮台呢？

　　決定戰後世局的是雅爾達結構，不僅決定了歐洲的勢力範圍，大體上美國和蘇聯分別控制了 2/3 和 1/3 的世界。

　　美國在戰後建立的霸權被四個事件給破壞了，分別是越戰、1968 年的反戰運動、1989 年的柏林圍牆倒塌、以及 2001 年的九一一事件。這四個事件，每一個都與前一個有關，結果使得美國今日變成一個沒有真正力量的孤獨強權，一個沒有追隨者也不受人尊敬的世界領袖，以及一個在它無法控制的全球混亂中的搖擺不定的國家。

　　1970 年代的經濟蕭條對美國的力量有兩個重大影響，一是導致「開發主義」（developmentalism）的瓦解，這也是自由主義當權時的主要意識型態。1960 年代看似成功的去殖民化運動到了 1970 年代却呈現混亂和不安。美國的干涉也無多大效果。1983 年雷根派兵到黎巴嫩希望協助恢復秩序，但被迫撤出，所以只得派兵到一個沒有軍隊的國家格里那達（Grenada）來挽回面子。老布希出兵巴拿馬，也是柿子挑軟的吃。事實證明美國已無法挽回其衰退的霸權，美國乾脆就盡量不予理會這種發展。

　　共產主義的失敗代表了自由主義的失敗，也動搖了支持美國霸權的意識型態。

　　在海灣戰爭和九一一事件之間，世界兩個主要衝突的區域是巴爾幹和中東，而美國在這兩個衝突中都扮演了重要的角色。我們回顧一下，如果美國沒有介入，結果會有什麼不同呢？在巴爾幹的情況中，一個經濟上相當成功的多民族國家南斯拉夫瓦解了，主要是分裂為其

組成的各民族。在十年中，這些分裂的國家都經歷了種族化、暴力、違反人權和戰爭的洗禮。外來的干涉——其中美國尤為重要——帶來了一時的停戰，但仍然無法阻止巨大的暴力行為，而且干涉也無法扭轉種族化，因為已經鞏固了，甚至正當化了。沒有美國的干涉，這些衝突的結果會不一樣嗎？暴力行為可能會繼續，但基本的結果將不會有太大的不同。在中東的情況可能更糟，美國的介入更深，失敗也更大。總之，美國在巴爾幹和中東均無法發揮其霸權的效果，不是美國的勢力和決心不夠，而是美國的力量不夠。

九一一事件之後，小布希改變了政策，宣布對恐怖主義作戰，向美國人民保證結果是確定的，並警告世界「不是朋友，便是敵人」（you are either with us or against us）。久被壓抑的鷹派終於主控了美國的外交政策，他們的立場十分清楚，美國擁有巨大的軍事力量。儘管許多外國不贊成美國使用其武力，但如果美國堅持，他們也無可奈何。鷹派認為美國應該採取帝國式的作法是基於兩個理由：一是美國這樣做沒有什麼風險，二是如果不這樣做，美國將愈來愈不被重視。

事實上，美國最強的牌便是軍力，也是唯一的牌。今日美國的軍力比十年前還強，但這就表示美國可以侵略、征服伊拉克，可以成立一個友好和穩定的政府嗎？不太可能，美國應記得 1945 年之後的三次戰爭（韓戰、越戰和波斯灣戰爭）的教訓，一個平手、一個大敗、一個小贏，實在並不光彩。

當強權集中力量於軍事，挑戰的國家集中力量於經濟，通常是後者會勝過前者。但今日，美國信譽的透支比 1960 年代黃金的貶值還要嚴重。

小布希總統的選擇其實很小，在未來十年左右美國的衰退將在國

際社會上成為一個決定性的因素，問題已不是美國的霸權是否減弱，而是美國如何以對世界、對自己，傷害最少的方式來光榮的退出。

4. 史蒂爾（Ronald L. Steel）

史蒂爾（Ronald L. Steel）曾分別在耶魯大學、普林斯頓大學任教，現為南加州大學教授。他的成名大作為《Walter Lippmann and the American Century》獲得普立茲傳記文學獎。

史蒂爾在 1995 年《霸權的誘惑》（Temptations of a Superpower）一書中，指出美國當前的問題是冷戰已經結束，但美國卻仍抱住冷戰的思維，經不起對外干涉的誘惑。美國的決策者仍然認為「世界秩序」是美國的重大國家利益，以全球為範圍來維持安全的環境。

艾其遜（Dean Acheson）在卸任國務卿後曾說過一句名言，他指英國在第二次大戰後「失去了一個帝國但尚未找到一個角色」（lost an empire but not yet found a role）。冷戰後的美國有點類似但又不完全一樣，美國沒有失去帝國，但角色卻不一樣了，主要的原因是競賽（the game）本身發生了變化。

由於冷戰的結束，美國不再享有過去的權威或行動的自由，美國如今要依賴過去、依賴他的盟邦來支持美國的經濟，來支持美國的戰費。軍力已經不再是維持國際均勢或競爭的唯一或主要工具，經濟力量所占的比例已愈來愈大。科技、貿易和經濟實力已成為強權競爭主要的內容，對習慣於認為美國有權利也有責任來領導世界的美國政治菁英是不容易適應的。

所以，維持龐大國防預算的真正原因不是在準備戰爭，而是另有原因。原因之一為官僚系統的慣性，為了維持美國軍方的龐大官僚體系和重要性，必須爭取足夠的經費。原因之二為維持美國一手建立的

國際體系，阻止其他國家挑戰美國的地位。

　　有人說冷戰時期，美蘇是一個瓶子中的兩隻蠍子（scorpions），如今是綁在一根繩子上的兩隻狗。俄國需要美國進入世界市場，美國需要俄國在新歐洲扮演一個負責任的角色。美國必須認真思考如何像過去對待西德和日本的方式來幫助俄國。

　　弱的俄國、強大而統一的德國，日益增長的東歐民族主義已經把「北約」存在的邏輯倒轉過來了。過去為了防範蘇聯，如今為了防範彼此。「北約」當前的使命是「維持和平」，甚至到歐洲之外去進行軍事活動。「北約」這樣的作法是當其原始目的消失之後，希望還有些用處。東歐國家希望加入「北約」是可以理解的，因為如此可以保障他們的安全，避免俄國再起，以及德國的敵意。

　　「北約」這種作法並不符合美國原來的目的，美國的目的只是要阻止蘇聯的擴張。如果「北約」東擴，要擴到什麼程度？包括烏克蘭（Ukraine）嗎？納入俄羅斯嗎？如果統統都參加了「北約」，這麼聯盟要對付哪一個國家？如果大家都進來，誰又應該在外面？

　　民主是美國的制度，美國可以向他人宣揚，但不必強迫他人接受，有的國家把秩序和經濟發展看作比民主和自由更重要。在發展中國家中，現代化最成功，人民生活水準大幅提高的多是較威權型的國家，比較中國和印度的成果便可一目瞭然。

　　一個病態的社會是國家衰弱的象徵，當美國對內部證明不能解決問題時，他又如何對外推銷美國的價值呢？所以，美國有效的外交政策必須要符合美國社會的需要。後冷戰時代，美國回歸以國內問題為出發點的外交政策是自然的，也是適當的。有效的外交必須要擁有強力的民意支持，美國的國家利益必須要重新釐定。

美國應放棄追求不可靠的全球安全，而應採取梅納斯（Charles William Maynes）教授所主張的「區域自助」（regional self-reliance）方式。換言之，美國應該接受傳統的「勢力範圍」（spheres of influence）觀念，這也是美國立國的基本主張。

後冷戰時期，一個良性的勢力範圍政策要比過去容易實行，也比任何其他安排要務實。從最近發生的事件來看，也只有區域內的國家願意處理區域的糾紛或衝突。非洲的暴君阿敏（Idi Amir）是被其鄰國坦桑尼亞（Tanzania）所驅逐的，高棉殺人如麻的波布（Pol Pot）政權是被越南解決的，巴基斯坦企圖併吞東孟加拉（East Bengal）是被印度阻止的，美國也就近處理了格瑞那達（Grenada）、巴拿馬（Panama）和海地（Haiti）的暴亂。當年美國就是拒絕承認中國在東南亞的勢力範圍，才會使美國捲入越戰的泥淖。

勢力範圍政策是美國與加拿大、墨西哥和加勒比海國家關係的基礎，一如蘇聯與其東歐國家，中國和東南亞一帶，如此可以使強國和弱國並存。美國今日沒有構成威脅的敵人，也無需特別強調的盟國。美國可以擴大交往，但應根據自己的條件。美國可以生活在一個不太滿意的世界中，其他主要國家不一定祝福美國，但他們會尊重美國的力量、美國的價值、以及美國成熟的外交政策。

5. 漢廷頓（Samuel Huntington）

漢廷頓（Samuel Huntington）曾任哥倫比亞大學和哈佛大學教授，在哈佛大學任教長達 46 年（1962-2008 年）。他的著作，如《變化社會中的政治秩序》（Political Order in Changing Societies, 1968）、《文明的衝突與世界秩序的重建》（The Clash of Civilizations and the Remaking of World Order, 1996）已成為政治學的

經典。但晚年對美國的未來較為悲觀，如《美國政治：不和諧的承諾》（American Politics: The Promise of Disharmony, 1981），以及《我們是誰？對美國國家認同的挑戰》（Who Are We? The Challenges to America's National Identity, 2004）。

他被認為是一位保守派的學者，一生支持民主黨，參與過韓福瑞（Hubert Humphrey）和卡特（Jimmy Carter）的參選活動。

漢廷頓在 1996 年《文明衝突與世界秩序的重建》一書，指出：

冷戰後，世界進入多極的和多元文化並存的時代，以文明為基礎的世界正在成形。西方文明在沒落，亞洲文明在興起，回教文化是不穩定的因素。西方文明將與非西方文明衝突（中國、回教），美國應接受非西方文明，並尊重多元文明。

混亂為冷戰後的重大變化，1993 年全球發生了 48 件種族戰爭。

上帝復仇——非西方宗教興起，並取代意識型態。

對「西方毒化」（westerification）的排斥。

世界愈來愈現代化，但愈來愈少西化。

西方在政治、軍事和經濟上都在下降。

從西方全盛時期到 2020 年代，西方力量下降的比例：

領土 49%→24%。

人口 48%→10%。

經濟產值 70%→30%。

製造產值 84%→25%。

軍力 45%→10%。

亞洲的崛起。

中國經濟在 21 世紀將是世界第一。

亞洲經濟產值將占全球 40%以上。

亞洲價值將成為非西方社會的楷模。

文明核心國家將取代超強，西方（美國）、俄國、中國。伊斯蘭的特點是人口增加快（2025 年將占世界人口 30%）、年輕，但缺點是缺少核心國家。非洲人口也增加快，同樣缺少核心國家，拉丁美洲的核心國家將是巴西。

文化社會將取代集團政治，世界將以各文明為基礎建立秩序，否則將沒有秩序。在世界文明中，只有西方文明對其他文明造成破壞性的衝擊，而且言行不一、雙重標準和偽善為其特點。

在 1986 年至 1995 年，15 年間，美國在中東進行了 17 次的軍事干預。美國對中國的敵視均是基於不同文明的衝突。

有共同敵人就可產生共同利益，中國和伊斯蘭有充分理由可以合作對抗美國。

亞洲國家日益茁壯的經濟力量，已使他們在人權和民主上愈來愈不在乎美國的壓力。尼克森在 1994 年曾說，「以中國今天的經濟力量，使美國大談人權已是無補，10 年內這些話將變得無關緊要，20 年內將成為笑話。」

面對強勢的中國，美國只有兩個選擇，戰爭或和平共處，此外便是支持其他亞洲國家制衡中國，美國退居幕後，但亞洲國家未必願意對抗中國。亞洲的歷史、文化和權力現實顯示，亞洲將走向和平霸權的時代。

西方文明的沒落，除了經濟和人口的問題外，最主要的是道德敗壞、文化墮落和政治分歧。西方文明有三大缺失，不道德、錯誤的和

危險的。

他在 2004 年《我們是誰：美國國家特性面臨的挑戰》一書，指出：

如果美國自認是「例外的」，在其他國家推動民主和人權的理由就不存在。不同國家的認同產生不同的國家利益和外交政策。美國外交政策的爭議就是因為對國家認同的混淆。

美國在歷史上，多數時間是種族主義的國家，對「非美國的」（un-American）歧視和排斥。美國的信條（creed）是自由、平等、個人主義、代議政府和私有財產，對違反美國信條的，視為美國的敵人。

美國誕生於戰爭，成長於戰爭，壯大於戰爭，戰爭使人民成為國家。

美國需要敵人，去掉一個，便會另找一個。美國理想的敵人是在意識型態上對立，種族和文化上不同，且在軍事上強大到可以對美國安全構成威脅。冷戰結束後，美國主要的工作便是確定誰是這個敵人。

九一一事件後，伊斯蘭基本教義派（Islamic fundamentalists）成為美國的首要敵人，中國是美國潛在的敵人。早在 1996 年時，漢廷頓就指出，中國的快速發展將造成大規模的權力轉移，對美國構成根本性的挑戰，中國與美國的分歧是全面性的。

在 21 世紀初，美國採取了新帝國主義的政策，要以美國的力量，依美國的價值去改造世界。在這種政策下，美國將失去其國家的認同，如果沒有其他強國的合作，美國在世界上，也不可能會有太大

的作為。

　　不論美國外交菁英的目的是什麼？一般美國人民並不認同在國外推銷民主有那麼重要，反而會造成反美的力量，拉丁美洲和伊斯蘭世界便是明顯的例子。

　　從 1960 年代迄今，美國人民對政府的信心一直在下降中，對政府極有信心的比例從 40%，到 1990 年代已降 15%左右。美國今日的情況是菁英與國家疏離，人民對政府失望。

　　美國面對的是一個恐懼的世界，美國人民別無選擇，不是生活在恐懼中，也要面對恐懼（to live with fear）。

6.　梅尼斯（Charles W. Maynes）

　　梅尼斯（Charles W. Maynes）曾任美國外交官，在卡特總統任內擔任國務院助理國務卿，負責國際組織事務。現為《外交政策》雜誌編輯，並擔任「歐亞基金會」主席。他在〈美國帝國的危險〉（The Perils of an Imperial America, Foreign Policy, Summer 1998）一文中，指出美國有必要成為一個帝國嗎？他分別從國內代價、對美國人性格的影響、國際反彈和失去的機會四個方面來討論：

國內代價

　　主張美國追求霸權的人認為美國雖然軍力強大，但軍費只占 GNP 的 3%左右，是可以接受的代價；但他們忽略了這只是尚未走上全球霸權的數字而已，一旦美國走上霸權之路其代價是無法估計的。美國迄今所維持的武裝部隊是十分有限的，但美國從事一次海外的干涉往往就是幾十億或幾百億美元的代價。美國對波斯尼亞（Bosnia）的轟炸，截至 1998 年 4 月便已花掉了 70 億美元，原先的估計只是

15 億美元。為了「北約」東擴，美國在今後 10-12 年間預估每年要增加 250 億到 350 億的開支，屆時實際的花費當然不止於此。

　　「北約」東擴只是全球霸權的一部分而已，沒有人會知道美國干涉的範圍有多大？也沒有人會知道什麼時候可以停止追求霸權？而且追求霸權的花費不僅是軍事而已，問題是美國真的願意去付出這一代價嗎？

　　冷戰時代的經驗告訴我們強權相處之道在對彼此重大利益的相互尊重。如果一方強迫，另一方抗拒，就會造成衝突和損失。美國這些霸權主義者的主張不但要美國付出大量的金錢，而且還有鮮血，美國人民會接受這種主張嗎？美國人民願意為了追求霸權，而不是為了保衛國家，去犧牲奉獻嗎？

對美國人性格的影響

　　追求霸權將會對美國的國際關係產生破壞性的影響，美國今日的社會不是黑人和白人的問題，而是國際主義和民族主義之間的問題。在美國因全球化而受益的人約占人口的 15-25%之間，他們是世界公民，他們的子女不必當兵，他們是國際主義者；其他 75-85%之間的美國人民可說是全球化的受害者，他們的工作經常不保、工資減少、既要繳稅又要當兵。請問如果國際主義者鼓吹追求霸權但自己不必付出任何代價，難道美國其他人民會接受嗎？美國的民主不會允許有錢人看戲，沒有錢的人賣命的把戲的。

國際反彈

　　追求霸權對美國有什麼好處呢？只有增加美國的傲慢而已。美國最近的表現就是如此，從 1993 年到現在（1998 年）美國以片面經濟

制裁或以立法威脅的次數已有 60 次，針對 35 個國家，代表了40%的世界人口。美國對盟國是指揮多於傾聽，對聯合國毫不尊重，甚至堅持撤換聯合國祕書長。

美國或許認為其他國家不得不配合美國的政策，但這種情況不可能長期存在的，美國如今在國際上的號召力已大為減少。在美國干預法國、馬來西亞和俄國共同投資伊朗石油工業的案子上，歐盟國家全部站在法國這一邊。1998 年南非因不接受對第三國輸出的限制而拒絕了與美國的貿易協定。

失去的機會

美國追求霸權最大的損失便是失去機會的代價，美國應該利用後冷戰時期難得的機會去設計一套大國之間的新關係。但如果美國採取的是一個霸權的政策，這個機會就不存在了。這個機會的理由是：

1. 大國之間戰爭的可能性極小，因為無利可圖，戰爭是用來自衛的。
2. 國際開發為國際社會主要的交往方式。
3. 大國在國際體系中的行為極為負責，可從戰敗後之日本和德國，以及蘇聯瓦解後之俄國的例子證明。

美國應以自己的模式來影響國際社會的行為，從事這一努力並不算遲，但如錯過此一機會，歷史將不會放過我們。

7. 米德（Walter Russel Mead）

米德（Walter Russel Mead），耶魯大學教授，並為「美國外交關係委員會」（CFR）高級研究員，也是「新美國基金會」的創始人之一。他研究的重點是大戰略，他是哈德遜研究所的傑出學者。他的名

著是《特別受眷顧的美國》（Special Providence: American Foreign Policy and How It Changed the World, 2001）。他在 2004 年寫了一本《Power, Terror, Peace, and War: America's Grand Strategy in a World at Risk》，對美國的衰退提出警告。

美國人是世界上最沒有歷史思維的人，所以必須以美言和謊言來掩飾真實。美國習慣以滿足自己的利益來扭曲歷史，所謂「門羅主義」、「冷戰」和「反恐」都是神話，只是便於美國的行動自由而已。

美國在第二次世界大戰後後對外交政策的兩個支柱：圍堵政策和國際經濟體系。

美國的三個目標：1.領導，2.創造全球貿易體系，3.全球經濟成長。

美國人的特性，寧可負債，也要成長，美國夢的基石是負債（debt is the cornerstone of the American dream）。美國人靠負債起家，美國各級政府都負債，他們的預算靠國債，美國的企業也負債，有錢的人是以借錢來賺錢。負債者不怕通貨膨脹，因為借的多還的少。他們只怕經濟蕭條，大則破產，小則勒緊肚皮過日子。

歐洲人與美國相反，他們不喜歡負債。有人形容美國的社會像美亞的金字塔（Mayan pyramid），頂寬、坡緩、有階梯；歐洲的社會像埃及的金字塔（Egyptian pyramid），頂窄、坡陡、無階梯。歐洲既得利益者所享有的權力不是美國既得利益者可以想像的，歐洲社會對債權人是較有保障的。

新貿易集團的世界將是一個成長緩慢的經濟，是一個令美國人不太習慣的世界。歐洲集團對亞洲或美洲貨物和服務的需要和興趣都不

會太大。東亞集團正在興起，與其他集團的交往將極為密切。美洲集團是最弱的也是問題最多的。美國與加拿大沒有互補性，拉丁美洲的消費能力低，政治不穩定，導致長期的低度開發。在 1981-1987 年，拉丁美洲最大的三個國家，阿根廷、墨西哥和巴西，進口下降了 36%，而且拉丁美洲國家還不喜歡與美國綁在一起。在文化上，他們仍以歐洲為主，面對歐洲和東亞集團在拉丁美洲的競爭，他們背叛的機會是愈來愈多。

美國還有兩大弱點，那就是美元和石油，這是美國將會受制於人的兩大要害。相對於德國馬克和日圓，美元居於弱勢已達 30 年。當歐洲、東亞集團在經濟上更加強勢，他們的貨幣也將水漲船高。同時。美國愈依賴石油的進口，便對中東的依賴愈大。大多數美國人不會記得在 1950 年代，美國是如何將英國和法國趕出了中東。今後，歐洲人可能有機會重回中東。

今天支持美元的最大力量是「石油輸出國家組織」（OPEC），因為他們以美元決定油價。大多數進口石油的國家必須以美元支付。如果美元不穩，為什麼 OPEC 非要美元不可？難道他們不會改用歐元或日圓嗎？

決定 OPEC 與美國關係的另一原因是安全，他們接受美元來交換美國的保護。如果歐洲能提供保護，就會鬆動這些國家與美國的關係，何況歐洲國家不會像美國一樣有那麼深的以色列情結。如果中東國家不再依賴美國的保護，也不堅持以美元計算油價，美國在中東的勢力就會瓦解。

石油脫離美元，美元將會大跌，美元大跌，美國就要以其他外幣支付進口石油，其他國家也會拋售美元，美國資本將會向海外尋求安全，美國人民就會變窮。50 年以前，美國是世界的奇蹟，有如加拿

大、沙烏地阿拉伯和日本的結合。但今日美國的外債超過阿根廷、巴西和墨西哥三國的總合。50 年以前，阿根廷是第一世界的國家，現在是第三世界的國家。美國難道會步上阿根廷的後塵？

沒有什麼是不可避免的，但為了避免步上阿根廷的後塵，美國應不再對贏得冷戰沾沾自喜，而應清醒的定位自己在全球經濟中的角色。但到目前為止，還沒看到這種跡象。

8. 奈伊（Joseph S. Nye, Jr.）

奈伊（Joseph S. Nye, Jr.）從 1964 年在哈佛大學任教，自 1995 年擔任該校甘迺迪政府學院院長迄今。曾在 1977 年出任助理國防部長，負責國際安全事務。他是軟實力的大力倡導者，並主張以美國的軟實力配合硬實力成為巧實力（smart power）。他有深厚學養又有務實經驗，所以論述較有說服力。他的著作甚豐，包括《勢必領導》（Bound to Lead: The Changing Nature of American Power, 1990）、《美國霸權的矛盾與未來》（The Paradox of American Power: Why the World's Only Superpower Can't Go It Alone, 2002）、《透視國際衝突》（Understanding International Conflicts, 2008）、《美國世紀終結了嗎？》（Is the American Century Over? 2015）。

他在《美國霸權的矛盾和未來》一書中對形塑九一一時代美國的全球大戰略，指出美國應建立以全球性公共財為基礎的戰略，為因應全球資訊時代的挑戰，美國必須將權力資源轉化成有效的影響力。

他說恐怖主義是戰爭民營化的結果，美國如堅持走向單極體系將會削弱自己的力量，美國應設法將全球利益納入美國的國家利益。

奈伊一向強調軟實力的重要，他認為美國最大的錯誤，便是只重視軍事力量。他引德國政治評論家越飛（Josef Joffe）的話，「美國擁

有的柔性國力超過其經濟和軍事的資產。」

美國的軍事預算占 16%，外交只占 1%，這個比例太不合理了。美國也愈來愈不重視窮困國家，援外經費僅占 GDP 的 0.1%，只有歐洲的 1/3，還以保護性貿易手段傷害這些國家。「國際特赦組織」批評美國是人權的障礙，而非促進者。

奈伊主張美國應盡可能地以多邊主義來與其他國家合作，解決全球的問題。他也指出有 2/3 的美國民意支持多邊主義，同時有超過一半以上的美國人民認為美國的權力和聲望已大不如前。

他在 2006 年〈擁抱進步現實主義〉（Time to embrace progressive realism）一文中，指出小布希政府新保守主義和強勢民族主義的野心，使美國的外交政策有如一部只有加速器而沒有剎車的汽車，注定要翻車的。

美國應採取「進步現實主義」（progressive realism）的外交政策，超強並不是帝國或霸權，美國對其他國家可以影響，不可能掌控。

美國應結合硬的軍力和軟的吸引力，成為一種精明（smart）的權力。但迄今，美國並沒有這種綜合的戰略，一個完整的國家安全戰略。

美國花在軍事上的經費大約為宣傳和交流工作上的 500 倍，這種比例適當嗎？

美國應鼓勵民主的漸進發展，並尊重文化差異的現實。

9. 賀許（Michael Hirsh）

賀許（Michael Hirsh）是位知名記者，曾任《新聞周刊》

（Newsweek）國際編輯，並為多家報紙撰稿，曾獲海外新聞最佳報導獎。2002 年 11 月 3 日與諾蘭德（Rod Nordland）合寫了一篇有關伊拉克重建計劃的封面故事「布希的 870 億美元的混亂」，為《新聞周刊》贏得雜誌卓越獎。

　　他在《外交事務》（Foreign Affairs）〈Bush and the World〉（Sept-Oct, 2002）一文中，指出小布希在九一一事件後的首次演講中（2001.9.20）提到在反恐戰爭中所有的國家，「不是美國的朋友，便是美國的敵人」（Either you are with us, or you are with the terrorists），被稱之為「布希主義」（the Bush Doctrine）。

　　「布希主義」是後冷戰時代，美國正式宣布美國的霸權，也是重新界定了美國與其他國家的關係。最重要的，美國已宣布，它有權在世界任何地方採取制先攻擊。

　　美國聲稱反恐是為了保護文明而戰，但美國的政策和作法卻非常不文明，美國似乎只相信片面文明，給「北約」難堪，聯合國不值一顧，條約可以不必遵守，國際共識不予尊重。

　　九一一事件的弔詭是把美國的強大和美國的弱點（vulnerability）同時呈現，小布希表現的是思想的癱瘓，導致政策的搖擺不定。美國除了強調使用武力之外，迄今未能提出任何政治理念。美國的反恐戰爭，如果只迷信自己的武力，而不去爭取國際社會的支持和認同，是不會成功的。

　　美國的「片面主義」和「孤立主義」系出同門，都是美國「例外主義」（exceptionalism）的產物，美國的傳統便是自認與眾不同，比他人優秀、自信和自以為是。但美國必須了解，如今美國和世界的差別已愈來愈小了，美國的例外主義也不再那麼例外了。如果美國能放

棄一些它與世界的不同，它就能得到更多的安全。

　　平實而論，今日的國際社會對美國沒有什麼不利的地方，也沒有任何大國挑戰美國的霸權，美國理應對國際社會更加友善才是。美國當前的政策只能使更多的國家去擁有「大規模殺傷性武器」（WMD），如果美國不願接受武器管制，只會鼓勵更多國家發展核子武器。

　　美國應建立一個新的國際共識，正如季辛吉（Henry Kissinger）所說，美國外交政策應將美國的力量形成國際的共識。單邊主義的利益是一時的，但傷害是長遠和廣泛的，美國人民也不會支持這種帝國主義的外交政策。

10. 陶德（Emmanuel Todd）

　　陶德（Emmanuel Todd）為法國歷史、人類社會和政治學者。他對世界各地不同的政治制度和意識形態有深入的研究，他主持法國國家人口研究所（INED）。

　　他認為美國的衰退已經開始了，在他的《帝國之後》（After the Empire）（2003）大作中，他指出美國的地緣政治的重要性正在快速縮退中，世界正在從美國控制的時代中退出，而不是進入。美國可能願意經營一個自由的帝國，但世界已能夠拒絕一個日益無關緊要的美國。

　　陶德的預言來自全球社會經濟的變化的觀點，他承認美國在第二次世界大戰之後扮演創建全球經濟的關鍵角色，但在演進的過程中，歐洲和亞洲與美國利益和價值不同的新的力量已經崛起，美國的經濟和社會卻日趨弱化和腐化。美國權力的弱點在於它不願為重建社會而犧牲和付出代價。同時，當美國民主弱化時，世界民主的擴散已形成

對美國的抵制。陶德說當世界由於教育、人口和民主的進步而走向穩定之際，他們發現可以不需要美國也可以過的很好，而美國却發現它不能不依賴這個世界。

陶德指出美國的特殊處境是「經濟上依賴和政治上無用」，其意義是：一，美國成為全球經濟的掠奪者（predator），由日益脆弱的「收取貢品」（tribute taking）來維持其生存，美國已失去了結合自己經濟所得和其他地區經濟進步的能力。二，一個衰弱的美國將日益依賴對外侵略來維持其霸權地位。陶德舉出美國刻意製造與伊拉克、伊朗和北韓的衝突來證明這點。他還說由於美國民主的腐化，使得美國制衡的力量減退，美國政府更加毫無忌憚的對外採取軍事冒險，所有這些均造成美國帝國的瓦解。

陶德特別強調任何國家要想控制世界均要依靠經濟力量，所以，當美國經濟力量下降，美國的單極結構勢將面對新的權力分配。

11. 巴勃（Benjamin Barber）

巴勃（Benjamin Barber）先後任職於紐約城市大學、羅格斯大學和馬里蘭大學。他是一位政治理論家，特別重視公民社會和民主的關係，也擔任南加州大學的高級研究員，並為柯林頓總統的顧問。他廣泛參與世界各國的公民教育參與工作，提供經驗。

他在 2004 的《恐懼的帝國》（Fear's Empire）一書中，反對美國外交政策中片面主義的想法。根據巴勃的說法，美國並沒有帝國的傳統，而是美國被帝國所誘惑，尤其是小布希政府。面對恐怖主義，美國在訴諸法律和破壞法律之間拿捏不定。當美國決定有權採取片面行動、先發制人或改變他國政府之時，美國已破壞了對抗恐怖主義的合作與法律架構，以軍事力量對付流氓國家的外交政策代表了對世界

相互依存和民主的誤解。美國不可能以軍事行動和對恐怖主義的恐懼來維持其世界秩序。簡言之，美國帝國是不會長久的。

對巴勃來說，全球化已取代了帝國，「麥當勞的世界」（McWorld）摧毀了帝國的大戰略。在經濟和政治上，美國已日益依賴其他國家。世界的複雜性和相互依存的程度已無法從事帝國式的統治。在一個恐懼的帝國中，美國還企圖以武力來對世界發號施令，這種戰略是注定要失敗的，它只能使不友好的國家致力於推翻這個帝國，而不是只充當服從的小伙伴而已。

所以巴勃建議以人文社會為基礎的國際法治，只有在共同的協議下，經由法律的授權才能使用武力。對抗恐怖主義的威脅，最好的方法是採取「預防性的民主」（preventive democracy），結合民主國家來強化和擴張自由主義。

巴勃的這種理想主義的全球治理是不具說服力的，但是他提出的問題是值得參考的。其一是自由帝國的兩個目標是經常衝突的，即支持國際體系的規則，以及為了對抗危害美國秩序而片面使用武力。巴勃指出美國經常為了反恐而使其片面行動正當化，但如此必然破壞了美國希望保護的規則和制度。其二是恐怖主義和巨大毀滅性武器的威脅均不足以使美國的自由帝國正當化。在冷戰時代，美國領導的自由世界使美國使用權力具有正當性。但當前美國的反恐戰爭，在美國「不是朋友便是敵人」（with us or against us）的堅持下，很難爭取到足夠的支持使美國的控制具有正當性。

12. 江森（Chalmers Johnson）

江森（Chalmers Johnson），加州大學聖地牙哥分校教授、加州大學柏克萊分校教授和中國研究中心主任、舊金山大學日本政策研究

所主席。他嚴厲批評美國的帝國主義，他認為美國可以是民主國家，也可以是帝國主義國家，但不可兩者兼而有之，美國如堅持帝國主義，終將失去民主。

他在 2004 年的《帝國的悲哀》（the Sorrows of Empire）一書，指出美國冷戰時代的軍力和海外基地在過去十年已經形成一個全球帝國的新型式，他說美國已變成「意圖主宰世界的軍事毀滅力量」（a military juggernaut intent on world domination）。

在勝利的意識型態，擴張的威脅和為了自己利益的軍工組合驅使之下，這種軍事的毀滅力量正在加緊對世界的掌控。五角大廈已經取代了國務院成為美國外交政策的主要制訂者。美國地區的軍隊指揮官成了領事，外交官有如武士為帝國而征戰。這一軍事帝國將腐蝕民主，使國家破產，激發反對力量，最後走上蘇聯一樣的瓦解。

美國的軍事帝國是控制世界的新型式，它是一個國際保護網，包括防衛條約、軍事顧問團、海外駐軍。這些安排製造了許多衛星國（satellites），美國這種帝國的模式有如冷戰時代蘇聯在東歐和美國在東亞的情形。過去的古帝國，如羅馬和中國的漢朝，也是以軍隊駐防在征服的土地。美國帝國與過去帝國不同的是它不是建立在征服的土地上，而是在基地上。它是一個「基地的帝國」（an empire of bases）。

江森在其早先作品《回擊》（Blowback）（2000）中，認為 1945 年以後美國在東亞和拉丁美洲的勢力範圍，一如其對手蘇聯，是強制的和剝削的。《帝國的悲哀》仍繼續此一論點，一如 1960 年代的修正主義，他認為美國冷戰時代的聯盟和基地所構成的安全體系是建立在刻意製造出來的威脅和擴張主義的動機上。美國不是為了自己的安全，而是在利用機會去建立一個帝國。根據這種說法，蘇聯和美國的相同之處大過其不同之處，因為兩者都把他們的社會和外交政

策軍事化並且向外擴張，並以中心輻射出去的附庸國家體系來進行帝國式的統治。

根據江森的觀點，冷戰的結束代表了美國全球統治的機會和危機。機會是因為蘇聯的勢力範圍已開放給美國的帝國擴張；危機是因為蘇聯的垮台使美國失去了其維持全球基地和軍事活動的正當性。但藉由九一一事件，美國解決了這一危機，小布希總統突然有了藉口可以繼續和擴張美國的軍事統治。九一一事件也使美國擺脫了聯盟夥伴的牽制，美國可以不必再顧慮國際法、條約和對外承諾，逕行其帝國式的統治了。

13. 塔克爾（Robert W. Tucker）、韓德瑞克森（David C. Hendrickson）

塔克爾（Robert W. Tucker），約翰霍布金斯大學教授、美國藝術與科學院院士，曾任《國家利益》編輯，經常在重要期刊上發表文章。1977 年曾出版《國家不平等》（The Inequality of Nations），深受學術界的肯定。

韓德瑞克森（David C. Hendrickson）為科羅拉多（Colorado College）學院教授，為「美國外交關係委員會」委員。他和塔克爾教授合寫了三本書，《帝國誘惑：新世界秩序和美國的目的》（The Imperial Temptation: The New World Order and America's Purpose, 1992）、《自由帝國：傑佛遜的治國方略》（Empire of Liberty: The Statecraft of Thomas Jefferson, 1990）和《美國獨立戰爭的起源》（The Fall of the First British Empire: Origins of the War of American Independence, 1982）。他自行出版的有《美國戰略的未來》（The Future of American Strategy, 1987）和《改革國防：美國的軍民關係狀

況》（Reforming Defense: The State of American Civil-Military Relations, 1988）。

塔克爾和韓德瑞克森的「美國正當性的來源」（"The Sources of American Legitimacy," Foreign Affairs, Nov-Dec, 2004）批評美國小布希政府的作為沒有正當性。

美國過去的正當性建立在四個支柱上：一，對國際法的支持；二，對國際共識的尊重；三，中庸之道的行事風格；四，在先進國家中維持和平與繁榮。

由以上美國正當性的支柱來看，小布希政府的正當性不足就不足為奇了。九一一事件後，美國所表現的與美國過去所代表的完全不同，沒有任何美國政府集所有不正當的因素於大成。如今，對美國權力的約束只有來自「反美」（anti-Americanism）了。

即使對方擁有 WMD，也不等於可以發動攻擊，何況根本沒有 WMD，美國的正當性已完全喪失了。事實上，小布希政府根本不在乎戰爭是否合法，美國的一切作為已證明美國無意於和平。小布希的政策是除了軍事，還是軍事，今日的美國已具備了「流氓國家」大多數的條件。美國占領伊拉克，使得美國更不安全。

14. 佛格森（Niall Ferguson）

佛格森（Niall Ferguson），哈佛大學教授、牛津大學和史坦福大學資深研究員，並在中國清華大學擔任客座教授。他是英國人，專長是西方文明歷史，他認為西方在沒落，21 世紀世界最大的變化是中國的崛起。他在 2007 年與舒拉里克（Moritz Schularick）共同創造了「中美國」（Chimerica）一詞，希望兩國和平共創雙贏。但在 2008 年美國金融風暴危機後，雙方關係迅速惡化，已變成意識型態上的對

抗，他對雙方關係已趨向悲觀。

著有《金錢關係》（The Cash Nexus, 2002）、《帝國：英國如何型塑現代世界》（Empire, 2004）、《巨人：美利堅帝國的興衰》（Colossus: The Rise And Fall Of The American Empire, 2004）、《世界大戰：20 世紀的衝突與西方的沒落》（The War of the World, 2006）、《文明：西方與非西方》（Civilization：The West and the Rest, 2011）、《西方文明的 4 個黑盒子》（The Great Degeneration：How Institutions Decay and Economies Die, 2013）、《廣場與塔樓》（The Square and the Tower: Networks and Power, 2018）等書。

佛格森（Niall Ferguson）的《巨人》（Colossus: The Rise and Fall of the American Empire, 2004）認為美國一直是一個帝國，但是一個「自由的帝國」（liberal empire），以維持和平，保障海上和天空的自由，推動國際貿易和金融來建立制度和提供公益。美國是大英帝國體系自然的但不完全的繼承者，美國是開放的和統合的，其帝國是傾向非正式的統治。佛格森擔心的不是美國帝國太強而是太弱，他認為美國的領導者，儘管公正善良，但經常目光短淺、搖擺不定。

2002 年美國把自己從「超級大國」（superpower）提升為「超強大國」（hyperpower），但如今美國的經濟是靠中國支持。第一次海灣戰爭，德國和日本分擔了 80-90% 的軍費，第二次攻打伊拉克就差了很多。美國改口說，「伊拉克很有錢（石油）。」後來還說，「攻打伊拉克，非但沒賠本，還有賺到。」

2004 年美國聯邦法院判決指出，在九一一事件後，即使有抵抗暴力的必要，也不能將美國的暴力合法化。

美國對入侵伊拉克的理由是公然說謊，毫無根據。美國認為推翻

海珊（Saddam Hussein）後，將很快在伊拉克建立民主，證明也是神話。

美國完全不理會聯合國的作用，採取片面、違法的行動。美國未能記取歷史的教訓，帝國不能只靠武力，還需要正當性。對一場耗時又費錢的戰爭，美國沒有任何警覺嗎？

美國打越戰花費超過千億美元，預算赤字超過 GDP 的 3%。1971 年 8 月 15 日，尼克森總統決定停止黃金兌換美元，等於宣布結束美國主宰世界的經濟地位。越戰的失敗導致美國人民反對全球化，也造成了世界反美的情緒，美國已被形塑為「邪惡帝國」。

在人類歷史上，恐怖主義一直存在。指責回教文明野蠻，難道基督教文明不野蠻？恐怖主義是弱者的戰爭方式，革命就是破壞。阿拉伯國家在戰場上的失敗，只能在恐怖主義行動中來報復。

在歐洲統合問題上，有人認為挽救國家比建立聯邦重要。歐洲四大國（德、英、法、義）擔心「北約」東擴，資源被其他小國分享。法國總統季斯卡（Valéry Giscard）也擔心小國的代表權太高，他主張歐洲議會的代表應依各國人口比例產生。在歐盟中，德國的負擔最重，也是最重要的國家。一般而言，認同自己國家的比認同歐洲的多。

與英國相比，美國是個失敗（或較無效果）的帝國，因為美國有三個缺點：經濟上、人力上和專注力上的缺點。

英國首相布萊爾（Tony Blair）2003 年 7 月在美國國會演講時，曾說「所有主導性的強權在一時似乎都是無敵的，但事實上，這只是一時的。」問題是美國人民必須問他們自己，他們的主導性地位一時要多久？雖然野蠻人已在門口敲門，但帝國的衰退是在內部，而不在

外。

美國這一「自我否認的帝國」（self-denying empire）還能支持多久？在缺乏對美國在世界角色的基本重估之前，本書的答案是「不會太久」。

美國的衰退不在恐怖主義和流氓國家，而在國內的財政危機。

15. 阿特（Robert Art）

阿特（Robert Art），布蘭迪斯（Brandeis）大學教授和麻省理工學院（MIT）國際研究中心的研究員，為「美國外交關係委員會」委員。他主張新現實主義，強調權力的重要，他與美國軍方關係密切，為國防部和中央情報局提供諮詢。

阿特（Robert Art）在 2004 年《美國大戰略》（A Grand Strategy for America）一書中的看法是，九一一事件沒有改變冷戰結束以來世界政治的基本結構，反而加大了美國衰退的趨勢。如果歐洲崛起和大西洋聯盟的解體將加速美國時代的終結。

美國的威脅也來自新興強國對美國霸權的挑戰。美國的危險在於大戰略的模糊或缺失，因為蘇聯解體後美國不認為外交上會有什麼重大問題，美國既沒有真正（或明確）的敵人，也未能認真去推動國際合作。美國當前的任務是確定美國扮演什麼樣的國際秩序角色。

美國應採取選擇性的干預戰略，只有美國核心利益受到威脅時，才有必要使用武力。避免野心過大和過於依賴單邊主義是最基本的條件。美國應採取三分軍事、七分政治的對外政策，以最小的成本和最有效的方式來維護美國的國家利益，並盡可能的去運用多邊主義。美國必須在軍事上尋找一個過度和不及之間的平衡。

16. 曼恩（Michael Mann）

曼恩（Michael Mann）是加州大學洛山磯分校教授，為一知名社會學者，他的名著是《社會權力的來源》（The Sources of Social Power, 1986），他對美國外交政策走上帝國主義認為是危險的而且是無法持久的。他在 2005 年《不一貫的帝國》（Incoherent Empire）一書中，指出這種「新帝國主義」是由一種偏激的想法所帶動，希望經由美國的片面軍力來實現美國的統治，以避免世界的失序。

曼恩認為這種「帝國的計劃」建立在對美國力量的誇大衡量上，他認為美國固然有強大的軍事力量，但在政治上和經濟上的能力是不夠的。這種不平衡使得美國政府過分強調武力，使追求帝國變成了過度自信和過分積極的軍國主義。這種軍國主義產生了曼恩所稱的「不一貫的帝國」，只會傷害美國的領導以及製造更多的恐怖分子和流氓國家。

曼恩指出使國家民族、帝國和文明興亡的四種力量是軍力、政治、經濟和意識型態。他形容美國是，「軍事上的巨人、經濟上的後座駕駛、政治上的精神分裂者、以及意識型態上的幻像」（a military giant, a back-seat economic driver, a political schizophrenic, and an ideological phantom）。

曼恩承認美國是世界經濟的中樞，美元的角色在經濟上舉足輕重，但他認為美國以貿易和援助作為政治籌碼的能力是非常有限的，這點從美國在攻打伊拉克之前，未能在聯合國安理會爭取到第三世界國家的支持可以證明。不止於此，美國的附庸國已愈來愈不可靠，過去盟國的人民也日益反美。美國的文化和理念已不如過去具有吸引力，儘管世界仍然肯定美國的開放和自由，但對美國的文化帝國主義和侵略行為也抱怨日增。民族主義和宗教上的基本教義已形成對美國

帝國主義的抗拒力量。

巴勃和曼恩都強調建立在軍事統治上的帝國是不會成功的。他們形容美國以安全交換其他國家的合作，然而美國却不願遵守其他國家共同接受的規則，並說這是為了安全其他國家必須付出的代價，但是美國強加給其他國家的秩序是不會持久的。巴勃指出因為美國和世界有太多的事務（business），沒有其他國家的合作，這個世界體系不可能運作。曼恩說軍事上的威懾（shock and awe）只會增加抵抗，他引用社會學家派森斯（Talcott Parsons）很早以前指出的，赤裸的權力（raw power）和共識權威（consensus authority）不同，前者是通貨緊縮的（deflationary），用的愈多，減少的愈快。

17. 喬飛（Josef Joffe）

喬飛（Josef Joffe）為德國名政治評論家、哈佛大學博士，曾任德國《時代周報》（Die Zeit）主編多年，曾經常在美國重要期刊上發表文章，甚受西方政界和學界重視。2006 年，他寫了一本《美國的帝國誘惑》（Uberpower：The Imperial Temptation of America）深受好評。對美國處於冷戰後的地位，他說有如一個被鬆綁的「巨人」（Gulliver），有無限的權力和機會，有無止境的野心，不但自認是一個責無旁貸的國家，注定要領導世界，而且由於沒有任何國家可以挑戰美國的地位，它可以在全世界推動民主。

但美國的傲慢和自大，而且濫用其軍事力量，也引起國際社會的反感和批評，甚至形成一股反美的力量。「德國馬歇爾基金會」（German Marshall Fund of the United States）在 2005 年的民調有高達 72%不喜歡小布希總統的外交政策，59%厭惡美國的領導地位和權力。

　　在歷史上，美國是由歐洲出走到美國建立的新國家。在建國之初，以與舊大陸區隔，批評歐洲的腐敗來表示其正當性。在參加兩次世界大戰之前，美國對歐洲事務介入亦不多，如今成了世界超強，反過來領導歐洲，令歐洲人在心態上頗為不自在。加上美國對歐洲的不夠尊重，更令歐洲人抱怨和氣憤。經常對美國批評是美國為達目的，不擇手段，利益重於一切，過於貪婪和作弊，並以德國大文豪海涅（Heinrich Heine）的話，說美國人真正的信仰是要在全球獲得利益。海德格（Martin Heidegger）則指美國人墮落、愚蠢、粗俗、不講信用和不公正。

　　歐洲甚至始終有一種反美主義，尤其是法國，認為美國是掠奪性的資本主義，是沒有文化的民族，歐洲代表文明，是非美國的。法國的經濟學家陶德（Emmanuel Todd）指美國是世界經濟的寄生蟲。甚至英國的大哲學家羅素（Bertrand Russell）也指稱：「美國是種破壞性的、反動的與反革命的世界力量。」

　　但美國的強大是事實，美國的力量是無所不在，甚至無時無刻不在，全球文化就是美國文化，但美國文化並不等於柔性國力，無法擴及到精神層面。相反的，無所不在、過度膨脹，反而滋生不安、憤怒，甚至產生負面影響和陰謀論。歐洲人很怕成為美國陰謀之下的犧牲品，第二次大戰後長期的和平與穩定已使歐洲人認為和平主義和公民權利已成為他們共同的價值和精神。對於美國的獨斷獨行、片面主義，歐洲人認為美國並不尊重他們的國家利益，甚至希望與美國保持距離。

　　作者對美國相當友善，他為美國超強的大戰略提供歷史的經驗，以英國帝國時代對歐洲大陸採取平衡者的政策，聯合次要強國對抗最強大國家。第二帝國德國的俾斯麥（Otto von Bismarck）則是以結盟

把自己和周圍國家綁在一起，把德國當作管理者。兩人的作法均是維持優勢，而非取得霸權。作者建議美國應結合兩者的政策，美國今天的力量比當年的英國或德國都要強大。對美國而言，盟國可能沒有比他們重要。但美國不重視盟國，尤其是歐洲，對美國的聲望和影響力是不利的。

作者稱，美國的超強地位，任何其他國家的同盟都威脅不了美國的安全。他估計（2007 年）中國要趕上美國至少要 30 年，俄國要 50 年。歐洲與美國的差異性即使愈來愈大，但對美國構不成威脅。

作者建議美國必須彌補在權力和正當性之間的差距。美國大戰略的要素是：平衡、結盟和建構。建構是將對手轉變為合作的策略，權力和義務是相對的，權力愈大，責任也愈大。美國必須創造世界最大的公共財——和平，形成一個「人人為我，我為人人」的共識。

作者最後問美國兩個問題：圍堵中國有必要嗎？為什麼不能與其他大國共同做決定呢？

18. 倫德斯泰德（Geir Lundestad）

倫德斯泰德（Geir Lundestad）為挪威 University of Tromsø 歷史學教授和 University of Oslo 兼任教授，曾在美國哈佛大學和威爾遜中心擔任研究員。在 2014 年之前，他是挪威諾貝爾研究所（Norwegian Nobel Institute）主任。

挪威歷史學者倫德斯泰德對美國帝國主義的分析，代表了歐洲人對美國的看法。

美國與其他國家最大的不同在於其他國家只有國家利益，而美國卻有世界責任。美國人認為美國有能力，也有道德領導世界。

英國學者布魯根（Denis W. Brogan）說，美國有種「萬能的幻想」（illusion of omnipotence），美國真正獨特的是能把國家利益和理想主義結合的奇特能力。當美國擁有世界上最大的權力之時，美國卻說權力政治是邪惡的，美國只相信民主、自由和法治。

美國帝國主義的高峰時代為 1945-1960 年代初期。英國政治學大師拉斯基（Harold Laski）在 1947 年指出美國是空前的大帝國，人類和他們後代的子孫命運都決定在美國的手中。

美國力量的來源有四：經濟、軍事、民意基礎和意識型態。1945年美國的生產力是蘇聯的 4 倍，約占世界的 50%；在科技上，占世界的 80%；在能源上，占世界電力的 46%和石油的 59%，以及 50%的黃金。美國汽車的產量為蘇聯的 100 倍，是德國、英國、法國加起來的 8 倍。美國在軍力方面，在 1949 年前，擁有原子彈的壟斷力量，傳統武力也遠超過其他國家的總合，軍費從未低於全球 50%以下。

到 1955 年時，美國在 36 個國家，擁有 450 個軍事基地，在 1960 年代末期，美國海外駐軍高達 100 萬人。在 1945-1965 年 20 年間，美國有紀錄的對外干涉 168 次，蘇聯僅有 10 次左右。

1945-1965 年間，美國的力量相對的衰退，主要是其他國家力量的增長。美國的生產量在 1960 年約占世界的 30%，1970-1990 年間降至 25%。

越戰是美國最慘痛的失敗，美國直接花費 1,000 億美元，包括間接花費則達 2,400 億美元。美國在越南投下的炸彈超過第二次世界大戰的總合，帶給越南人民的損失和傷害無法數計。越戰證明了美國力量的有限，也使美國人民不願再承擔國際義務。

1987 年保羅甘迺迪（Paul Kennedy）出版《強權的興衰》（The Rise and Fall of the Great Powers），指出美國的問題有三：一是財政赤字，二是政治體制不良，三是不利美國的國際環境。

他的理論基礎有二：一是美國帝國的過分伸張（overstretch），二是科技和經濟上面對不斷的挑戰。另一經濟學者吉爾平（Robert Gilpin）指出，維持帝國的代價會超過所得的利益。美國龐大的軍事開支，證明美國追求的不僅是權力的平衡，而是維持其霸權。

美國的兩難：越戰失敗和冷戰結束，美國民意要求美國從海外撤軍的壓力，不斷增加。但如果美國自海外撤軍，不但會減少美國在海外的影響力，也會造成美國衰退的印象。

19. 蓋亞特（Nicholas Guyatt）

英國劍橋大學歷史學者蓋亞特（Nicholas Guyatt）在其所著《Another American Century？: The United States and the World After 2000》（2001）一書中指出：

1980-1990 年代是美國在經濟上對全球控制的高峰，「華盛頓共識」（the Washington Consensus），柯林頓結合美國的大企業全力推動市場全球化，也使美國享有空前的經濟繁榮。

但 1997-1998 年的亞洲金融危機是美國一大挫敗，因為美國的繁榮是建立在其他國家的蕭條上。1999 年美國援外總署署長安特伍（J. Brian Atwood）因對美國不重視對開發中國家的援助而辭職，他指稱世界 10%的人口控制 90%的財富是不公平的。

美國對外政策之矛盾是把自身利益和普世價值結合，但又言行不一，往往為了自己的利益而犧牲普世價值。美國宣稱其對外政策是追

求世界的和平、正義和人權，但其紀錄是無法使人信服的。以兩個例子為例，一為 1999 年聯合國通過的「禁止地雷公約」，二是為了防止「種族滅絕」（genocide），聯合國於 1998 年通過設立「國際刑事法庭」（ICC），但美國均拒絕參加。因為美國認為它的利益高於這些條約，可見美國與「惡」的距離有多近。

不僅如此，美國還拒絕和聯合國合作處理發生動亂國家的維持和平的工作，美國認為不是美國主導的多邊行動，就避免介入。1994 年盧安達（Rwanda）發生種族滅絕事件，美國竟然完全無動於衷。美國忘記了它也是 1948 年「防止種族滅絕公約」的簽字國，該約明確規定「種族滅絕」是國際法下的罪行。

當時美國國務卿奧布萊特（Madeleine Albright）明白表示「多邊主義」要配合美國的政策，除了配合美國的政策外，聯合國不應發揮自己的力量和作用。1995 年美國安排南斯拉夫內戰和解，邀請衝突各方面並請歐盟和俄國參加，達成和平解決方案（the Dayton Agreement），但排除聯合國參加。

冷戰過後，美國成為世界上唯一的超強，但要維持一支強大的軍力和龐大的軍費，必須要有充分的理由。美國軍方強調要應付新的敵人，不能減少軍事預算。美國在 1993 年提出一「由下而上的檢討」（Bottom-Up Review）報告，論點是美國必須要維持同時應付兩場主要戰爭的軍力。

不僅如此，美國在蘇聯解體、華沙公約解散之後，還在歐洲推動「北約」東擴，1999 年增加了波蘭、匈牙利和捷克三國。從美國對「北約」的作法來看，美國的戰略是挑釁性的，不是為了和平和穩定，而是爭取自己利益的極大化。

美國以提高科技為名，推動美國的軍火工業，並以武器外銷來保障美國的軍火工業，所以美國的國防政策除了戰略的考慮外，利潤也是很重要的因素。

美國的科技和軍力使美國既能參與世界事務，又能避免被世界干擾，其結果是戰爭不僅是美國和其他國家力量大小的問題，而是對戰爭的看法和態度不同的問題。中東人民生活在戰火連天之中，但美國人民可能並不感覺戰爭的存在。

美國高科技的武器殺傷力極大，但美國對自己軍人的生命極其珍重，為了怕美軍受傷，對干涉只用高空轟炸，但結果卻造成許多無辜平民死亡。美國宣稱為人道而干涉，但卻因干涉造成更不人道的結果。

1999 年初，柯林頓總統在國情咨文中樂觀宣告，「美國已做好準備迎接下一個美國世紀」。在美國菁英享受在「勝利主義」（triumphalism）之時，漢廷頓卻在該年《外交事務》（Foreign Affairs）上發表專文──〈孤獨的超級強國〉（the Lonely Superpower），嚴厲批評美國外交政策上的罪狀：

一、在其他國家實行治外法權。

二、依美國標準把其他國家分類，並對不符合美國標準的國家進行制裁。

三、以自由貿易和開放市場為名，爭取美國大企業的利益，並為了這一目標去修改國際經濟體系的規則。

四、阻止其他國家銷售武器，但自己卻大量銷售。

五、堅持聯合國只能配合美國，否則就抵制，拒不合作，還壓迫不受美國歡迎的祕書長去職，並指定接替人選。

六、擴大「北約」，繼續壓迫俄國。

七、一再對伊拉克用兵和經濟制裁。

八、對拒絕對美國臣服的國家，歸類為「流氓國家」，排除在全
　　球體系之外。

問題是在美國期待下一個世紀「勝利主義」的氛圍中，這些警告
會發生效果嗎？

20. 索羅斯（George Soros）

索羅斯（George Soros）為來自匈牙利的移民，進入金融業和投
資事業致富。在 1973 年創辦對沖基金並創立「開放社會基金會」
（Open Society Foundations），包括 120 多個國家。他在 1979 年開
辦慈善事業，冷戰結束後，擴展到亞、拉、非洲，在 2003 年估計他
已捐出 40 多億美元。他是民主黨的支持者，支持希拉蕊柯林頓
（Hillary Clinton）不遺餘力，但他也支持川普對中國的貿易戰，認
為中國已對美國構成最大的威脅。

金融巨鱷索羅斯（George Soros）對小布希的伊拉克用兵至為不
滿，認為惡性重大，出了本專書《The Bubble of American Supremacy:
The Costs of Bush's War in Iraq》（2004）來罵他。

索羅斯稱小布希總統「先發制人」的軍事行動惡性重大，危害了
世界其他國家對美國的認知，危害了美國的價值，危害了美國的安
全，也危害了世界。

美國利用九一一事件進行反恐戰爭，美國把恐怖分子和「大規模
毀滅性武器」（WMD）扯在一起，來支持其行動的正當性。

美國綁架了九一一事件，在國會通過「愛國法案」，大開美國政
府濫用權力之門。接著，下一步就是尋找打擊對象，2002 年小布希

提出「邪惡軸心」（axis of evil），把伊朗、伊拉克、北韓作為打擊目標。

　　小布希政府內的好戰分子以副總統錢尼（Dick Cheney）為首，在沒有任何證據和聯合國授權下，2003 年公然入侵伊拉克。全世界除了英國一國外，均予以譴責。在小布希政府內的鷹派（新保守主義者）認為在蘇聯解體後，美國的軍力獨霸全球，美國可以為所欲為、毫無節制必要。但美國在 2003 年攻打伊拉克之後，國際地位大幅滑落，美國國債一路攀升。

　　索羅斯自稱「索羅斯主義」，認為阻止衝突最有效的方法是推動全世界的發展開放社會。索羅斯稱小布希政府追求美國單極霸權，將如股市的泡沫現象，因為美國把霸權建立在對事實錯誤的認知上，必將導致失敗。索羅斯說，天下還有什麼事比假宗教之名去傷害無辜人民更壞的事了！美國欺騙世界和自己的人民，終將自食惡果。

第二章
★ ★ ★

冷戰後美國的
重大外交政策

▌一、北約東擴

1991 年蘇聯解體，冷戰結束，老布希（George H. W. Bush）總統十分謹慎，沒有進行干預。俄國新的領導人葉爾辛（Boris Yeltsin）較為親美，柯林頓（Bill Clinton）總統也全力相挺，他看重改造俄國勝於改造中國，1992-1999 年兩人見面 17 次。但由於俄國經濟改革失敗，怪罪美國援助不力，引起對美國的抱怨。

1999 年葉爾辛由普丁（Vladimir Putin）接任。美俄在軍事上達成透明化和防衛優先兩個原則，在歐洲建立「共同安全」的新秩序，這些都是老布希政府的成就。

當蘇聯解體，加盟國紛紛獨立，華沙公約也解放，美國在歐洲已處於一個絕對安全的地位。俄國也希望與美國保持合作的關係，但柯林頓卻決定「北約」東擴。1997 年 7 月在美國策劃下，「北約」會員國在馬德里開會，通過邀請波蘭、匈牙利和捷克三國加入「北約」，接下十年，愛沙尼亞、拉脫維亞、立陶宛、斯洛維尼亞、斯洛伐克、保加利亞、羅馬尼亞、阿爾巴尼亞、克羅埃西亞、門特內哥羅等十國也陸續加入。2018 年，又通過安排喬治亞和烏克蘭加入，但尚未完成手續。前後共有 5 次東擴。

這一政策和行動大為激怒了俄國，不但表示美國不信任俄國，而且是明顯的欺騙。首先，美國在討論東西德統一時，明白地向蘇聯保證「北約」組織不會擴大。其次，美國政府內部從未有一決策過程評估此一問題並做出結論，當國防部被告知要執行此一決定時，國防部長培理（William Perry）曾反對，認為不符合美國戰略利益，但柯林頓的心意已決。所以美國這一重大的政策決定不但背信，而且決策過程又不公開，實在是一大敗筆。

　　柯林頓對「北約」東擴的事後解釋是推動東歐民主化，並防止歐洲大陸重新出現冷戰時的分裂。他這些理由無法服眾，唯一的可能是柯林頓希望表達對東歐國家的友善，他認為這樣不需要花任何代價，還可以得到美國人民的支持。事實上，美國人民並不關心這些問題，但這個政策受到外交專業人士的強烈反對，最具代表性的便是冷戰的設計人肯楠（George Kennan），他說這是美國外交政策最致命的錯誤。他們的理由強而有力，但在政治上沒有實力的支持，美國企業界對俄國沒有興趣，無法形成對政府的壓力。

　　俄國反對，但沒有力量推翻美國的決定，注定了美俄後冷戰時代的關係，俄國不再相信美國，俄國決定要和美國作對。柯林頓任內最大的敗筆便是「失去了俄國」，俄國由親美到反美是柯林頓一手造成的。

　　2007 年在慕尼黑的歐洲安全會議上，普丁指出：「北約組織的擴大，與同盟的現代化或是確保歐洲安全無任何關係，它反而代表了嚴重挑釁，傷害彼此互信。」他也嚴厲批判美國，「今天我們在國際關係上，目睹有人肆無忌憚的濫用力量——軍事力量——這股力量把世界拉進永久衝突的深淵，……美國已在每一方面都逾越了它的國界。」

　　不僅如此，俄國以實際行動來報復美國和西方。2008 年，西方在喬治亞推動玫瑰革命，俄國出兵擊敗喬治亞軍隊並占領部分領土，這是冷戰後第一次在歐洲的軍事衝突。2014 年，西方又在烏克蘭推動橙色革命，普丁攻打和占領克里米亞（Crimea）——烏克蘭的一個省，伸入黑海——並支援烏克蘭東部俄語系的兩個省。美國對這兩個行動並未採取反應，並認為歐盟要採取經濟制裁。但普丁把一切責任歸諸美國，他要讓世界知道對西方的一再挑釁，俄國一定會反擊的。

俄國的行動也說明了冷戰後穩定的歐洲局勢已經結束了。

▌二、人道干預

柯林頓政府對外交政策興趣不大，他贏得 1992 年大選，打敗了戰功彪炳的老布希，有兩個主要原因：一是美國人民認為冷戰結束了，應恢復正常生活；二是柯林頓打經濟牌奏效，他在競選時的名言是，「笨蛋，重要的是經濟。」（It's economy. Stupid!）

但冷戰後發生一些區域性的衝突和內戰，使美國認為有義務要進行「人道干預」，尤其美國已是世界上唯一超強，並不擔心其他大國的反彈。而共和黨的「新保守主義」更是主張趁此機會在海外去推廣美國的價值，協助不自由的國家走上民主。柯林頓的駐聯合國大使，後出任國務卿的奧布萊特女士（Madeleine Albright）是位鷹派，也主張以戰爭去宣揚美國價值。她曾問老布希政府的聯參主席鮑爾（Colin Powell），「我們有強大軍力而不用，軍力又有什麼用處？」鮑爾幽默地答以，「我得了動脈瘤（aneurysm）。」鮑爾認為美軍只應該用來保衛美國的重大利益，而不應濫用在干涉他國內政。奧布萊特還有句名言，1998 年 2 月她在 NBC 上說，「美國是不可缺少的國家，因為我們站得更高，比其他國家看得更遠。」

柯林頓任內曾對四個地區進行「人道干預」，分別是 1993 年的索馬利亞（Somali）、1994-1996 年的海地（Haiti）、1992-1995 年的波西尼亞（Bosnia）和 1999 年的科索夫（Kosovo）。這四個地方的內部動亂完全不涉及到任何美國的戰略和經濟利益。

美國進行這些干涉，不但違反國際法，而且幾乎完全不顧聯合國

和其他大國的反應（俄國就一直反對）。而且美國的人道干涉並沒有一致標準，1994 年非洲中部的盧安達（Rwanda）因為種族衝突竟發生種族滅絕式的大屠殺，100 天之內至少有 50 萬人喪生，占該族人口 3/4，還製造了 200 萬難民，但美國居然無動於衷未採取任何行動。柯林頓 1998 年訪問盧安達，為美國的不作為道歉，他認為這是他任內最遺憾的事。

1990 年代，美國每次人道干涉都強調有三個目標：一，終止屠殺或迫害；二，期望建立以人道為理由干預主權國家內政的先例；三，改造當地政府民主和繁榮。這是美國的老毛病，只要出兵干預，便會產生「任務蔓延」和「協助建國」的副產品，但除了浪費更多經費，犧牲更多人命之外，從未有成功的例子。

1990 年代，美國沒有遭遇到任何重大挑戰，柯林頓政府八年的政績是：人道干預、經濟全球化和「北約」東擴。他的性醜聞事件雖被參院彈劾，但被判無罪，他得以全身而退。

▌三、反恐戰爭

2000 年大選，小布希（George W. Bush）與民主黨的高爾（Al Gore）打成平手，最後聯邦最高法院做出對小布希有利的判決，使他成為美國第 43 任總統，父子同為總統（老布希為 41 任，只任一屆）成為政壇佳話。

小布希參選總統時，外交政策議題不是重點，但小布希在競選時批評柯林頓在海外用兵不當，他說軍人的角色是作戰，贏得戰爭，而非去幫助他國建國（nation-building）。但小布希從他父親手中接收

了一個強悍的外交團隊，包括副總統錢尼（Dick Cheney）、國防部長倫斯斐（Donald Rumsfeld）、國防部副部長伍佛維茨（Paul Wolfowitz）、聯參主席鮑爾（Colin Powell）、國安顧問賴斯（Condoleezza Rice）和副國務卿阿米塔吉（Richard Armitage）。這批自稱「戰神」（Vulcans）的菁英主導了八年小布希政府的外交政策，也提前結束了美國的「單一霸權」（unipolar hegemony）。

小布希政府一上任不久就發生了海南島撞機事件，2001 年 4 月 1 日美國一架間諜飛機在中國沿海執行任務與一架中國戰鬥機擦撞，戰鬥機駕駛墜海身亡，美國飛機受創，迫降中國海南島。經過十天交涉，美國表示「遺憾」，中國才釋放機組人員，三個月後，解體的飛機才送回美國。

接著就是 2001 年 9 月 11 日的「九一一事件」，蓋達（Al-Qaeda）恐怖組織挾持了美國民航機，兩架撞擊紐約的雙子星大廈，一架撞擊美國國防部五角大廈，另一架機上暴徒被制服、墜毀，這架原為撞擊美國國會。這件慘案震驚美國和全世界，尤其在電視上看到飛機直接撞上雙子星大廈，大廈失火倒塌的那一幕真是觸目驚心。

蓋達（阿拉伯文為組織的意思）是沙烏地阿拉伯人賓拉登（Osama bin Laden）於 1988 年成立，他為了反對美國在中東的干預和侵略，訓練恐怖分子對美國予以報復。他於 1996 年 8 月 23 日正式向美國宣戰，1998 年發動炸彈攻擊，曾攻擊美國駐肯亞和坦尚尼亞大使館。也在 2000 年在亞丁灣以小艇滿載炸藥衝擊美國海軍軍艦柯爾號（USS Cole）。

美國中央情報局成立專案小組，全力追蹤賓拉登的行蹤，柯林頓卸任前調查局（FBI）反恐官員克拉克（Richard Clark）在 2001 年 1

月曾發出一系列警告，「賓拉登決心在美國發動攻擊」，但小布希對此事並未特別注意。

「九一一事件」對美國外交政策產生極大的影響，如果說「九一一事件」前美國政府缺乏想像力，「九一一事件」後美國政府的想像力已無法控制。美國開始採取積極性的回應，三天後國會授權總統使用「一切必要及適當的手段」去對付對美國發動攻擊的人，美國進入「反恐戰爭」（War on Terror）時代。

美國成立「國土安全部」（Department of Homeland Security）和「全國防恐怖主義中心」（National Counter Terrorism Center），據估計在十年內，美國花費了 1 兆美元。「九一一事件」後至少接獲了 50 件恐怖主義企圖攻擊美國的案例，但沒有一件成為事實。

但相對的，把「反恐」當作戰爭並不適當，因為恐怖主義只能防止，而無法消滅；其次，為了國土安全，美國人民的自由受到較多的限制；最後，這個工作的花費過於巨大，得不償失。

美國首先要求阿富汗塔利班（Taliban）政府交出蓋達組織和賓拉登，被拒絕後美國便開戰，五周內便打敗塔利班政權。但塔利班等領導人物，包括賓拉登逃入巴基斯坦。美國花了大量的時間和經費去尋找賓拉登，在十年後（歐巴馬任內）才在巴基斯坦找到並當場格殺。

擊敗塔利班之後，美國在阿富汗扶植了一個新政府並訓練新政府的部隊，維持國內安定。但塔利班在 2005 年後捲土重來，到 2009 年時已控制近一半阿富汗的土地。2009 年美國新任總統歐巴馬（Barack Obama）在該年底訂下 2011 年美軍撤出阿富汗的時間表，由於軍方的反對，又延到 2014 年。2008 年金融風暴後，美國陷入不景氣，美國人民對支持阿富汗戰爭的熱情不再。

四、攻打伊拉克

小布希政府另一重大決定是攻打伊拉克，他把推翻伊拉克的暴君海珊（Saddam Hussein）視為未竟事業（1911 年老布希在海灣戰爭中打敗伊拉克後並未入侵伊拉克）。尤其他的鷹派外交團隊全力主張攻打伊拉克，消除中東地區的禍源。2002 年，小布希在國情咨文中，指稱北韓、伊朗和伊拉克為「邪惡軸心」（axis of evil），強調海珊構成「愈來愈嚴重的危險」。

但和 1991 年海灣之戰不同的是伊拉克當時並未侵略任何國家，美國本希望爭取國際支持，但反應冷淡，在歐盟和北約盟國中，德國和法國更公開反對。為了取得正當性，美國聲稱伊拉克擁有「大規模毀滅性武器」（WMD），聯參主席鮑爾（Colin Powell）甚至親自到聯合國報告，後來證明是子虛烏有，使鮑爾引為一生的憾事。

但攻打伊拉克的決策是如何形成的？始終沒有一個明確的說法。依照副總統錢尼（Dick Cheney）的說法是九一一事件後，小布希就已決定攻打伊拉克，但似乎小布希並未與其他人談過此事。2002 年中旬鮑爾的助手哈斯（Richard Haass）對國安顧問賴斯（Condi Rice）表達不同意見，但賴斯說已經太遲了。

為什麼要攻打伊拉克？美國在 1991 年後對伊拉克是保持嚇阻，且相當有效，因為伊拉克的軍力已十分衰退，對其鄰國構不成威脅。美國攻打伊拉克唯一的理由就是認為美國有無與倫比的力量和行動自由。以海珊擁有「大規模毀滅性武器」（WMD）完全是美國編製的藉口，至多是美國在打「預防性戰爭」（preventive war），但這點在國際法上是站不住的。此外，還有一種解釋，就是蓋達組織的根源地是阿拉伯，必須要改變阿拉伯的政治文化。這個理由更是牽強，但符

合美國的政治理念，以改變其他國家為己任。對「新保守主義者」來講，運用美國力量去促進美國價值是天經地義的善舉。根據政論家派克（George Packer）的說法，就是使用武力在「中東建立阿拉伯民主的橋頭堡」。

顯然美國自認為是正義之師，出自對阿拉伯世界的善意。小布希政府的決策人士認為美國出兵伊拉克，當地人民會簞食壺漿熱情歡迎美軍。甚至伊拉克的重建也不需要美國援助，因為它的石油出口就足以因應它的需要，伊拉克將成為西方式的政治和經濟體制。所以對伊拉克作戰的代號是「伊拉克自由行動計劃」（Operation Iraq Freedom）。

令人不解的是美國的這些自認為天下奇才的外交菁英們怎麼會有這種天真的想法呢？他們好像不是活在這個世界。更矛盾的是他們對若不攻打伊拉克的後果極端悲觀，但對美國出兵之後的情勢又極為樂觀。美國對伊拉克事務的無知是令人費解的，美國似乎仍以傳教士的精神在處理中東問題，他們天真地認為美國人民想要的也正是伊拉克人民想要的。

從 2003 年 3 月 21 日出兵，到 4 月 10 日戰爭便已結束。海珊部隊不堪一擊，勝利比預期得快，傷亡更少（美軍只傷亡 91 人），5 月 1 日小布希宣布「使命達成」。

但事實上，美國的災難才真正開始，伊拉克全國陷入無政府狀態，到處都是打劫搶奪。倫斯斐被問到此問題時，他的回答是「自由就是雜亂無章」。

為了治理伊拉克，美國成立「臨時聯合政府」，進行「國家重建」，但暴力一直升高，最後變成對付暴力，而非改造伊拉克，成為

美國的主要工作。和小布希政府的預期完全相反，消除海珊之後，沒有給伊拉克帶來和平，反而引發三種戰爭。一是遜尼派（Sunni）攻擊美軍和美國平民，二是蓋達組織以自殺攻擊襲擊美軍，三是伊朗和敘利亞支持什葉派（Shia）對抗原執政的遜尼派。

伊拉克戰爭開始時，美國七成以上人民支持，雖然成果不如預期，人民熱情減退，小布希以強調反恐戰爭贏得連任。但伊拉克的動亂，美軍傷亡不斷增加，戰爭花費不斷增加，而且美國人民也了解了政府公然說謊。在 2006 年的期中選舉，共和黨在眾院減少 3 席，在參院減少 6 席，美國人民以行動對小布希政府投下了反對票。

2006 年期中選舉之後，最主戰的國防部長倫斯斐辭職，新任國防部長蓋茨（Robert Gates）改變戰略，增派軍力，在伊拉克進行「平亂」（counterinsurgency），暫時穩定了伊拉克的情勢。但在 2008 年總統大選時，大多數美國人民認為美國對伊拉克開戰是錯誤的和失敗的，反對伊拉克戰爭的民主黨參選人歐巴馬贏得大選。

歷史充滿了諷刺，美國從 2003 到 2011 年八年多軍事介入中東的「始料未及」結果：

1. 美國出兵伊拉克是為了「反恐」，但卻製造了一個「伊斯蘭國」（ISIS），它是塔利班的再版，不但戰士比蓋達組織多，控制的土地也更多。
2. 美國企圖在伊拉克建設一個民主和安定的政府，但事與願違，伊拉克比以前更加混亂和不安定。
3. 歐巴馬在 2008 年因反對在伊拉克用兵而當選。

美國在伊拉克的失敗不是美國做了什麼或沒做什麼，而是根本不知道伊拉克是什麼？中東著名學者阿加米（Fouad Ajami）說，「美

國的意志在和該地區的萬有引力對決。」結果是美國鎩羽而歸。

■ 五、阿富汗戰爭

　　在 2001 年九一一事件後，美國出兵阿富汗，目的在消滅發動恐怖攻擊的蓋達（Al-Qaeda）組織和其領袖賓拉登（Osama bin Laden）。結果賓拉登逃往巴基斯坦，基地組織分散潛伏到山區，美國扶植了一個新的政府。2003 年初，美國防部長倫斯斐（Donald Rumsfeld）宣稱任務完成。

　　事實上，美國在阿富汗的戰爭並不順利，塔利班分子一直繼續對抗美軍，雖然塔利班本人於 2011 年被美軍格殺，但美軍卻陷入一場永無結束的戰爭（endless war）。美軍陣亡 2,300 人，受傷 2 萬多人，至少 50 萬阿富汗政府軍、塔利班戰士和平民的傷亡，美國約花了 1 兆美元（《紐約時報》稱 2 兆美元）。

　　美國在阿富汗戰爭中的「失敗」有三個基本原因：一是美國的自大和過分樂觀，二是巴基斯坦的支持塔利班政權，三是阿富汗人民反對被美國占領的強烈心態。

　　有關美國自大的例子是為了早日恢復阿富汗的安全，美國曾希望與阿富汗各種勢力共同協商，包括塔利班，但因當時美國國防部長倫斯斐極力反對而未能成功。結果美國今天談判的對象僅有塔利班組織，美國支持的阿富汗政府竟然被排斥在外，真是情何以堪。

　　美國外交政策中有一非常天真和幼稚的想法，對於打仗的國家，不僅要摧毀敵人，還要幫助「建國」──以美國的模式。結果，美國在阿富汗既未消滅塔利班組織，也未能完成「建國」的目標，如今只

好認賠了事。

歷史一再重複，但人類卻不能記取教訓，當年（1960-1970 年代），美國在越南也是同樣的作法，落得一個慘敗的下場！

為什麼要在他人的國家中去建立「自己模式」的國家呢？美國人為什麼相信該國的人民會支持呢？美國認為自己的制度最好，難道一定要別的國家全盤接受嗎？

阿富汗戰爭起因是九一一事件後，為逮捕恐怖分子主謀賓拉登而入侵當時執政的塔利班政權。推翻塔利班並在巴基斯坦刺殺賓拉登後，美國扶植了一個新的阿富汗政權，並幫助它「建國」。美國先後動員了 14 萬軍隊，對美國來說這是一個理所當然的行動，也是美國對自由民主價值的堅持。也是美國對自由民主價值堅持的故事。

一篇在《華盛頓郵報》刊載的文章，〈得到的教訓〉，指出美國訓練的阿富汗軍隊是腐敗，沒有能力和沒有戰鬥意志的。對此一失敗，國防部和國會都難辭其咎，因為過去都報喜不報憂，前途一片大好。這一是非的爭論將會持續好幾年，檢討過去幾任總統，小布希（George W. Bush）發動對伊拉克戰爭，但不久即撤軍；歐巴馬（Barack Obama）本想撤軍，但卻升高；川普（Donald Trump）在2020 年 2 月與塔利班達成協議，以撤軍換取和平。

2021 年 7 月 5 日在未知會阿富汗政府的情況下，美國自阿國空軍基地撤離，隨後宣布將在 9 月 11 日，完全自阿富汗撤軍。自 2001 年 10 月 7 日，美國以追捕發動「九一一事件」的賓拉登為名，出兵阿富汗以來，經歷二十年，扶植了一個親美的阿富汗政權，但賓拉登的支持者塔利班（神學士）卻控制大部分阿富汗的土地，並得到阿富汗人民的支持。為了結束這一沒有終止的戰爭（endless war），美國

不得不與塔利班勢力達成協議，決定退出阿富汗，並置阿富汗政府於不顧。人稱阿富汗為帝國主義的墳場，先後葬送了英國和蘇聯（1979-1989 年），如今美國也不例外。二十年來美國在阿富汗不但自己傷亡 2 萬多人，花費了 2 兆美元，並造成阿富汗人民數不盡的災難，使他們對美國深惡痛絕，寧肯支持塔利班反叛軍，而不支持美國扶植的阿富汗政府。

　　阿富汗是個內陸國家，分別與土庫曼、烏茲別克、塔吉克（以上三國均為中亞國家），巴基斯坦、伊朗和中國接壤。如能控制阿富汗和伊朗，便可主宰歐亞大陸。美國小布希政府的「大中東政策」便是要拿下阿富汗和伊朗，完成掌控中亞和中東的布局。在這一過程中，美國除出兵伊拉克，打擊敘利亞、利比亞之外，並在中東、中亞地區發動「顏色革命」。由美國 CIA 在各國製造動亂，企圖推翻現有政權，使美國勢力可以乘虛而入。非但沒有成功，反而刺激了俄國重返中東，支持伊朗、敘利亞對對抗美國。

　　美國陷入中東的泥淖，二十年來可說一無所獲，川普在 2016 年競選總統時說，美國可以在中東花掉 7 兆美元，但國內基建 1 兆美元都拿不出來。所以他當選後，便堅決主張要從中東撤軍，他的軍事將領們紛紛反對，但他非常堅持。他反問這些將領們，你們還要準備在中東打多久？一百年嗎？他認為中東是個「無止境的戰爭」，必須及時結束，認賠了事。他的第二位國安顧問，波頓（John Bolton）也私下對川普說，中東對美國沒有那麼重要，重要的是大國政治，即俄國和中國對美國的威脅。

　　一再誤算，錯估美國的撤退方案，亂成一團。

　　拜登在 4 月 7 日宣布自阿富汗撤軍後，4 月 24 日美國國家安全

只是完成，已無關緊要。這是發生在拜登任內的事，在這種大的失敗之後，在過去會有高級官員辭職。例如，1993 年柯林頓總統任內在索馬利亞黑鷹直升機被擊落，國防部長亞斯平（Les Aspin）辭職之例。

這次拜登必須負起責任，有幾點需要預見：

1. 塔利班十分殘忍，他們將會對美國占領時配合的阿富汗人予以報復，這些人數以千計。

2. 阿富汗的婦女將失去平等的權利，塔利班奉行第七世紀回教的法律，嚴格限制婦女的行動和職業，這些人口約 1,800 萬人（阿富汗人口約 4,000 萬人）。

3. 阿富汗將成為回教偏激分子的基地，將與蓋達（Al-Qaeda）組織更密切合作。塔利班人士說，他們不再害怕美國了，還有比這次（美國入侵）更壞的嗎？美國還會第二次入侵嗎？塔利班是伊斯蘭運動中最好戰、最自大的，也是最偏激、最暴力的力量。

4. 巴基斯坦與阿富汗的關係將會緊張，巴國過去為阿富汗塔利班的庇護所，如今反而擔心阿富汗會成為塔利班的庇護所。但巴國是一個擁有 160 個核子彈頭的國家，一旦發生嚴重的衝突，後果不堪設想。阿富汗的難民潮將影響歐洲，並激發民粹主義，說不定會產生 20 個像匈牙利的強人奧班（Viktor Orbán）。

5. 美國地緣政治的地位將受極大傷害，美國國際形象受損，成了一個不負責任的國家。任何依賴美國保護的國家都會警惕，美國是不可靠的。拜登主義終結了戰後 70 年的杜魯門主義。

以下是對阿富汗事件的評論。

川普：美國史上最大的外交政策恥辱，這不是撤離，這完全是投降，我們的國家正由傻瓜領導。

布萊爾（英前首相）：美之撤軍是悲劇性、危險，且不必要的。美國撤軍思維「弱智」。

鄭永年（新加坡大學東亞研究所所長）：西方民主烏托邦主義實驗的再一次大失敗。

戴布斯基（波蘭智庫院長）：過程太粗糙，美國犯了原本可以避免的錯誤。

吉爾森（美歷史學者）：你沒有辦法華麗轉身，除非你打贏，否則離去的姿態注定醜陋，因為我們沒有贏。

波瑞（歐盟高級代表）：顯示跨大西洋聯盟在情報合作上的失敗。

雷鳥斯（前 CIA 局長）：美軍在阿富汗的作戰行動於 2015 年 1 月 1 日結束，這 6 年來都是阿富汗軍隊打仗，死傷數萬人，美軍僅死了 99 人。

馬克宏（法國總統）：槍桿子無法出政權，民主不能從外部強加。

《華盛頓郵報》：拜登主導了一次可恥的撤軍，往後可能很少有人會認真看待拜登政府宣稱要促進人權、捍衛民主的說法。

麥康諾（美國參議共和黨領袖）：這是美國史上最糟糕的外交政策之一，比當年越南西貢淪陷更糟。

錢尼（Liz Cheney，共和黨眾議員、前副總統錢尼之女）：以投降方式結束了戰爭。

美國國防部的初步調查報告，阿富汗任務失敗原因：

1. 只照美國自己想法，強制灌注自以為是的價值觀。
2. 無心對重建阿富汗的工作，只想速戰速決。
3. 對阿富汗新政府的支持不夠充分。
4. 人事政策和執行毫無章法。
5. 對確保安全上的疏忽。
6. 對阿富汗的文化了解不夠。
7. 監督與評估的能力不足。

川普政府與塔利班達成撤軍的協議是出賣了阿富汗政府，美國曾保證支持的政府。塔利班最後同意阿富汗政府參與談判，但已於事無補。美國反而傷害和羞辱阿富汗政府，強迫釋放 5,000 名塔利班的犯人。

曾擔任美國駐阿富汗大使的克魯柯爾（Ryan C. Crocker, 2002-2010）投書《紐約時報》（2021.8.24）指出，「拜登就任後，令我驚奇的，他竟然接受了川普的阿富汗政策。在塔利班控制之下，為美國服務的人們，包括婦女和兒童，將可能被殺害。事情不應該變成這樣，當我在 2010 年離開阿富汗時，我們有 85,000 名軍隊在該國，阿富汗的 34 個省會，一個都未被塔利班占領。當歐巴馬卸任時，美國還有近 1 萬名部隊。當川普離開時，美軍已不到 5,000 人，塔利班並未控制任何都會區域。如今，他們控制了全國，為什麼會這麼快和徹底呢？是美國自己造成的。」

拜登決定全面撤軍摧毀了一個可支持的現狀，可以在最少流血和

花費之下，一直支撐下去。即使全面撤軍，美國也可以安排步驟，來保護美國的利益。」

《紐約時報》專欄作者陶道蘭（Maureen Dowd）小姐極盡諷刺地說，「儘管我們應該知道，但我們不知道會發生九一一事件，但我們不知道 2021 年 1 月 6 日的事件，但我們不知道我們支持了 20 年金玉其外的阿富汗政府會在 2 秒鐘垮台。還有哪些我們不知道的事呢？」

■ 六、和伊朗交惡

伊朗是古波斯國，也曾是鄂圖曼帝國的一部分，如今是中東回教國家中最強大的國家。其戰略地位是控制荷爾莫斯（Hormuz）海峽和安曼（Amman）灣，影響波斯灣近世界一半的石油儲量和產量。

中國的勢力已由中亞進入中東，一帶一路的戰略已把沿線國家一一爭取，伊朗是中國在歐亞大陸的橋頭堡，中國和伊朗關係良好，俄國也支持伊朗。

布里辛斯基曾預言冷戰後，美國最大的夢魘是中國、俄國和伊朗結合在一起反制美國，他的預言已經實現。

伊朗面對美國的蠻橫和霸道，從不畏縮，2008 年時，當時總統艾哈邁迪內賈德（Mahmud Ahmadinezhad）曾在美國哥倫比亞大學演講，痛斥美國的自私、霸道和對中東造成的傷害。2018 年 5 月美國退出伊朗核武協議並對伊朗進行經濟制裁，伊朗副總統喬內迪（Laya Joneydi）女士代表伊朗向國際法庭（ICJ）提出訴訟，指稱美國違反了 1955 年兩國的友好條約。2019 年 10 月，國際法庭判決伊

朗勝訴，並要求美國解除對伊朗的經濟制裁。美國拒絕接受此一判決，並宣布終止雙方的友好條約。美國對外一向標榜法治，但對美國不利的「法律」，一概置之不理。

喬內迪女士在接受英國《金融時報》訪問時說，「從法律觀點而言，美國對伊朗的作法並不合法；從道德層面而言，更沒有正當性。」她說，美國希望伊朗成為下一個伊拉克、敘利亞或阿富汗，但伊朗將以成熟穩健的方式來達成改革的目的，即使過程緩慢和艱辛。

伊朗本是親美國家，但 1979 年伊斯蘭革命推翻了政府，並在同年年底發生扣留美國大使館人員事件，美與伊朗斷交並予以長期制裁。1980-1988 年美國還支持伊拉克與伊朗進行了 8 年的戰爭。目前，伊朗、伊拉克與敘利亞三國「形同聯盟」成為抵抗美國在中東的主要力量，而且還得到俄國和中國的支持。

對伊朗的核武協議，川普稱之為「我生平僅見最爛的協議之一」，在 2016 年競選期間，他就說，這是他當選後第一優先處理的問題。他就任後，國務卿提勒森（Rex Tillerson）表示，基於實用和原則希望維持此一協議，並說，伊朗並沒有違反協議。中央情報局（CIA）局長蓬佩奧（Mike Pompeo）也說，在技術上是說得過去的，但川普堅持說這是他的核心原則之一。

美國在 2018 年開始對伊朗經濟制裁，但效果不大，其一是美國內部不一致，財政部認為效果遞減和破壞美元地位。其二是歐洲盟國不願配合，他們並不認同美國對伊朗的政策，如退出核武協議，尤其法國總統馬克宏強烈抨擊川普。其三是制裁本身有漏洞，美國給若干國家石油豁免權，減少了對伊朗的傷害。

與美國相反，伊朗在中東一直在擴大它的力量，積極支持和援助

各種反美的力量，包括阿富汗的塔利班，伊朗對美國的策略是增強最大的抵抗力量。

從 2019 年 5 月起，伊朗主動挑戰美國，先是攻擊油輪，再是攻擊沙烏地阿拉伯的石油工廠和電廠，三是攻擊美國的無人機。美國軍方曾建議對伊朗報復，襲擊其沿海地區三個地點，但在攻擊發起前 10 分鐘，川普下令停止，令他的幕僚和軍方氣結（美國動用了五艘航空母艦到地中海域）。

川普第二任的國安顧問波頓（John Bolton）是極端鷹派，他主張要阻止伊朗取得核武，美國必須要準備使用武力，美國不能再重蹈北韓的例子，25 年來一事無成。他不認為制裁有效，只有改變伊朗政權才會有效。他還指出，美國當前的作為只會使伊朗更為大膽，因為伊朗認為美國不會認真報復。

在沒有內部討論的情況下，川普突發奇想，在到日本訪問時，他要求日本首相安倍協助解決美伊爭執。他對安倍說，伊朗的通貨膨脹為100%，國內生產總值為－10%，伊朗快要死了，只要和美國達成協議才能得救。他說他可以在一天之內達成協議，也可隨時開戰。安倍使命必達，但失敗，換來伊朗領導人哈米尼（Ali Khamenei）對美國的痛罵，說川普不是一個值得信賴的人，也不相信美國是真正想談判。安倍對任務失敗表示歉意，川普說他當時只是想找點樂子，沒有想到安倍會當真。川普如此對待朋友的方式，也是天下奇譚！

事實上，川普是想和伊朗談判的。2019 年 8 月在法國的 G7 高峰會，法國總統邀請了伊朗外長扎里夫（Javad Zarif）參加，川普為之心動，很想藉機和扎里夫見面。但國安顧問波頓全力反對，他認為只要美國減輕了對伊朗的壓力就很難恢復，他揚言只要川普和扎里夫

見面，他立即辭職。川普並沒放棄，說只是私下握一次手。最後雙方並未見面，白宮幕僚們總算鬆了一口氣。

2020 年 1 月 3 日川普下令以空襲格殺伊朗軍事強人蘇里曼尼（Qassem Soleimani），對一個主權國家進行個人謀殺，證明了美國無法無天、無惡不作，是一個真正的流氓國家。

川普說他絕不能允許伊朗擁有核武？他能做得到嗎？他要主動攻擊伊朗本土嗎？川普下令刺殺伊朗軍事強人蘇里曼尼，是一缺乏戰略意義的行為，代表了美國外交政策的墮落。

小布希和歐巴馬時代也曾有人建議這一斬首行動，但擔心引發不必要的升高衝突或戰爭而作罷。如今，中東的基本事實並未改變，這一行動只能說明美國國安系統的運作失靈。

國防部的解釋令人無法接受，為阻止立即危險而制先攻擊，斬首行動從未是制先攻擊的可靠方法。對世界而言，這是公然謀殺，是挑釁，也是挑起戰爭的理由。

伊朗把蘇里曼尼視為烈士，揚言將繼續其遺志，並全力報復，此舉也可能引發另一波恐怖主義的行動。

此外，這一行動與美國的整體外交政策有何關聯？美國今天要重視的是大國外交，是中國和俄國的問題，而不是伊朗。美國用此種方式把伊朗推向和美國對立的大國地位是不合邏輯的，美國對原本希望平靜的地區，去升高為戰爭的熱點是不智的。

川普此舉代表的是他的行為方式，自私、狂妄、不尊重制度和規則，更嚴重的是美國國安機制的失能和衰退。

事情已無可挽回，美國只能面對可能的嚴重後果。

經由川普此一行動證明美國總統的戰爭權力已不斷擴大，在「九一一事件」後的 20 年來，使得美國陷於無止盡的衝突。

從川普對伊朗、敘利亞、葉門和阿富汗的作法上，在他任內顯示他對戰爭與和平並沒有經過深思熟慮，也沒有對後果有嚴肅的考慮。在 2019 年 6 月，他在行動前 10 分鐘取消了對伊朗的一次攻擊。據說是有人提醒他，此舉不僅違反他退出中東衝突的承諾，也會招致他的支持者不滿。

但 6 個月後，他卻下令刺殺蘇里曼尼，這是前兩位總統認為過於挑釁而不願做的事。川普此舉，等於告訴全世界美國總統有權追殺世界上任何人。

哈佛大學教授 Jack Goldsmith 說美國現在的制度是「一個人說了算」（one person decides）。由於川普天生的對國安和情治機構的不信任，在外交上經常做出不符合常規的事，例如給北韓金正恩寫的肉麻信、透過他私人律師朱利安尼（Rudy Giuliani）對烏克蘭施壓，要求提供對他參選對手拜登（Joe Biden）家族和伊朗的商務關係。

對刺殺蘇里曼尼一事，他解釋為阻止美國和伊朗的情勢失控，所不得不為，因為蘇里曼尼正在策劃對美國的攻擊，美國逮到他並除掉他。川普在推文上說，「昨晚我們採取行動阻止了一場戰爭」（we took action last night to stop a war），「我們不是去發動一個戰爭」（we did not take action to start a war）。

但一些軍事專家認為，川普此舉是不必要的升高美伊衝突，也證實了美國對伊朗的「極限施壓」並未達到預期效果。

海軍戰爭學院一位教授 Lindsay P. Cohn 說，川普並不想捲入戰爭，但他不甘示弱。但在川普過去 3 年來，美國對中東地區的空襲大

為增加，包括平民的傷亡。一位國安專家 Micah Zenko 形容川普是一個「被動的鷹派」（passive hawk），他要表現強勢，但不想對長期戰爭做出決定。

川普的行為使任何政策分析的機構都無法理解也難以置信。一位歐盟的政策分析師說，他所接觸到任何一個人都不知道川普要對伊朗做什麼？包括美國在歐洲最親密的朋友英國。美國蘭德（RAND）公司的中東問題專家說，川普的不確定性會增加危險，並使衝突失控。川普扭曲事實和不講真話的聲明使得區別恫嚇和設定的方案難以分辨，包括對川普的支持者都懷疑到底美國有沒有長程戰略？美國一位前中東事務官員在《外交事務》（Foreign Affairs）上表示，美國的極限施壓使得伊朗無法重回談判，因為沒有人知道美國要談些什麼？美國此一作為不是正當性和明智的問題，而是走向一個不確定的方向，是一個在中東地區巨大的升高危機，必然會招致報復。

國防部長依斯伯（Mark Esper）說，競賽規則已改變，只要有對美國攻擊的跡象，美國必將採取制先攻擊。參議員墨菲（Christopher Murphy）說川普在未經國會同意之下，可能已觸發一個大規模區域戰爭，他認為這種謀殺他國官員的方式會使更多美國人受到殺害。

川普和依斯伯的說法都無法使人信服，他們必須提出更有力的說明來解釋此一事件。依往例，總統如果採取重大軍事行動，理應通知國會領袖。川普不是說過要結束中東無休止的戰爭嗎？謀殺（assassination）或「目標狙殺」（targeted killing）有何不同？美政府稱因有立即危險（an imminent threat）才採取目標狙殺，並解釋這是合法的自衛。但民主黨總統角逐者桑德斯（Bernie Sanders）和華倫（Elizabeth Warren）均認為是謀殺。

　　美國曾在 1976 年以行政命令禁止政治謀殺，但九一一事件後，「目標狙擊」成為常規，造成數以萬計人員死亡。川普上台後，更為變本加厲，歐巴馬總統的作法是授權給下屬決定，本人並不介入。

　　此次的蘇里曼尼事件是對一個主權國家政府官員的「目標狙殺」，並不符合反恐戰爭的規範，此次事件也代表了川普對法律和慣例的不尊重。經由此次事件，美伊實際上已處於戰爭狀況。美國如認為伊朗的報復將有限度，是過於一廂情願。至於相信美國總統做的事是對的，則是自欺欺人。美國距離亞當斯（John Adams）所說「政府應是法治而非人治」已經愈來愈遠了。

　　經濟學者克魯曼（Paul Krugman）嚴詞批判川普的作為，他說我們能接受其他國家有權利傷害我們的官員嗎？美國曾經特殊，但川普並不明白為何美國曾經特殊？除了美國本身的強大外，美國也維持國際社會的安定，並尊重其盟國，但川普完全不理會這些使美國偉大的原因。川普從上任第一天開始，他就認為他可任意恐嚇其他國家，但他的這一策略並不成功，在對北韓核武和對中國貿易戰，美國的恐嚇均沒有成功。

　　試想如果一個外國認為前副總統錢尼（Dick Cheney）在伊拉克沾滿了鮮血，而把他刺殺，美國人民將有何反應？如果我們不能接受其他國家有權傷害我們的官員，為什麼其他國家會有不同想法呢？

　　此外，在資源和軍力上，美國在過去的確比其他國家強大很多，但如今已不再是了。例如，中國在經濟上若干方面就明顯的超過美國。美國在強大的時候也做了一些不好的事情，但在民主自由法治上堅持自己的立場，也與盟國和國際組織密切合作。美國力圖以平等對待其他國家，不會為了政治上權宜之計而犧牲盟友，美國曾享有較大

的信任感。然而，川普對這些過去使美國偉大的因素，完全棄之不顧，在他領導之下，美國已成為一個自大和自私的霸凌者，在他15,000 個謊言中，他的話已無人相信。

在美國殺害蘇里曼尼後，伊朗宣布將不再遵守 2015 年的限核協議。美國在 2018 年宣布退出 2015 年限核協議並對伊朗採取「極限施壓」，伊朗對美則採取「極限抵抗」。事實上，伊朗已恢復其核武計劃，並強化對美國壓力的抵抗力。美國有些人想利用伊朗的核武計劃去推翻伊朗政權，國務卿蓬佩奧（Mike Pompeo）在擔任眾議員時曾說，摧毀伊朗核武只需要不到 2,000 次的出擊，那不是一件很難的工作。參議員克頓（Tom Cotton）則說，美對伊朗動武，只需要兩次打擊，第一次和最後一次。川普本人也表示過，一旦對伊朗開戰，很快就會結束。

這些想像未免過於荒唐，如此只能招致慘烈的報復，使伊朗更加決心擁有自己的核武。美國應設法降低當前的緊張關係，法國總統馬克宏曾表示願意協助，但美國已予以拒絕，蓬佩奧還表示對歐洲國家不支持美國此次行動的失望。

美國必須承認極限施壓並未成功，美國的目的是希望約束伊朗的行為，並停止製造核武，但卻適得其反。如美國不去降低緊張情勢，勢將面對兩個選擇：一個核武的伊朗或一場慘烈的戰爭。

在大選中，川普的行動製造了一個不確定的事實，這個不確定是伊朗將採取什麼報復？對川普的影響將有兩個因素，一是伊朗的態度，二是在 2016 年選舉時，川普曾揚言將終結在中東「無止盡的戰爭」（forever wars）。一般而言，美國人民對中東戰爭業已厭倦，在阿富汗和伊拉克之後，不希望再看到第三個敵人。

　　川普做出此項決定據說是受到共和黨參議員的壓力，在彈劾案進行之時，他急需這些人的支持，川普也表示另一動機是為了保護以色列。儘管受到民主黨的攻擊，川普稱毫不以為意。川普的一位高級顧問說，「在幾個月內，總統已去掉了兩個最重要的恐怖分子——蘇里曼尼和 ISIS 領袖巴格達迪（Abu Bakr al-Baghdadi）——而美國沒有任何傷亡。」川普的一位競選發言人說，「美國人民希望看到他們的總統以果敢的行動來保護美國的利益，這就是川普總統所做的。」

　　有人說，川普殺掉蘇里曼尼不符合美國的大戰略，問題是美國當前並沒有大戰略。美國如今急需要一個大戰略——美國要在世界上扮演什麼角色——否則，美國只會浪費美國人的生命和資源。

　　嚴格而論，美國立國至今，只有兩個大戰略，一是 1823 年的門羅主義，把美國孤立於世界事務之外，二是 1947 年的杜魯門主義，把美國捲入全球的紛爭。冷戰結束之後，美國應重新擬定一個新的大戰略，但美國已習慣了霸權主義，即使沒有主要的敵人，也要控制全球，把美國的安全無限擴大。

　　美國從事海外戰爭也企求盟國的支持，出錢或出力，但盟國的參與熱忱很低，在阿富汗，有 37 國參與，但只是形式的，主要的作戰仍是美國。上次大選時，川普曾說要重新界定美國的大戰略，除了強調「美國第一」外，還引述亞當斯（John Adams）的名言，「我們不到海外去尋找敵人。」但迄今，他並沒有建立什麼新的大戰略，美國仍陷在中東「無止盡戰爭」中，現在又可能面對另一個新的戰爭。

　　美國禁不起再「贏」得一場戰爭了，何況也未必會贏！戰爭已經過時了，「不對稱的戰爭」（asymmetric warfare）使得強國未必可以贏過弱國。美國贏了韓戰嗎？美國贏了越戰嗎？美國一年 7,000 多億

軍費並沒有為美國贏得和平，根據 PEW 調查，多數美國人民，包括退伍軍人，都認為美國不值得在阿富汗和伊拉克打仗。

美國有一些主戰派在促使美國對伊朗開戰，川普曾說伊朗是小事一樁（a cakewalk），「我可以告訴你，不用花太多時間」（It wouldn't last very long, I can tell you that）。川普這種想法十分危險，伊朗遠比阿富汗和伊拉克強大，美伊如開戰將十分慘烈，美國付出的代價將難以估計。美國在阿富汗和伊拉克已「戰爭」了近 20 年，結果如何大家有目共睹。第二次世界大戰結束後，75 年來世界所有的戰爭都是美國在打，但美國今天卻是一個最沒有安全感的國家。「兵凶戰危」，美國到如今都不了解這個意義！

《紐約時報》專欄作者佛里德曼（Thomas Friedman）寫了一篇文章，把川普痛罵一頓。

他說川普最近做了兩件事，都是令人匪夷所思。一是他下令擊斃伊朗第二把交椅的人物蘇里曼尼（Qassem Soleimani），二是他公開表揚違反美國軍紀，屠殺無辜平民的海軍陸戰隊一名隊長蓋拉格（Edward Gallagher）。前者，既無戰略性思考，也沒有正當性，美國總統居然下令屠殺其他國家的政府官員，這一行動的後果難以預料。後者，該名隊長因濫殺無辜，已被同事檢舉，被軍法起訴，川普卻在他私人莊園款待這對夫婦，這種違反道德的事，川普居然毫不在意。

佛里德曼把這兩件事放在一起，說明川普是一個沒有規則觀念的人，從他經商到總統，他都是我行我素，沒有道德、沒有原則、沒有章法。在他心目中，規則（code）是傻瓜和娘娘腔的人用的。他認為美國軍人偉大因為他們會殺人，伊斯蘭人被殺又算什麼，反正他們都是人渣！佛里德曼警告說，永遠不要認為在上位者只因為他們大權在

握就知道他們會做什麼。面對川普這個瘋子，何止是美國倒楣，世界都會遭殃！

七、以巴和解的無解

　　2008 年的一項調查，國際關係學者的意見，有 46% 認為中東對美國最重要。美國早期介入中東的理由有二，一為阻止蘇聯勢力的擴張，二是確保中東石油的利益。中東石油的蘊藏量占全球的 2/3，在中東主要生產石油的三個國家為沙烏地阿拉伯、伊拉克和伊朗。在中東，除受美國保護的以色列之外，其他無一是民主國家，美國也一直在致力於推動中東的和平，但從未實現這一目標。

　　中東問題可說是美國和英國一手造成的，巴勒斯坦原為英國託管地，1947 年在美英策動下，聯合國通過把此地劃分為猶太區和阿拉伯區。1948 年，猶太人區宣布建立一個新國家以色列，立即引發四個阿拉伯國家圍攻，但以色列戰勝。以後又陸續發生三次戰爭：1956 年，以色列和英、法聯手攻打埃及；1967 年，埃及攻擊以色列，但 6 天後被以色列擊敗並占領大片土地（包括西奈半島、加薩走廊、戈蘭高地）；1973 年，埃及和敘利亞攻擊以色列，一周後美國大量軍援以色列並擊退埃及，戰爭陷入僵持。

　　阿拉伯國家為了報復美國援助以色列降低石油產量，造成第一次石油危機（第二次為 1979 年伊朗革命，減產石油）。由於蘇聯也對中東危機表示關切，美國國務卿季辛吉（Henry Kissinger）以穿梭外交、調解並達成和解和停火。1978 年卡特（Jimmy Carter）繼任總統，促成了埃及和以色列的和平條約（1979 年），這一成就被稱之為「和平進程」（Peace Process）。1991 年 12 月，美國在海灣戰爭

勝利之後召開馬德里會議，希望促成以色列與阿拉伯國家的大和解，柯林頓政府也全力投入中東問題，主要是敘利亞和以色列的爭執。1993 年，美國曾安排以色列與「巴勒斯坦解放組織」（PLO）領袖阿拉法特（Yasser Arefat）的會晤，朝向巴勒斯坦建國方向努力。以色列和約旦在 1994 年也簽訂了和平條約，但巴勒斯坦始終未能與以色列達成和解。

美國的堅持不懈和失敗最重要的原因是看不清問題的癥結所在。對巴勒斯坦人而言，他們的利益不是結束衝突，而是要消滅以色列，因為他們認為以色列占領了他們的土地。但美國一直堅持和平進程正統論，無論是小布希和歐巴馬都對此深信不疑。美國無法相信巴勒斯坦人抵死不承認以色列的存在，而寧可放棄和平和建立自己國家的機會，這是美國人無法理解的。但偏偏巴勒斯坦人認為消滅以色列比建國還重要，這又是美國人無法接受的。

美國人的樂觀有時是難以理解的，小布希不僅要推動以巴和解，還聲言要在中東阿拉伯世界推動民主，他把這一工作當作他第二任期的最重大倡議。他派他的愛將國安顧問賴斯（Condi Rice）去推動此一工作（賴斯後出任國務卿），賴斯的任務是協助巴勒斯坦建國。但他在 2005 年在開羅宣稱，「過去六十年，美國犧牲民主，在中東追求穩定，但兩頭都落空。」

中東地區堪稱是全世界最不民主的地區，西方的自由理念在中東社會根本不存在，而且西方基督教一直是中東伊斯蘭世界最大的敵人。2018 年底開始，美國又在中東搧風點火，利用若干地區的暴亂，發動「阿拉伯之春」企圖推翻專制政權，埃及首當其衝，接著是利比亞、敘利亞，最後是伊斯蘭國（ISIS）。四年之後，除了突尼西亞略有改善之外，沒有任何其他國家實現美國的願望。美國人和中東

人辯論稱，中東政治現狀不能長久不變；阿拉伯人說，改變之後，情況會更壞。

根據曼德爾邦（Michael Mandelbaum）教授的說法，後冷戰時期，美國的樂觀、自信和理想的天堂在 2014 年便結束了。美國以無比優勢的力量，企圖改造其他國家政治制度的努力也失敗了。

愛因斯坦（Albert Einstein）把神經不正常界定為，一再做同一件事，卻期待出現不同的結果。根據這種說法，美國對中東和平和以巴和解的和平進程，是否也是神經不太正常?!

★　　★　　★

冷戰結束了，也改變了國際政治的規則，美國認為它的單一霸權和絕對優勢的軍力，可以不必在意其他國家的想法，也不需要國際組織和盟國的配合。美國可以獨斷獨行，美國應以推廣美國的民主，改造不民主國家建立民主為己任。

美國這一「世界新秩序」的構想，有三個冷戰後的國際政治特徵可以配合：一是全球經濟化的不斷擴大，全球化的動力銳不可擋，有助緩和其他國家之間的安全競爭。二是核子武器雖然危險，但美蘇對抗的緩和減少了對核戰的恐懼，且世界大多數國家已參加了「反擴散條約」（NPT）。三是俄國已失去了大國競爭的地位，中國正在崛起，與國際市場經濟關係密切，並不構成安全上的威脅。

但美國並未把握此一有利形勢，對世界的安全和穩定做出貢獻。相反的，卻把美國國力投入與美國重大利益無關的區域衝突。1990年代，美國曾享有較和平的環境，柯林頓政府重視國際經濟合作，全

力推動全球化，即使幾次的「人道干預」並未造成對美國太大的傷害。美國的好戰分子批評他把外交當作社會服務和慈善事業，稱美國是「廉價的霸權」。當柯林頓卸任時，留下給美國的是預算的盈餘，而非負債。

從 2000 年小布希當選後，美國卻遭逢一連串的災難，先是「九一一事件」，美國開始以「反恐」為名，把全世界的安全視為美國的安全，並認為美國有充分的實力可以對不友善國家予以預防性攻擊。美國高估了自己，理想化自己的目標，錯估了不民主國家的民族主義和宗教信仰，造成身陷在中東泥淖長達二十年，大大折損了美國的國力和傷害了美國的國際地位。

██ 八、金融風暴的外溢效應

2008 年美國的金融風暴幾乎造成美國經濟的崩解，2010 年歐洲的金融危機也嚴重傷害了若干國家的經濟，如希臘、義大利、冰島和愛爾蘭，南歐的國家幾無一倖免。這種經濟上的災難大為扭曲了美國的「世界新秩序」，也減弱了美國的政治影響力。

2000-2007 年是全球經濟最繁榮的時代，全球 GDP 從 36 兆美元上升到 70 兆美元，但這一榮景卻幾乎在一夜之間變成災難。美國政府要負最大的責任，因為它放任美國的金融業（銀行為主）把服務業變成投機者斂財的工具，允許以擴大信用貸款，並以衍生性商品來賺取暴利。衍生性商品市場最高的時間超過百兆美元，雷曼兄弟（Lehman Brothers）公司因為大到不能倒，所以才會爆發銀行信用破產。這個問題不是一天造成的，是美國政府長期放任金融界的不務正業。這個現象能夠長期存在是美國政府、國會和金融業共同創造出來

的，因為大家都會得到好處。在 1985 年前，金融界的年獲利不超過
16%，但到了 2007 年已達到了 181%。在 1980-2007 年之間，美國
最有錢的 0.1%的人的所得成長為 700%。「信用違約交換」
（CDS，即證券化包裹，把違約保險打包，賣給投資人）的市場總值
從 2001 年的 9200 億美元衝高到 2007 年的 62 兆美元。

美國聯儲會主席葛林斯潘（Alan Greenspan）說，2008 年金融風
暴是百年一見的大災難，但他本人難辭其咎，美國政府所有主管財經
官員都應為此事負責，因為他們放任和包庇金融業幾乎無限制的槓桿
化，把退休基金和住宅貸款抵押都變成了衍生性商品。國會議員被金
融界收買，通過對他們有利的法律，金融界有恃無恐，才敢越來越大
膽。

從美國的金融風暴可以證明美式的資本主義不是重視財富的公平
分配，而是贏者通吃。難怪經濟學者克魯曼（Paul Krugman）說，美
國如今是 1%的民主、1%的民治和 1%的民享。

柯林頓卸任留下 2560 億美元的預算盈餘，但到了 2007 年時
美國的財政赤字已達 7 兆美元，2012 年又增高為 15 兆美元，2021
年已超過 30 兆美元。美國到全世界去找「大規模毀滅性武器」
（WMD），但真正的 WMD 卻在美國內部，美國資本主義最大的敵
人就是自己。

美國在後冷戰時代，在國外和國內的兩大失敗──中東的戰爭和
2008 年金融危機──的主要原因都是美國的無知。前者是美國政治
領導人物對他們一廂情願要想改造的世界，毫無認識；後者是美國的
財經官員和專家竟然對美國的金融體系的變化，也毫無警覺。

2008 年的金融危機也外溢到影響美國和中國、俄國的關係。中

國因應得當，把損害減到最低，對美國實力的認知大打折扣，強化了和美國競爭的信心。俄國因本來經濟體質就弱，在這一波不景氣中受創很深，益加強化對美國的怨恨。

■ 九、北韓的核武問題

後冷戰時期，真正公然挑戰美國利益的是兩個國家——北韓和伊朗（原為三個「流氓國家」之一的伊拉克，已被美國出兵擊潰），在伍佛維茨口中的第四流國家北韓，為世界上最窮和最孤立的國家之一，但它在 1986 年被發現正在發展核子武器。美國不但對北韓進行經濟制裁，並有動武的打算（美國國防部長培里（William Perry）在其回憶錄中有這種說法）。但前總統卡特（Jimmy Carter）主動介入，並親訪北韓領導人金日成，設法解決爭議。柯林頓政府繼續談判，達成「框架協議」（Framework Agreement）。小布希政府時，北韓退出「反擴散條約」（NPT），小布希推動「六方會談」（北韓、南韓、中國、日本、俄國、美國）亦無結果。

2006 年開始，北韓進行地下核武試爆，此後 2009 年、2012 年、2013 年和 2016 年，北韓繼續進行核武試爆和試射飛彈。

川普於 2017 年 1 月就職後，北韓是首要處理的問題。國防部長馬提斯（James Mattis）擔心北韓正以驚人的速度發展核武和洲際彈道飛彈，目標針對美國。國安會亞洲部門負責人博明（Matt Pottinger）奉川普提示提出一「九點計劃」，主要是三個選擇：第一，接受北韓為一核武國家；第二，進行政權改變；第三，祕密進行軍事進攻。事實上，美國已有改變北韓政權計劃，預備以 80 個核武進行，但馬提斯決心要盡一切力量避免戰爭。

當年 9 月，北韓進行第 6 次核武試爆，川普推文說金正恩是一個瘋子，北韓外交部長反擊川普為邪惡總統，川普回應說，北韓活不了多久了。

雙方在言辭上針鋒相對，但私下卻密切接觸，尋求和解。2018 年後兩年內，川普和金正恩會面三次，二人來往信件 27 件，而且經常講些肉麻的話。川普說是「情書」，他說和金正恩十分合得來，形容和金正恩見面，有如見到一位美女，在 1 秒鐘就會知道將會發生什麼事？北韓人也說，川普和金正恩的關係「化學反應神祕的令人讚嘆！」

美國對北韓是兩手策略，一方面談判，一方面制裁，在北韓實現無核化之前，美國不會取消制裁，川普認為他是唯一可以和金正恩達成協議的人。金正恩說他可放棄寧邊（Nyongbyon）核試驗場；川普說還有其他 4 個，他要做一次完整的交易。金正恩說他只能做到如此。川普說如果這樣，他可能會輸掉選舉，金正恩說他並不希望傷害川普。雙方談判僵持，到川普卸任，沒有任何結果。

國安顧問波頓始終反對川普和金正恩的會談，他認為美國一直被北韓欺騙。1992 年柯林頓的「框架協議」和 2005 年小布希的「六方會談」均未能達成北韓去核化的目的，但美國積習不改，不能記取教訓。他認為川金會是美國送給北韓的大禮，除了提高了、合法化北韓的地位，美國一無所獲，他感到沮喪，尤其川普對金正恩的迷戀使他噁心。

波頓對北韓的問題十分悲觀，對於近 30 年來，美國歷任總統均無法制止世界上最嚴重的核武擴張是美國外交政策很大的失敗。如果美國能早日採取斷然行動，這個威脅是可以避免的。

　　川普自認他和金正恩會談最大的成就是避免了雙方的戰爭，在伍華德（Bob Woodward）2020 年訪問他時，他不斷強調這個成就。

▎十、與中國「化友為敵」

　　美國在冷戰後最大的錯誤是把中國「化友為敵」。自 1972 年美國與中國改善關係以來，雙方一直維持友好的關係，雖然對台灣問題，雙方基本立場不同，但均以大局為重，並未破壞雙方「交往」（engagement）的基調。

　　但中國自 1978 年改革開放以來，發展和成長的速度是驚人的。尤其在 2001 年參加「世界貿易組織」（WTO）之後和全球化密切接軌，在製造業和出口上大幅上揚。在 26 年間，中國的 GDP 增加了 10 倍（英國當年花了 70 年的時間）。中國的崛起走的不是西方帝國主義模式，它以社會主義加上資本主義，加上有效的管理和績效。在不到 40 年時間，它已經成為世界上僅次於美國的第二大經濟體，並可望在 2030 年前超越美國，屆時它的 GDP 將是美國的兩倍。

　　美國自 2001 年起陷入中東戰爭，中國則全力發展經濟，有別於西方帝國主義的發展模式，中國的文化較為務實和包容，不對外耀武揚威、不尋求衝突、不干涉他國內政，且又對弱小國家盡量提供經濟援助和協助基礎建設。

　　由於中國的強大，使美國產生了危機意識，從 2010 年之後美國便開始改變對中國的政策，由接觸改為對抗。歐巴馬政府後期提出「重返亞太」的戰略，川普政府對中國打貿易戰，企圖拖垮或延緩中國的成長，到了當前的拜登政府，更強調競爭為對付中國的主要手

段，揚言在他任內不讓中國超越美國。

川普時代，其副總統潘斯（Mike Pence）和國務卿蓬佩奧（Mike Pompeo）的講話，已經把中國當成首號敵人看待，還公然主張推翻中共政權。美國對中國的「妖魔化」已經到了無所不用其極的地步。

美國為什麼從友中、親中到反中、抗中到仇中，分析其原因如下：

1. 美國和平演變中國的希望落空。中國的不走美國路線的方式，令美國不滿，加上創造成長的奇蹟，更令美國難堪。
2. 根據西方帝國主義發展的經驗，「國強必霸」中國也不會例外，勢將威脅美國的霸權地位。
3. 種族主義的優越感，如果一個非白人的種族可以稱霸世界，令白種人難以想像，更無法接受。
4. 從冷戰的經驗，美國需要一個敵人，才能維持其國內戰爭機制的運作。美國外交政策一向由其「軍工組合」（military-industrial complex）所主導，他們有太大的既得利益。
5. 最基本的一個理由是中國將比美國強大，令美國寢食難安，心有不甘。

但美國把中國當作敵人並無必要，而且可能是最大的錯誤：

1. 中國不想與美國為敵，追求的是和平共存，互利雙贏。
2. 中美相隔 8000 浬，分別在東西半球，沒有理由對抗。
3. 美國得天獨厚，在地理上沒有外敵入侵的可能，美國是世界上最安全的國家；反觀中國有 14 個領土相接的鄰國和 7 個在海洋上接近的鄰國，中國只能靠安內和攘外才能保持相對的安全。何況美國自 1950 年以來，從未放棄對中國的圍

堵，還全力阻止中國和台灣的統一。美國對中國的霸凌，中國能忍則忍，但中國相信時和勢都在中國這邊，中國的謀略是不戰而屈人之兵。

4. 美國應學習尊重和接受其他國家的文明和文化，美國應放棄以自己國家制度改造其他國家的想法，中東 20 年慘痛的經驗還不夠使美國清醒嗎？

5. 美國軍力的過度伸延（overstretch），在國外有 800 個軍事基地和債務危機，國債已接近 30 兆美元，超過每年的 GDP 愈來愈多，美國的民主已經倒退。美國對中國強調要遵守國際規則，但美國自己卻是最不遵守國際規則的國家。自 1994 年以來，美國國會從未批准過任何一個聯合國的法律、條約和決議。美國倡導海上航行自由，但美國是世界極少數未通過 1982 年聯合國海洋法的國家。

6. 中國除了已經是世界上最大的製造國、最大的貿易國、最大的出口國、最大的消費市場和最大的外資投入國之外，在軍事和高科技方面都有驚人的成長。就未來趨勢而言，2004 年中國大學工程科的畢業生有 600 萬人，美國只有 7 萬人。在 2007 年，中國對世界經濟成長的貢獻超過美國（美國從 1930 年起一直是世界第一）。2015 年，中國的 GDP 占全球的 16.4%，對全球的經濟貢獻為 35%。美國芝加哥大學教授、諾貝爾經濟學獎得主，佛格爾（Robert Fogel）預測，在 2040 年時，中國的 GDP 將達 123 兆美元，占全球 40%，屆時美國只占 14%，歐洲占 5%。

7. 美國當前最大的弱點是它國內的問題，除了貧富不均、社會不公平、種族問題難解和債台高築之外，另一個核心問題是它的政治制度已經不合時宜。美國政治菁英的主張和美國廣

大的民意出現很大的落差。這是為什麼川普可以在 2016
年，以批判美國統治集團而僥倖當選的原因。他指責美國的
統治集團（deep state）削弱了美國自己，壯大了敵人（主要
是中國），浪費美國的金錢去干預與美國利益無關的國外紛
爭。他的話打動了至少一半美國人民的心聲，這也是他在
2000 年，還能得到 7400 萬選民支持的原因。

此外美國的選舉制度也不合理，川普在 2016 年選票落後希拉蕊
（Hillary Clinton）近 300 萬票，卻能以「選舉人票」而當選，這是
他策略的成功，但不符合多數當選的原則。

美國國會議員，主要是參議員，更不合理。美國 7 個大州的出口
占美國的 50%，但出口不到 10%的 26 個小州的參議員卻能控制美國
的外交、軍事和貿易。因為參議員每州只有 2 人，7 個大州只有 14
人，26 個小州卻有 52 人，占參院 100 名參議員的一半以上。他們可
以長期主控重要的委員會，影響美國的重大政策，例如自 1994 年以
來，參院就未通過任何聯合國的條約。因為他們認為不符合美國的利
益，說直白些，就是美國不願意被國際社會影響和支配。

美國多數的參議員均以他代表的選區的利益為主要考慮，他們沒
有世界觀，也沒有任何國際常識，更缺乏對其他國家的認識。由這些
人來牽制美國的重大政策，其後果可想而知。如最近美國國會不斷提
出的一些「反中、友台」法案和決議案，說穿了，也多是個人意見或
表演而已，有的是配合政府的政策，有的是表示對政黨的忠誠，也有
的是金主或智庫代言，影響力可有可無，端看時機和運氣。

更嚴重的是美國政黨的對立和惡鬥，從川普以民粹綁架共和黨
後，美國的政黨已成了幫派和黑道組織，大家追逐權力、勢力和金

錢。連川普被彈劾，共和黨除了一位羅姆尼（Mitt Romney）外，竟無第二個人敢反對。如今川普以在野之身，仍然對共和黨呼風喚雨，還誓言要在 2024 年拿回總統的寶座。民主黨雖然執政，但僅靠眾院脆弱的多數（8 席），參院為平手（50:50），關鍵時，僅靠副總統一票以主席的身分決定勝負，但如共和黨跑掉一票，便成為僵局。在此種情況下，民主黨便難有作為，今年底的期中選舉如失去多數席次，拜登便成為跛鴨，可能只成為一任總統。

不是我們故意看衰美國，美國學者在這方面的論述已不少，限於篇幅在此不表。我只引述過去二年美國相當有影響力二位政論家的專文，說明美國當前的危機。無獨有偶，這兩位一位是自由派，一位是保守派，難得在同樣的問題上立場一致。

自由派的喬治派克（George Packer）2021 年在《大西洋月刊》（the Atlantic Monthly）上發表〈我們生活在一個失敗的國家〉（We are living in a failed state）一文。他說美國，「腐敗的精英階層、僵化的官僚體制、冷酷無情的經濟和四分五裂和心煩意亂的公眾，已經是不治之症。」他指出 2003 年的伊拉克戰爭破壞了美國的團結，2008 年的金融風暴加劇了美國社會的不平等，而 2020 年處理疫情的失敗，充分證明了政府的無能。愚蠢和不公正已使美國人民生活在一個失敗的國家。

保守派的大將卡根（Robert Kagan）2021 年 9 月在《華盛頓郵報》（Washington Post）發表〈我們的憲政危機已經到了〉（Our constitutional crisis is already here）。他說，「美國正面臨自內戰（南北戰爭）以來最嚴重的政治和憲政危機，未來 3-4 年內，美國很有可能發生大規模暴力事件，聯邦政府權力崩潰，以及國家分裂為兩個不同勢力的對抗，甚至事件。」造成這種危機的原因是政黨的惡鬥和人

民對現在政治的恐懼和怨恨。他們認為受了太多的委屈，他們相對與政治菁英是失敗者。而川普便利用這股民怨，興風作浪，並形成一股龐大的聲勢。

過去 50 年來，美國由盛而衰，尤其在蘇聯 1991 年解體後，美國成為世界唯一的超強，但由於美國戰略的錯誤，白白浪費了一個寶貴的良機。這是美國政治菁英的重大失敗，但美國的政治文化，卻無人可以負責（課責），對美國人民來說，這的確是很不公平的不幸。

2001 年 9 月 11 日，美國受到伊斯蘭人的自殺攻擊，劫持美國民航機撞毀紐約的世貿雙子星大樓。「九一一事件」後，美國進行全面的反恐行動，並陷於中東戰爭長達 20 年。在此期間，中國迅速崛起，中國在 2007 年對世界經濟成長的貢獻便已超過美國，成為世界第二大的經濟體。美國歐巴馬政府宣布「轉向亞洲」（Pivot to Asia）戰略，企圖平衡中國的影響力，但為時已晚。基本上，歐巴馬較為平和、理性，不贊成美國對外的干預。

2016 年川普當選總統，他一改美國長期的「國際自由秩序」外交主軸，他雖狂妄、自大，但並不好戰。但他認為美國在全球化過程中，吃了大虧，讓中國占盡了美國的便宜，使美國產業空洞化，工人失業。所以他要和中國進行貿易戰，以提高中國進口的關稅來彌補美國在雙邊貿易的逆差，還要壓迫中國在談判中做出巨大讓步。他認為如果中國讓步，他便可當作一大成就來爭取連任，因為這是美國過去總統做不到的。但四年下來，中國並未讓步，川普的計劃落空。新冠疫情他處理不當，又把責任推給中國，但對他的選情並無幫助。

川普在本質上是一個孤立主義者，他對國際事務興趣不大，他是一個商人，只想達成交易。中國看透了他的心機，完全不給他任何機

會。川普任內的中國政策是徹底的失敗，但他放任他的部屬對中國惡言相向，把中國當做敵人，中國不予理會，美國只能自討無趣。

2021 年拜登就任，在美國兩黨一致反中、仇中的氣氛中，加上在國會脆弱的多數，對中國政策依然保持強硬。尤其他的國務卿布林肯（Antony Blinken）幾乎在任何場合都以攻擊、醜化中國為能事。雖然表面上仍強調競爭、合作和對抗，事實上完全朝對抗的方向發展。和川普不同的是美國不再單打獨鬥，而是結幫拉派，鞏固既有的同盟，拉攏成立新的組合，來擴大「包圍」或「孤立」中國。但以中國當前的實力，美國的成果必然有限。何況，除了美國外，世界上和中國有安全衝突的國家是少之又少。

拜登政府在阿富汗撤軍上搞得灰頭土臉，當前又碰上烏克蘭危機，這是美國一手製造出來的禍端。如處理不當，在全世界面前，美國又再次丟人現眼，美國不但回不去了，再偉大更也不可能了！

中國關係從 1972 年「關係正常化」迄今 50 年來，可說起起伏伏，時好時壞，雙方由修好、合作、磨合，走到今日的對立和激烈的競爭，甚至不排除衝突。這其中的變化，主要是美國政策改變造成的。

美國當初為了退出越戰，並阻止蘇聯對北越的支持，爭取中國與美國的和解。中國也認為與美國和解、合作可減少蘇聯對中國可能的威脅。這一友好關係維持了近 40 年，直到 2012-2015 年間才開始發生基本的改變。美國開始認為中國已成為美國的威脅，影響到美國霸權的地位，必須要在中國超越美國之前，阻止中國的成長。美國開始用種種方法和手段去醜化中國，企圖在國際社會中孤立中國，並且在西太平洋加強圍堵中國。

從近百年美國和中國的交往來看，美國始終沒能認真的和理性的看待中國，不是失之於浪漫，便是過於僵化，它不了解中國的歷史和文化，不認真看待過去這 50 年世界的變化和趨勢，更不檢討後冷戰時代美國自己所犯的一連串錯誤。今天它面對的不僅是中國的崛起，而是全世界其他國家的崛起。西方已經衰退，東方已經興起，美國奉行的國際自由秩序已被美國自己破壞，美國的信譽和承諾已禁不起任何考驗了。

中東問題造成西方秩序的瓦解和美國急速的衰落。美國必須醒悟，它愈濫用它的特權，愈有利非西方力量的興起。

美國低估了中國的文化和民族主義，也低估了中國的能力和韌性，美國無法阻止中國的繼續成長和壯大。美國必須了解美中關係不是零和賽局，中國不是美國的敵人，美國沒有任何正當性去挑起與中國的衝突。

布里辛斯基在 2012 年《戰略遠見》一書中曾指出在 2025 年後，美國在東方的兩個戰略指標：一是與中國密切合作，二是不捲入亞洲的危機。他還說，美國應默許中國在亞洲的地緣政治地位，並成為主導亞洲經濟的大國。只要美中兩國能相互包容，亞洲的穩定性就大為增加。

經濟學者諾貝爾獎得主史提格里茲（Joseph Stiglitz）指出，美國模式並沒有惠及美國大多數民眾，但中國大多數人卻從經濟發展中獲益。美國圍堵中國不會成功，對自己也不利。不與中國合作，美國的利益也無法實現。

最後，我引美國哈佛大學教授艾里森（Graham Allison）對美國提出的五點忠告作為結尾。艾里森當年以研究美蘇 1962 年古巴飛彈

危機一舉成名。他在 2017 年寫了一本《美國如何（能否）避免與中國一戰》（Destined for War: Can America and China Escape Thucydides's Trap？）的書，可說用心良苦，但他的忠言，美國決策者能否接受呢？

他首先指出由於美中文明的歧異，彼此適應非常困難，使雙方衝突尖銳。但為了避免戰爭，他提出五點建議：

1. 美國必須認清事實，在 2040 年前，美國將面對一個經濟力比美國大三倍的中國。
2. 美國應重新界定自己的重大利益，除了防止戰爭之外，其他都是次要的。
3. 美國應與中國建立長期的和平關係。
4. 美中兩國應維護共同的核心利益：防止核戰、防止核擴散、因應恐怖主義和因應氣候變化。
5. 美國應把重心放在國內，避免治理的失敗。

▎十一、製造烏克蘭的戰爭

美國名戰略學者布里辛斯基（Zbigniew Brzezinski）在冷戰結束時便指出，美國不能失去俄國，俄國不能失去烏克蘭，否則對美國將造成災難。因為美國失去了俄國（未能爭取成為西方的一員），俄國將會與中國合作。因為俄國失去了烏克蘭（切斷烏克蘭和俄國的密切關係），俄國便失去了與「北約」的緩衝，直接威脅了俄國的安全，他的預言竟在當前實現。

普丁一直強調俄國和烏克蘭的歷史，他說烏克蘭是俄國歷史、文化和精神上不可分割的部分。在 1991 年蘇聯解體之前，烏克蘭已被

俄國統治了 300 多年，比英格蘭統治蘇格蘭的時間還長。烏克蘭的面積是前蘇聯加盟國中最大的，相當美國從密蘇里（Missouri）州到大西洋，或從俄亥俄（Ohio）州到喬治亞（Georgia）州的範圍。烏克蘭的人口相當於西班牙，約 4,500 萬人。烏克蘭的工業發達，可製造航母和飛彈，也是糧食大國。冷戰高峰時，蘇聯的領導人赫魯雪夫（Nikita Khrushchev）就是烏克蘭人的女婿。俄國最津津樂道便是它和烏克蘭的合作，共同擊敗了法國拿破崙和德國希特勒對俄國的侵略。所以是理所當然的歐洲大國，對第二次世界大戰結束後的世界格局和秩序有莫大的貢獻。對第二次世界大戰歐洲戰場上的勝利，美國和英國認為是諾曼地登陸的成功，俄國認為是在東戰場擊潰德國主力的勝利。無論如何，戰後的世界，尤其是歐洲的邊界是美國和蘇聯在 1945 年 2 月雅爾達（Yalta）會議上劃分的，美國占 2/3，蘇聯占 1/3（今日的東歐、前蘇聯 14 個附庸國，包括烏克蘭）。在 1991 年蘇聯解體之前，國際秩序的基礎便是雅爾達協議，美蘇各自尊重對方的勢力範圍。這是說明了為什麼在冷戰時期，蘇聯範圍內的捷克、匈牙利和波蘭的「革命」，美國未予干預。同樣的，美國的越戰和對其他弱小國家的軍事行動，蘇聯也沒有公然介入的原因。所以美國一些人士會懷念冷戰時代，因為那是一種雙極結構，代表相對的穩定。

　　基於這個歷史，俄國自然地認為烏克蘭是俄國一手打造的，烏克蘭的邊界只是前蘇聯的一個行政區域而已。鑒於西方一直在爭取烏克蘭加入「北約」，並在烏克蘭製造「顏色革命」，俄國除了在 2008 年占領喬治亞，2014 年占領克里米亞外，並在 2021 年 7 月發表了一篇 7,000 字的長文，〈論俄國人和烏克蘭人的歷史上的團結〉（On the historical unity of Russians and Ukrainians），並指責所有烏克蘭和俄國的分歧都是西方刻意製造出來的，並說不是俄國，烏克蘭根本不

會存在，如今烏克蘭是一個失敗的國家，由一批新納粹分子統治集團控制，俄國必須要挽救它。

1991 年烏克蘭獨立後，與俄國關係本極密切，有如美國和加拿大、德國和奧地利的關係。但美國和「北約」為了防止俄國的再起，一直推動「北約」的東擴，令俄國非常不滿。對這件事，美國和俄國的說法不同，美國保守主義者的說法是因為俄國太弱，所以其前附庸國紛紛倒向西方，並非美國的主動和積極爭取。他們說，1991 年後的俄國是非常安全的，美國曾盡一切力量幫助俄國渡過經濟難關。美國柯林頓總統並不願擴大「北約」，本想以「和平夥伴」（Partnership of Peace）架構取代，但反對者稱歐洲不能有兩種體系，對新的夥伴不公平。另有一說是冷戰結束，「北約」已不重要了，擴不擴大，並不重要，意義不大。美國是在這種情勢下，「被迫」接受「北約東擴」。

「北約東擴」先後有五次，共 15 個國家。

1. 1999 年，捷克、匈牙利、波蘭。
2. 2004 年，保加利亞、愛沙尼亞、拉脫維亞、立陶宛、羅馬尼亞、斯洛伐克、斯洛維尼亞。
3. 2009 年，阿爾巴尼亞、克羅埃西亞。
4. 2017 年，門特內哥羅。
5. 2018 年，爭取喬治亞和烏克蘭（尚未成功）。

但俄國的說法，事實也是美國的紀錄，卻不是如美國辯護人士的理由。因為在蘇聯解體之前，美國曾向蘇聯保證「北約」不會東擴，「一寸都不會」。

1990 年 1 月 31 日西德外長根舍（Hans-Dietrich Genscher）建議

東西德合併後，「北約」不宜東擴。美國國務卿貝克（James Addison Baker III）2 月 9 日去蘇聯向戈巴契夫（Mikhail Gorbachev）鄭重保證「北約」的管轄權和軍力都不會東擴（Ironclad guarantees that NATO's jurisdiction or forces would not move eastward）。但隨後白宮國家安全會議（NSC）指出，「北約」必須包括合併後的德國，「北約」軍力可以不東擴，但管轄權不能被排除。貝克接受這一更正，不再使用管轄權一詞。當年 5 月，貝克又去蘇聯並提出九點保證，包括美國同意在合併的德國併入「北約」後，在東德的俄軍可以在過渡時間保留，在離開之前，「北約」軍隊不會進駐。戈巴契夫同意，在協議中，沒有任何「北約」東擴的決定。

後來小布希政府的國安顧問賴斯（Condoleezza Rice）事後回憶說，當時蘇聯尚未解體，只是討論東西德國統一的事，在 1990-1991 年時，「北約」東擴並不在議程上。根據戈巴契夫回憶錄中記載，貝克的確有此保證，並正式聲明「美國應給予保證，德國的統一並不會導致「北約」軍隊組織向東擴張」。他說，以後發生的事，「破壞了德國統一時的精神，違背了互信原則」，他說「北約東擴」是一個不必要的挑釁。

當今（2022）年俄國和烏克蘭緊張情勢發生時，美國《紐約時報》於 2022 年 1 月 1 日刊載了一篇報導，作者（Robert Baker）對此一事件有上述的說明。但他的結論居然是說對一個沒有書面的承諾的違背，不能視為背信。他文章的標題更為扭曲事實，「對一個從未達成承諾的爭議」（Dispute over a vow that was never made），美國的媒體可以如此扭曲歷史，罔顧事實，不僅是虛偽，而且是惡毒。

美國口口聲聲的說「北約」東擴不是美國的主動，但事實上，1997 年 7 月在西班亞馬德里決定邀請第一批捷克、匈牙利和波蘭三

國的加入「北約」，就是美國策劃的。

★　　★　　★

2013 年，因俄國企圖阻止烏克蘭與歐盟的貿易合作，引發了基輔（Kyiv）的暴動，號稱「尊嚴革命」（Revolution of Dignity），總統雅努科維區（Viktor Yanukovych）逃往俄國。2014 年，俄國入侵克里米亞（Crimea）——當年（1954）年赫魯雪夫送給烏克蘭的——並開始強化對東部邊界俄語區頓內斯克（Donetsk）和盧干斯克（Luhansk）的控制。

更令俄國難堪的是 2017 年「歐盟」給予烏克蘭「伸根」（Schengen）待遇，烏克蘭人可以無需護照，在「歐盟」國家享有 90 天的旅行待遇，可見西方國家對烏克蘭的爭取不遺餘力。澤倫斯基（Volodymyr Zelensky）總統甚至將加入「北約」列入烏克蘭的憲法，並推動去俄語化運動。事實證明，烏克蘭已決心加入西方陣營對抗俄國，這是逼使俄國不得不出兵懲罰烏克蘭的原因。

事實上，烏克蘭在脫離俄國之後，政治、經濟均在下降，尤其貪腐十分嚴重。根據「世界透明」（Transparency International）2021 年的「貪腐認知指數」（CPI），列為與墨西哥和非洲桑比亞（Zambia）同一等級，但比俄國略高。

如今，普丁在為「歷史而戰」，烏克蘭在為「價值」而戰。普丁認為如果不是西方（主要是美國）的干預，烏克蘭應會和俄國合作。顯然，他高估了「歷史」，低估了「現實」。

普丁是一位很務實的人，他曾說，「蘇聯的解體是 20 世紀地緣

政治上最大的災難。」因為將會讓美國為所欲為。他也說，「不替蘇聯惋惜的人是沒有心，希望蘇聯再生的人是沒有腦。」

★　　★　　★

烏俄戰爭的主因是美國在冷戰後，一直要削弱俄國，不但拒絕援助俄國的經濟，而且不斷推動「北約」東擴，俄國雖不滿意，但也沒有辦法阻止。俄國一再表明希望美國不要把烏克蘭納入「北約」，但美國予以拒絕，逼使俄國不得不為了自己的安全而奮力一搏，一如普丁所言，俄國已無路可退。

其次是烏克蘭總統為了親西方，一心一意要加入「北約」，甚至在 2019 年把加入「北約」列入憲法中。澤倫斯基不能認識烏克蘭在西方和俄國之間的敏感角色，其實烏克蘭大可保持中立，一方面維持自己的獨立，另方面也可左右逢源，為烏克蘭爭取更大、更多的利益。俄國在 2008 年對喬治亞和 2014 年對克里米亞的占領，以具體行動表達了對「北約」東擴的強烈不滿。烏克蘭自認可以得到西方國家的支持而一意孤行，造成與俄國的決裂，使烏克蘭成為美國打擊俄國的犧牲品。這場戰爭無論是什麼結局，烏克蘭必然是最大的受害者，即使可以僥倖生存，要想恢復和重建將是一漫長的過程，更不要說犧牲慘重的軍民了。

其三，既然是俄國發動了此一戰爭（稱為「特別軍事行動」）招致了西方盟國的指責和對烏克蘭的援助。但俄國的目的顯然不是要消滅烏克蘭，主要的目的是要烏克蘭中立化（不加入「北約」）、去軍事化和去納粹化。以俄國的力量，它大可速戰速決，但它希望以較少的成本去達到它的政治目的。俄國可能低估了烏克蘭的抵抗和美國為

首的「北約」盟國對烏克蘭的支持和援助，但俄國也不怕打持久戰。事實上，這是俄國擅長的戰略，再大的犧牲，它都可以挺到最後，爭取絕地反攻的機會。這方面，剛好是美國的弱點，美國人民不耐久戰，韓戰、越戰和中東戰爭的結局都是如此，這次也不會例外。

　　這場戰爭從爆發（2022 年 2 月 24 日）到現在（2022 年 5 月），戰爭呈膠著狀況，唯一令世人看清楚的是美國的真正目的。美國一向以俄國為敵，它希望藉由此一戰爭（烏克蘭為其代理人），在軍事上削弱俄國，在經濟上打擊俄國，並以資訊戰來孤立俄國。自戰爭爆發以來，我們看到的是美國鋪天蓋地的宣傳戰，加上澤倫斯基的配合演出，演員出身的他使出渾身解數占滿了媒體的版面，把俄國醜化的一文不值。美國總統拜登說普丁是「戰犯」，國務卿布林肯說俄國犯了「戰爭罪」。突然間，世人似乎都忘記了美國從二戰結束後，犯了多少的戰爭罪，有多少人是戰犯。遠的不談，只以 2003 年毫無理由的侵略伊拉克，從小布希總統、副總統錢尼、國防部長倫斯斐……哪一個人不是戰犯？美國在越戰時為了便於攻擊越共，竟以施放化學毒劑清除樹林等障礙物，這種毒劑滲透到土壤和河水中，至今還在毒害越南的人民，這種惡行是多麼嚴重的戰爭罪。美國迄今還未批准聯合國 1998 年「國際刑事法庭公約」（Convention on International Criminal Court, ICC），美國國會聲言美國人不可能接受任何國際的調查和審問。世界上，還有比美國更霸道的國家嗎？

　　在俄烏戰爭爆發之前，美國就表明不會派兵參戰，但會全力援助烏克蘭作戰。迄今，美國已對烏克蘭提供了 300 億美元的軍援，並要求「北約」盟國共襄盛舉。與美國相比，其他「北約」國家的援助是有限的。但對歐洲國家最大的負擔來自兩方面，一是對俄國經濟制裁帶來的經濟損失，俄國是歐洲國家最大的能源輸出國，包括石油和天

然氣（歐盟 77%的天然氣和 53%的石油由俄國進口，其中德國的比例最高，約占天然氣的 1/2，石油的 1/3）。二是接受烏克蘭的難民，目前已超過 600 萬人，未來將會更多。這些難民可能分散到其他歐洲國家去，但不可能遠渡重洋去到美國，如果戰爭不能在短期之內結束，歐洲國家的經濟將會雪上加霜。

美國一手規劃這場戰爭（俄國最後還要求美國保證不再將烏克蘭納入，但被美國拒絕），或許它認為用烏克蘭當戰場，引誘俄國開戰，可以一石多鳥、左右逢源，來鞏固其霸權。例如：

1. 削弱俄國，孤立俄國，減少一個競爭者。
2. 團結「北約」和歐盟，重建美國領導地位。
3. 收割經濟制裁俄國的利益，壯大美國的軍工組合。
4. 警告中國，停止挑戰美國的利益和霸權地位。
5. 紓解美國通貨膨脹的壓力。
6. 以外交的「成就」，爭取期中選舉的勝利。

這是美國的如意算盤，但它疏忽了經濟學上的「始料未及定律」（law of unintended consequences），如果烏克蘭戰爭的發展不如美國預期，可能的結果是：

1. 俄國的持久戰拖垮烏克蘭，不僅烏克蘭家破國亡，美國也失去烏克蘭，歐洲重回冷戰結構，美俄將長期敵對。
2. 「北約」國家的利益和美國不同，即使一時同情烏克蘭，但未必願與俄國為敵，尤其在法國和德國主導下的歐洲，並不願接受美國的指揮。在川普時代，美國和「北約」國家已貌合神離。拜登雖力圖彌補，但已失去了歐洲對美國的信賴。這次戰後，歐洲國家將發現又被美國利用，承擔戰爭苦果。

3. 美國的經濟制裁證明效果已愈來愈小，其他國家都有規避和防制的措施（例如，印度非但不參加制裁，還大量進口俄國的石油）。

4. 中國是美國最大的敵人，但中國深謀遠慮，不打無把握的仗，也不會上美國的當。大國競爭最後以經濟力量決定高下，當中國總體經濟超越美國，甚至為美國的兩倍或三倍時，當可達到「不戰而屈人之兵」的結果。目前美國推動的「印太戰略」，只是虛張聲勢，構不成對中國的威脅。習近平有句名言，「鄰居是搬不走的」，美國在 8000 浬外，在中國沿海耀武揚威、拉幫結派，但亞洲國家有何理由和利益去和一個強大的中國敵對？

5. 美國的通貨膨脹不是短時間可以克服，通膨會帶來升息，升息將使經濟衰退，而且通膨和經濟衰退將是全球性的。此外，美國最嚴重的問題是貧富差距的擴大和國債的飆升。美元過度的武器化，將導致愈來愈多的國家為了避險而減少持有美元，尋找其他替代貨幣，當烏克蘭戰爭結束後，美元將更加弱化。

6. 美國的期中選舉，向來對執政黨不利，這是選民對上次大選結果的平衡心理。尤其共和黨認為上次大選的結果是被民主黨做掉的（stole），川普的支持者不擇手段的要贏回下屆總統大選，並已在其執政的州，修改對他們有利的法律。今年年底的期中選舉將是一個測試，拜登本人民意基礎不夠強大，加上去年阿富汗撤軍的雜亂無章，民調始終在 40% 以下，能否扭轉劣勢，並不看好。

事實和歷史將會證明，美國是這場戰爭的原凶，誠如巴西前總統

魯拉（Luiz Inácio Lula da Silva）——在今年 10 月可能重新當選——所說，美國不應煽動俄烏開戰，拜登有多種政治手段可以避免此次戰爭，這是一位政治領袖應表現的態度。

烏克蘭是一個不必打，可以不打的戰爭，大可經由談判獲得妥善解決，但美國另有打算，另當別論。

俄國要的是烏國不加入「北約」，不壓迫烏國境內俄人；烏國要的是和平，不成為美國和俄國之間的人質，可爭取中立，避免左右為難；美國要的，應該是歐洲的安定和俄國的合作，以不犧牲烏克蘭的獨立和安全為代價。

但美國卻蓄意把烏克蘭推上戰場，自己不出兵，只以制裁俄國和支援烏國，並發動輿論戰，醜化俄國，如此只能犧牲烏克蘭，削弱俄國，分化歐洲，但也可能傷了美國自己。為了避免被美國經濟制裁，世界上已走上「去美元化」的途徑。對世界絕大多數的開發中國家而言，俄烏之戰是典型的歐洲戰爭，是另外一種形式的「白種人的負擔」，他們不想介入，今後的世界將走向多極結構，他們將有更多的選擇。

▌十二、美國由盛而衰的原因

後冷戰的十幾年，美國的國力空前強盛，世界沒有任何國家可以抗衡或挑戰，但它的外交政策卻一無所成，不僅白白浪費了美國「單極時刻」，而且使美國的霸權走向衰退。

探討美國由盛而衰的原因，大致有三點：

1. 美國本身得天獨厚的優越條件和成為世界強權的經歷，使美

國在對外關係上充滿了理想性和使命感。它以為美國本身成功的例子可以適用到其他國家，它認為民主和自由的價值是普世的，是人類共同追求的。美國人的樂觀主義，相信人有無限的可能性。美國人認為任何問題都有解決的辦法，除非是方法不對和努力不夠。另一方面，美國人的自大和傲慢也是超出想像的。卡普蘭（Robert Kaplan）一直認為美國在外交上過於強調其道德性是錯誤的，他也指出民主國家的外交政策並不必然比非民主國家高明或開明。

2. 霸權思想，迷信武力。美國人可說是世界上最好戰的國家，美國人自認「誕生於戰爭（獨立戰爭），成長於戰爭（南北戰爭），壯大於戰爭（兩次世界大戰）」。美國自 1776 年建國後，對內戰爭 291 次（對印地安人種族滅絕），對外戰爭 280 次。自 1945 年第二次世界大戰結束後，迄今全世界的大小戰爭，美國幾乎無役不與。

    美國作戰從不是為了保衛國土，因為美國相對安全。美國在海外作戰只有兩個理由：一是要保持美國霸權的地位，不允許其他國家的挑戰；二是要推銷美國的價值。美國是世界上唯一把民主作為外交政策目標的國家。

    美國好戰的另一理由是美國絕對優勢的軍事力量，美國從 19世紀末期成為帝國主義後（1898 年美西戰爭）在軍事力量上始終保持世界領先的地位。兩次世界大戰，美國均以後來參戰，決定了戰爭的勝利。第二次世界大戰後的國際社會秩序，可說是美國一手打造的，美國依然依靠它強大的軍事力量來支持這一秩序。美國在 1960 年代有 48 個盟國，在 64個國家有駐軍，海外軍事基地有 800 多個。這個情況大體上迄今並無改變。

美國的科技和軍力使美國享有可以隨時干預其他國家，而本
身卻不受干預的自由，結果戰爭造成不是美國和其他國家力
量大小的問題，而是對戰爭感受不同的問題。以中東地區為
例，許多中東人民生活在烽火連天、恐懼和不安之中，但美
國人民並不感覺戰爭的存在，享受平靜和安逸的生活。（一
位戰鬥機飛行員白天可到中東發射飛彈，造成當地人民的重
大傷亡，但他還可以飛回美國和家人共進晚餐）

但美國這種窮兵黷武，不尊重其他國家，不珍惜弱小國家人
民生命的作法，也必然造成仇恨和反感。在沒有實力和美國
作戰的情況下，只能以不對稱的方式來報復，這是 2001 年
「九一一事件」的原因。19 名中東敢死隊挾持四架美國民航
機，炸毀了美國的世貿大樓，炸傷了一部分國防部的五角大
廈。這是自 1812 年美英戰爭之後，美國本土第一次遭受外
力攻擊。

「九一一事件」震驚了美國和全世界，美國宣布向恐怖主義
宣戰，號召全世界國家加入，宣稱「不是朋友，便是敵
人」，並開始在中東阿富汗、伊拉克進行了長達二十年的戰
爭。但美國錯誤的是：恐怖主義分子不是國家，而是個人；
而且恐怖主義的行動只能防止，無法消滅。美國為了它的理
念，可以去侵略他國，其他國家的人民也可以為了他們的理
念，可以去傷害美國，這其中有因果關係的。美國如果不能
停止以武力去傷害其他國家人民，只能累積其他國家人民對
美國的仇恨，如此冤冤相報，將無了時。

在美國參加兩次世界大戰的過程中，美國的動員能力十分驚
人，美國發展出一套「軍工組合」（military-industrial
complex）。把美國的軍事力量和科技工業充分結合，再加上

美國外交和軍事專業人士的參與和支持，在美國形成了一個強大的利益集團。這個集團為了維護其既得利益，成為支持戰爭的主要力量，否則豈不是英雄無用武之地，也難怪柯林頓總統的國務卿（曾任駐聯合國大使），奧布萊特女士（Madeleine Albright）曾說，「美國擁有這麼大的軍力，為什麼不用它？」

軍人出身的艾森豪（Dwight Eisenhower）在卸任總統時曾提出警告，「且勿讓美國的軍工組合主導美國的外交。」因為他深知這一結構的侵略性和破壞性。

所以冷戰結束了，美國會非常不習慣，因為在冷戰時代，美國有明顯的敵人，有一種號召和使命，美國的軍工組合和外交菁英有固定的職業，如今突然什麼都沒有了，他們將何去何從？所以他們的生存之道，便是再去製造一個新的敵人，美國的「反恐」和今日對中國的敵視，便是這一「結構」的產物。

3. 美國外交菁英的誤導。

美國人民一向不重視外交政策，本質上美國是一個內向而保守的民族，美國人民安居樂業，只重視地方事務和體育娛樂活動。作戰是軍人的事，外交是外交官的事。一般而言，美國人民對外在的世界和國際關係非常的不了解，甚至可以用「無知」來形容。在需要團結對外的時候，美國人民會樂於支持政府，但一旦任務結束，他們就希望會恢復正常，過正常的生活。美國人民缺乏耐心，打仗最好是速戰速決，一旦時間過久和美軍傷亡增加，美國人民便會反對在外的戰爭，越戰和伊拉克戰爭的例子便足以證明。

所以美國的外交政策一向是由少數外交菁英主導和掌控，他

們包括三類人士，一是美國政府中的外交、國防官員，二是學術界的專業人士和智庫，三是大企業的關鍵人士，如「軍工組合」的重大科技工業公司。這三類人士，彼此交流，聲氣相通，一旦需要推動新的戰略便全力以赴。

在第二次世界大戰結束時，民主黨長期執政（小羅斯福總統和杜魯門總統共擔任了二十年的總統）。1945-1951 年，冷戰開始的年代，杜魯門政府的艾其遜（Dean Acheson）、馬歇爾（George Marshall）、哈里曼（William Harriman）和肯楠（George Kennan）等外交和軍事菁英為美國打造了一個新的時代，艾其遜的自傳書名是《躬親創建》（Present at the Creation），這段歷史鼓舞了後來執政團隊，莫不以創造歷史為畢生的光榮。

在冷戰後期和冷戰結束後，共和黨執政時間較長，從尼克森、福特、雷根、老布希到小布希，長達二十八年（中間民主黨的卡特和柯林頓十二年，加上歐巴馬，共二十年）。共和黨執政時期，培養了一批「戰狼」（wolf warrior）的外交和軍事團隊，他們自稱「戰神」（Vulcans）。主要人士為錢尼（Dick Cheney）、倫斯斐（Donald Rumsfeld）、伍佛維茨（Paul Wolfowitz）、鮑爾（Colin Powell）、賴斯（Condoleezza Rice）和阿米塔吉（Richard Armitage）。我認為真正最好戰的是前三人，稱他們為「戰狼」，恰如其分。

這些「戰狼」們對後冷戰時代，美國外交政策的基本觀點是：

(1) 美國在世界上已沒有對手，美國可以為所欲為。

(2) 對美國可能造成危害的國家，美國應採取制先攻擊。

(3) 聯合國和「北約」盟國對美國海外用兵幫助不大，可不

予理會。

(4) 為維持美國唯一霸權的地位，必須維持超強的軍事力量。

(5) 將不允許任何區域強權的出現，挑戰美國的地位和利益。

(6) 對不民主的國家進行「政權改造」，協助建立民主制度，美國不僅為利益而戰，也要為價值而戰。

他們的主張造成美國在後冷戰時期，一連串外交上的重大挫敗，如沒有證據攻打伊拉克、無限上綱的反恐戰爭，以及勞而無功的以阿和平進程，針對北韓和伊朗發展核武束手無策。最嚴重的是為了在中東推動民主，深陷中東泥淖二十年，加上在大國政治上激怒了俄國，敵視中國，美國的霸權已搖搖欲墜。

事實證明，美國高估了自己的能力，反恐戰爭和協助其他國家民主化非美國能力所及；美國低估了非西方國家的民族主義和宗教信仰，他們不會接受美國的價值。美國外交政策上追求的目標往往是不可能和不必要。美國和世界上多數國家的利益是背道而馳的。美國不僅是漢廷頓（Samuel Huntington）在 1999 年所預言的是個「孤獨的巨人」，也是近幾年一些非美國學者，如英國歷史學者佛格森（Niall Ferguson）、印度學者扎卡里亞（Fareed Zakaria）和新加坡學者馬可碩（Kishore Mahbubani）等所指出的美國霸權業已空洞化，甚至已提前結束。

美國的外交菁英使美國的「單極時刻」（Unipolar Moment）只維持了不到二十年，白白浪費了「大美和平」（Pax Americana）的機

會，孰令致之？!

有兩句話形容美國非常恰當：

美國在進行意志和萬有引力的搏鬥，必敗無疑。

美國的失敗不是做了什麼和沒做什麼，而是不知道對方是什麼！

十三、拜登的外交政策主張

拜登在外交政策上的主張可濃縮為下列五點：

1. 「維持美國霸權與發展經濟同時並進。」

   問題是這兩者能如何兼顧，美國霸權的沒落就是因為美國經濟的衰退，為了維持霸權又拖垮了美國的經濟，這兩者之間必須有一優先順序，否則將一事無成。

2. 「與中國打持久戰，認為中國是唯一具有綜合國力，挑戰美國的競爭對手。」

   美國以西方傳統的觀念——國強必霸和冷戰思維——設定敵人來看待中國。問題是中國不走霸權路線，也無意挑戰美國的地位。美國這種自我設定的戰略將導致自我失敗。何況中國最不怕打持久戰，這是中國人的強項。

3. 「爭取盟國合作，重建盟國關係。」

   事實上，冷戰後美國與盟國的關係已變質了，盟國對美國已不那麼重要了。從小布希政府的以「任務決定聯盟，而非聯盟決定任務」，就決定了美國新的聯盟政策：單邊主義。美國歐洲的盟國必然心知肚明，在川普時代，美國對盟國的冷淡，令盟國更加心寒。川普最常講「歐盟更壞，只是比中國小了點」。美國與歐洲盟國早已離心離德，雖然拜登想挽回

這一形勢，但他的民意基礎太弱，加上美國政黨惡鬥，川普揚言 2024 年將捲土重來。歐洲盟國必然採「避險」（hedge）策略，拜登很難有所作為。

4. 「以規則為基礎的國際秩序。」

問題是什麼規則？是國際法嗎？是聯合國憲章嗎？如果有現成的規則不用，卻要接受一個沒有意義的規則，這不是很奇怪嗎？美國故意不講清楚，因為它講的規則就是美國的利益。事實上，美國是破壞國際規則最嚴重的國家，它不接受聯合國通過的國際公約，它可以對全世界接近一半的人民進行經濟制裁，均是根據美國的國內法。它扭曲條約和雙邊的協議，如在「一個中國」政策上，它以國內法「台灣關係法」為主，而非與中國的建交公報。美國為了自己的利益可以踐踏法律，這是一個法治國家所應為的嗎？

5. 「推動美國就業計劃，挽救美國製造業空洞化的危機。」

以美國當前政黨對立之嚴重，民主黨在國會的脆弱多數，以及拜登個人的聲望低落，通過任何重大興革法案均不樂觀。何況，美國製造業空洞化是美國利用金融業，賺取暴利形成的，不是短期內可以扭轉的。

拜登在結論中說「要在競合過程中，將美國的優勢極大化」，這是拜登口氣的「極大化」。美國學者米德（Walter R. Mead）說，拜登的「美國回來了」（America is back）是「撞到了南牆」（against the wall）。

第三章
★ ★ ★

為何美國外交
政策一直失敗

▮ 一、錯誤的選擇──自由霸權

冷戰結束後，美國外交政策一直失敗的原因是美國選擇「自由主義霸權」（liberal hegemony），而不採取較節制的整體策略，因為他們相信散播自由價值對於美國的安全極為重要，且不難做到。他們誇大國際危險，吹捧自由主義霸權可以帶來的好處，並隱瞞真實的成本。

在冷戰之後的數年間，美國外交政策充滿了顯而易見的失敗，毫無重大成就。美國不斷重蹈覆轍深層的原因在於下列三種因素的結合：

1. 美國全球壓倒性的霸權地位。
2. 錯誤思想造成大戰略的失敗。
3. 功能愈來愈失調的外交政策菁英集團。

結果造成：

1. 野心過大的「霸權」，不尊重其他國家的文明和價值。
2. 沒有擴大自由理念及區域的和平，只有霸權，沒有自由，也沒有和平。
3. 給外交政策菁英充分發揮其野心的機會，沒有節制。

1991 年蘇聯解體後，世界已經改變了，但美國並未認真評估美國的整體戰略。美國沒有專注在保衛疆土、促進國家繁榮和人民幸福，而是尋求把其他國家重新塑造成美國的樣貌，並將它們納入美國設計的規則和制度中。結果是，美國削弱了自己的地位，製造了更多

的區域衝突,並在許多國家留下動亂。

美國的「單極時刻」是出奇的短暫,且出現了一個敗壞的戰略環境:

1. 美俄關係的惡化,「北約東擴」的不當。
2. 促成俄國與中國的合作。
3. 中國崛起,美國亞洲再平衡的失敗。
4. 美國指稱的「流氓國家」日益強大,如伊朗、北韓、敘利亞。
5. 2003 年攻打伊拉克,引起全世界的公憤。
6. 陷入中東泥淖,花了 20 年的時間,耗費 6-7 兆美元,一事無成。
7. 反恐戰爭的勞而無功,且激發了伊斯蘭人民對美國的仇恨。
8. 2008 金融危機暴露美國的財政危機和美國制度上的腐敗。

美國重要人士對美國表現的評價(2016 年):

1. 參謀首長聯席會議主席穆倫上將(Mike Mullen)對美國的「政權轉移」,直言美國拿了 0 分。
2. 「外交關係協會」理事長哈阿斯(Richard Haass)說,「問題不在世界是否持續分裂,而是在於速度多快和範圍多廣。」
3. 季辛吉(Henry Kissinger)說,「美國從未面對此比今日更分歧和複雜的危機。」

★　　★　　★

　　到了 2016 年，自由主義不論在美國或海外都在倒退，光是烏克蘭一個國家，美國就投資了超過 50 億美元，企圖轉化它成為民主國家，但美國真正的目的是要阻止烏克蘭倒向俄國，結果造成烏克蘭更加腐敗。

　　美國投入在民主和人權上的努力已經產生了反效果。2012 年英國《經濟學人》智庫發表的民主指數，指出在 2006-2008 年間，民主進程出現停滯。2008-2010 年間，全球的民主發展都呈現衰退，美國由「完全民主」降至「有缺陷的民主」。

　　在美國全球化的受益者大多是富人和知識分子。2014 年政治經濟學者科什納（Jonathan Kirshner）指出，「世界的人們對美國模式和美國的全球經濟治理已不再抱持幻想。」

　　美國對外政策失敗的例子：

1. 在以巴問題上，毫無實質進展。
2. 阻止核武擴散上，失敗多於成功。
3. 反恐戰爭促成伊斯蘭國（ISIS）的崛起。
4. 2003 年攻打伊拉克大為傷害美國形象。
5. 2011 年推翻利比亞的格達費（Muammar Gaddafi），代表了美國不可信賴（2003 年格達費接受美國要求同意放棄核武，交換美國的支持，但美國卻言而無信）。

　　沒有一個像美國這樣富裕、強大且充滿活力的國家在外交上卻遭受了這麼多的失敗。

■ 二、為什麼自由霸權失敗了

　　這個策略的失敗是因為它建立在美國對國際政治實際運作的錯誤認知上，美國高估了自己重塑其國家的能力，又低估了弱小國家抵抗美國的能力。在 2000 年時，美國稱其獨特的地位得以重塑國際體系，以促進未來幾十年甚至幾代人的國際和平與繁榮。

　　自由霸權的核心信仰是：

1. 美國必須比其他任何國家維持更強大的力量。
2. 美國應利用其優勢地位，去傳播世界各地的自由價值。
3. 美國獨特的角色是「例外主義」和「不可或缺的國家」。
4. 一個縮小的世界，這個縮小的世界加上高科技，使美國能夠更輕易的使用其權力，而不必擔心反抗或報復。
5. 普世主義的誘惑：自由霸權迎合了美國人對自我利益的重視，成為美國政治中的 DNA。

　　自由主義霸權的實踐：

1. 維持美國的優勢地位：強大無比的軍力。
2. 擴張美國的勢力：「北約」東擴、重返亞洲、中東戰爭。
3. 促進民主和人權：支持顏色革命，推翻獨裁政權。

　　美國自由霸權的弱點：

1. 脆弱的基礎：
   (1) 對國際政治的錯誤認知。
   (2) 和平民主理論所承諾的多過它可以給予的。
   (3) 經濟全球化不會消除敵對、猜忌和戰爭。
   (4) 高估了國際組織維持和平的功能。

2. 平衡、推卸責任以及後座力：
   (1) 權力不平衡造成國家之間關係的緊張。
   (2) 美國過多的海外干涉行動，造成弱小國家的不滿。
   (3) 美國的盟友並不完全支持美國的單邊主義。
   (4) 並非其他國家樂於接受美國「善意」的領導。
3. 誇大力量的效果：
   (1) 美國領導人往往誇大美國的力量，尤其是軍力。
   (2) 軍隊可以打仗，但不能打造一個安定的社會。
   (3) 美國軍事干預的成本和預期效果不成比例。
4. 外交僵化：
   (1) 過度迷信軍力，外交不受重視。
   (2) 把世界的善惡一分為二，妖魔化美國人的敵人。
   (3) 高壓和不妥協的作法，無助於真正解決問題。

美國的成就蒙蔽了民主、共和兩黨的菁英，使他們相信自由主義民主是經濟成長和政治安定的神奇方程式。事實上，一些非自由民主國家的發展過程並非如此，如俄國、中國和若干其他國家。

美國希望經過政權轉移可以產生民主政府往往是失敗的。相反的，還會產生更大的反對力量，如中東的伊斯蘭國（ISIS）。

距離的影響：世界正在縮小，但反而引誘美國更有意願去進行海外干預，但付出的代價卻愈來愈大，不但無助於解決問題，反而造成海外和國內的反感。

忽略自己內部的問題：美國人民並非大部分對自由主義霸權那麼有興趣，美國在海外的干預行動太多，造成美國國債高升，使國內的基礎建設投資缺口將近 4 兆美元（2017 年世界銀行報告）。

美國不是完全沒有在外交上成功的例子，但通常是揚棄自由主義霸權，而採取更務實和彈性的作法，如 2015 年與伊朗達成的核武協議，2003 年說服利比亞放棄核武計劃（但美國在 2011 年言而無信，推翻格達費 Muammar Gaddafi 政權）。

★　　★　　★

川普當選證明自由霸權主義的最大危機，一旦美國表示不願再承擔維持國際秩序的責任，這個秩序就會急速崩解。美國之所以堅持擁抱自由主義霸權，是由於美國人極度的驕傲自大，固執到近乎瘋狂。

美國所享有的「自由安全」是世界上少有的，因為美國可以不受懲罰地干預全世界的事情，也不必擔心對國內造成的短期後果。自從第二次世界大戰結束之後，美國已經奢侈地享有得以干預任何它所選擇的對象，並且還可以在事情變得無法控制的情況下，有選擇退出的能力，只是留下當地的人民去面對自己的命運。

令人困惑的悖論：美國的優勢地位使追求自由主義霸權變得可行，但也使這一戰略愈來愈無效果。

■ 三、美國外交菁英集團的野心

在 2016 年總統大選時，川普毫不留情的批評過去負責美國外交政策的人。川普的批評並非全無道理，因為大多數令美國外交政策苦惱的問題，都是來自執政團隊有意識的選擇，而不是無法預期的命運。

　　奧特利（Thomas Oatley），杜蘭（Tulane）大學教授、國際關係主席說，「美國本土未曾遭受他國入侵而引發戰爭，相反的，美國卻可以選擇在任何地點、任何時間投入戰爭……美國大可以選擇不要使用武力，不要將美國的主權和領土完整置於險境。」

　　歷史學家梅氏（Ernest May）曾說，「只有一小群美國領導者和政治菁英對外交有高度興趣。」美國外交政策團隊是在兩次世界大戰期間迅速成長，主要是因應美國參與國際事務的程度日增。美國建國初期，甚至整個 19 世紀，外交菁英主要是新英格蘭人士（也可稱為「東部建制派」（Eastern Establishment ）。

　　關心外交的團體也愈來愈多，如卡內基國際和平基金會、福特基金會、洛克菲勒基金會、外交關係協會、外交政策協會。由於外交政策的制定需要更專業化的知識，外交團隊結構逐漸由職業菁英階級取代。美國有超過 3,000 個公共政策的智庫，其中 1/4 在華盛頓。

　　美國總統專屬的外交政策幕僚（隸屬於國家安全會議）從 1961 年不到 20 人，成長到小布希時代的 200 人，到了歐巴馬時期已擴充到 400 人。

　　美國政府在海外愈忙碌，就會創造出愈多的外交政策專家，自由主義霸權的追求為這些人士提供「完全就業」的機會。

　　對外交政策有影響力的智庫如「外交關係協會」（Council on Foreign Relations），其機關刊物《外交事務》（Foreign Affairs），代表的是美國主流的國際主義派。其他如布魯金斯研究所、卡內基國際和平基金會、美國企業研究所、傳統基金會、大西洋理事會及新美國基金會，均是支持自由主義霸權者。

　　在媒體中，最具影響力的如《紐約時報》、《華爾街日報》、

《華盛頓郵報》也都是一面倒的支持自由霸權主義。在外交政策專欄作家中，《紐約時報》的佛里德曼（Thomas Friedman）、布魯克斯（David Brooks）、史蒂芬斯（Bret Stephens）、寇恩（Roger Cohen）、紀思道（Nicholas Kristof）均是美國的自由霸權主義的熱心支持者。

在進入 21 世紀後，美國外交政策菁英曾推出三次巨大的計劃：

1. 「普林斯頓國家安全計劃：打造一個法治的自由世界」（2006）

   (1) 世界愈來愈危險，美國愈來愈孤單，面對更多的危險。

   (2) 美國外交政策的終極目標不是保護美國人民的福祉，而是確保世界上每一位公民都生活在一個穩定的自由民主體系中。

   (3) 改革聯合國、振興「北約」、改革主要的國際金融和貿易機構，維持預防性軍事行動。

   (4) 面對崛起的中國，要說服中國接受在現行國際秩序下達成其「正當」的野心報復(「正當」與否由美國決定)。

2. 「為了一個團結且強大的美國」（2013）

   (1) 美國是一個獨特的國家，具有獨特的領導能力，為了保護國家利益和價值，必須要起而領導。

   (2) 要保存一己之力在世界任何地方一處執行成功任務的能力。

   (3) 理由是美國必要的利益無所不在。

3. 「擴張美國力量：在一個競爭世界秩序中擴張美國承諾的意義」（2016）

   (1) 成立「新美國安全中心」。

   (2) 為了維持美國的領導地位，美國要大幅增加國防支出，並在歐洲、中東和亞洲擴大軍事行動。

   (3) 美國不斷努力去牽制中國，更盡力減緩其崛起速度。

這三份報告的內容了無新意，只是反映了美國外交政策菁英的共同的心理狀態——維持美國的領導和強大，但他們似乎對世界的變化和真實的狀態，十分麻木。

美國的民意和外交政策菁英的看法是有距離的。從 2000 年以後，愈來愈多的美國民意已不支持美國扮演世界警察的角色，並認為美國應優先處理自己國內的問題。

★　　★　　★

鑒於美國幸運的地理位置和安全的地位，要長期說服美國人民接受全球自由主義霸權不是件容易的事，外交政策菁英必須不斷「教育」美國人民來支持他們的主張。

他們經常使用的手段是：

1. 擴大外在的威脅。

2. 誇大自由主義霸權對美國的利益。

3. 隱藏美國所付出的實際成本。

   例如：

   (1) 2003 年在攻打伊拉克之前，對伊拉克擁有「大量毀滅性

武器」的不實報導。

(2) 鼓吹愛國主義，重視軍人地位，支助民間辦理愛國活動。

(3) 透過媒體，大幅報導有關的政治危機和軍事衝突。如當前的俄國入侵烏克蘭戰爭，一面倒地指責俄國，卻把美國的責任推得一乾二淨。

例如：

(1) 對蘇聯冷戰戰略的設計（1947-1950 年），誇大蘇聯的威脅（「比事實還要真實」）。

(2) 冷戰時期，成立「當前危險委員會」。

(3) 飛彈差距（1960 年代），指稱美國在高端科技上，已落後蘇聯。

(4) 越戰時期，如不能在越南阻止共產主義，東南亞國家將無一倖免（骨牌理論）。

(5) 台灣的重要，如被中國占領，美國將被迫退出西太平洋。

(6) 中國在《百年馬拉松》中，已超越美國 10 年，中國欺騙了美國 40 年。中國在經濟上趕上美國後，其 GDP 將是美國的二倍。中國壯大後，將對外侵略。

(7) 誇大對手的能力，伊拉克、伊朗、北韓（流氓國家、邪惡軸心）。

(8) 指稱美國盟友既脆弱又不可靠（全球國防預算最多的前 10 名國家中，有 6 個是美國的盟友）。認為盟國在搭美國的「便車」（free-riding），是美國的負擔，而非資產。

(9) 整個軍工業組合的強大遊說能力和龐大的財力支持。

例如：

(1) 美國的安全是全球性的。

(2) 防止核擴散。

(3) 反恐行動。

(4) 強化美國的繁榮。

(5) 推廣美國價值。

例如：

(1) 聲稱對外軍事行動很快結束，花費不多。

(2) 在中東，還有石油收益可支付戰費。

(3) 要求盟國分擔軍事經費。

(4) 中東戰爭近 20 年，花費 6-7 兆美元，但美國政府一直隱瞞。

(5) 減少美軍傷亡人數，全志願服役，過度依賴空中轟炸和飛彈攻擊。

(6) 不在意其他國家軍民的死傷（濫炸、高殺傷性武器）。

(7) 不承認美國的暴行（屠殺平民、虐待俘虜、刑求逼供）。

(8) 不承認美國對其他國家的欺騙行為（可參考「維基解密」和「史諾登事件」）。

四、美國外交菁英集團的特性──無人當責（No Accountability）

　　川普在 2016 年競選時，指責外交政策精英：「不過是一群失敗的華府菁英，試圖維持自己的權力，現在是讓他們為自己行為負責的

時候了。」他這句話對極了，也只有他敢講出這樣直白的話。

　　沒有一個企業連續幾年未達成業績，也沒有任何一支美國職棒球隊連續幾年都被淘汰，而還能維持原有的經理。只有美國外交政策菁英，不論有多麼失敗的政策，不論做出多麼愚蠢的判斷，他們的政策依然不變，他們本身總是愈挫愈勇，而且權力和影響力還愈來愈大。

　　舉例，當年美國介入越戰的理論是「骨牌理論」（domino theory），聲稱，如果美國不能在越南阻止共產主義，共產主義的力量就會席捲整個東南亞。最後，越南淪陷了，並沒有發生美國外交菁英預測的情況。

　　再例如，美國十分相信在推翻腐敗和不民主的政權後，美國可以在當地恢復秩序，並建立一個民主自由的國家。如今美國已花費了近20年的時間以及數兆美元的軍費，但在中東從阿富汗、伊拉克、利比亞、葉門以及敘利亞從未成功實現美國的目標。

　　為什麼記取教訓是如此困難呢？

　　外交政策菁英為自己的辯護：

1. 美國的強大可以容忍一些錯誤。
2. 為追求民主和自由，美國不能放棄自己的理想。
3. 維護美國政府和官員的名譽，至為重要。

　　例如：

1. 「九一一事件」，任何人不必為此事負責，至多是制度上的缺失，如 FBI 和 CIA。
2. 「虐囚事件」，只是少數人未經授權的行為。
3. 歐巴馬總統反對這些不人道的事件，但他只能說，「我們必

須向前看，而非向後看。」

在美國擁有「第二次機會」和「向上失敗」的世界紀錄保持者是美國的「新保守主義」。

「新保守主義」起源 1990 年代，由強硬的外交政策菁英組成，他們認為美國已強大到可以「為所欲為」。他們堅持入侵伊拉克，並相信可將中東地區改變為親美的民主政權。

在美國漫長調處以巴衝突的過程中，是從來沒有人可以「當責」（accountable）的，其中最主要的原因是美國對以色列的偏袒，它只是以色列的律師，從來不是公正的調停者。

對美國在 2000 年以後遭遇的若干重大事故（九一一事件、2003 年攻打伊拉克、俄國於 2014 年攻占克里米亞、烏克蘭政變……），美國的情報單位，均未能及時反應。相反的，2013 年史諾登（Edward Snowden）事件，卻重創美國的形象，揭發美國長期電子監聽各國政要，但迄今沒有人為此事負起責任。

美國情治界對保護自己人幾乎無人所及，國家情報總監可以在國會說謊。對美國以無人機殺害外國政要和平民，只承認美國科技的優異能力。參院擬調查美軍非法刑求事件時，中情局已銷毀了 92 份錄影帶。

美國的情報界享受不受外界干擾的特權，主持這些機構的高階官員的責任是保護組織，而非追究責任。

★　　★　　★

在美國軍人地位崇高，形成一個非常特殊的團體，軍官們被要求「當責」的少之又少，對重大違紀事件多予以從輕處理。

美軍在中東 20 年的征戰，歷任指揮官都曾宣稱已「扭轉」戰局，但總是曇花一現，不久又回到原地。勞而無功的將領在回國後都有很好的安排。

川普總統反對美國在中東「無休止的戰爭」（endless war），曾問美軍方將領，為何第二次大戰結束了 70 多年，美軍還留在德國和日本？將領們回答說，因為有助美國的安全。川普又問到，為何冷戰結束了近 30 年了，「北約」還繼續存在？將領們說為了保護歐洲。川普又問，為何在阿富汗打了近 20 年仗，始終未能取勝？將領們說，美軍在阿富汗對防止恐怖主義有用，同時阿富汗政府的軍隊非常勇敢，值得美國支持。川普對他們的說法均無法接受，他反問將領們，難道要打 100 年嗎？他決定自阿富汗撤軍，並向德國、日本、「北約」要求「保護費」。

軍方另一個問題是「性騷擾」現象普遍，國防部的公開報告，估計一年約有 19,000 個案件。問題這只是「公開」的部分，鑒於美軍「隱惡揚善」的傳統，實際的數字只會更多。

★　　★　　★

美國媒體站在制高點上，卻在某些關鍵外交政策上犯了重大錯誤，而且也未能自我課責。

近年媒體所犯下最大的錯誤是 2003 年小布希政府攻打伊拉克，主流媒體，如《紐約時報》、《華盛頓郵報》均完全依賴政府提供的

虛構資料，而且知名的媒體評論家也搭便車，一味吹捧小布希政府的作法。唯一的例外是《紐約時報》的記者米勒（Judith Miller）表達了不同的看法，但在 2005 年被迫離職。

挑戰美國主流《民意》是危險的，但美國仍有一些勇者和先知挑戰美國的外交政策菁英集團。舉三個例子：

1. 2002 年 9 月，33 位國際安全學者自費買下《紐約時報》半版，宣稱「與伊拉克打仗並不符合美國的國家利益」。從此 16 年來，這些連署的學者沒有任何一位被邀請擔任公職，也不被建制派的智庫歡迎。

2. 勒維瑞特夫婦（Flynt and Hillary Mann Leverett）都在外交政策體系擔任要職，他們在 2013 年出版了一本書，《前進德黑蘭：為何美國必須接受伊斯蘭共和國》（Going to Tehran: Why America Must Accept the Islamic Republic of Iran），建議美國放棄政權轉移的目標，持續努力與伊朗接觸。儘管書中對伊朗的政治發展有正確的判斷，但從此他們卻成為外交圈的邊緣人。

3. 馬修霍赫（Matthew Hoh）曾任海軍上尉和國務院官員，他在 2009 年辭去阿富汗事務的資深官員，他聲稱，「對於美國在阿富汗的戰略意義，我已經失去了理解與信心，……我的辭職決定不是基於我們如何進行這場戰爭，而是基於我們為什麼要打這場戰爭，以及要打到什麼程度才肯罷休。」

★　　★　　★

1. 現行體制並不鼓勵系統性學習，也不要求人負責。

2. 「當責」的最大阻力是外交政策菁英體系的本身利益，「當責」會影響到友誼。

3. 曾任財政部長、世銀總裁、哈佛大學校長的經濟學者薩默斯（Lawrence Summers）曾對新任參議員華倫（Elizabeth Warren）說過下面一段話，「我曾有過機會，我可以作為圈內人，或者我也可以作為圈外人。圈外人可以說出任何他想說的話，但圈內人不會聽他的話。相反地，圈內人有很多管道與機會去推動他們的點子，有權勢的人會聽他們的話。然而，圈內人有一項不可打破的金科玉律：他們不批評其他圈內的人。」

■ 五、介紹美國外交菁英集團——美國「戰狼」（Vulcans）

美國在冷戰結束後出現了一批極端好戰、自信和自大的「外交團隊」，他們從尼克森時代、福特政府（短暫的）、雷根時代、老布希政府（一屆）和小布希政府，總共約 35 年，在美國外交上成為最強硬、最團結和最有爭議的人物。2003 年，美國在沒有任何證據之下，出兵攻打伊拉克，使美國陷於中東泥淖近 20 年的危機和險境，便是他們的傑作。

這一個團隊的領導人是錢尼（Richard Cheney）、倫斯斐（Donald Rumsfeld）和伍佛維茨（Paul Wolfowitz）。和他們關係密切，但想法未必完全一致還包括鮑爾（Colin Powell）、賴斯（Condoleezza Rice）和阿米塔吉（Richard Armitage）。因為在共和黨執政時，他們都擔任要職，外界把他們視為一個「集團」，是設計

和執行後冷戰時代，美國外交政策的核心人物。

在小布希（George W. Bush）時代（2002-2010 年）這六位人士分別擔任副總統（Cheney），國務卿（Powell）、國防部長（Rumsfeld）、國安顧問（Rice）、副國務卿（Armitage）和副國防部長（Wolfowitz），但他們之間的靈魂人物是伍佛維茨，是他的思想主導了美國後冷戰時代的戰略。

伍佛維茨的基本觀點是：

1. 在後冷戰時期，美國在世界上已沒有對手，美國可以為所欲為。
2. 對可能造成對美國危害的國家，如伊拉克、伊朗和北韓，美國應採取「制先攻擊」，先下手為強。
3. 聯合國和「北約」盟國對美國海外用兵，幫助不大，可不予理會。

同時，他並主張：

1. 維持美國世界第一，也是唯一的霸權地位，美國必須維持超強的軍事力量。
2. 美國將不允許任何區域強權的出現，挑戰美國的優勢地位和利益。
3. 對若干國家進行「政權改造」，協助建立民主國家，美國不僅為利益而戰，也要為「價值」而戰。

美國在冷戰時期，尼克森和季辛吉主張與蘇聯「和解」，緩和東西方的對立和緊張。伍佛維茨全力反對，他認為季辛吉的現實主義（realism）和權力平衡（balance of power）的戰略已經過時，他極端仇視和美國價值不同的國家。

　　在上述集團中，鮑爾（Colin Powell）是 1991 年海灣戰爭中的英雄，當年因伊拉克出兵侵略科威特（Kuwait），老布希總統迅速出兵將伊拉克軍隊擊敗後收兵，此一戰爭不僅經由聯合國的同意，並得到世界上大多數國家的支持。鮑爾鑒於美國越戰的經驗，主張以優勢兵力取勝，然後儘快退出戰場，被人稱之為「鮑爾主義」。對此，伍佛維茨也有不同看法，他認為美國應一鼓作氣，摧毀伊拉克政權，建立一個新的伊拉克政府，推動中東的民主。

　　伍佛維茨為波蘭猶太人，生於 1943 年，他在學術界師長眾多，包括 Allan Bloom、Albert Wohlstetter、Fred Ikle，在政界與 George Shultz、Dick Cheney 和 Donald Rumsfeld 交往密切，他聰明、勤奮、有創意，深獲長官賞識。

　　他在 Wohlstetter 指導下完成博士論文──《反對以色列發展模式》並任教耶魯（Yale）大學。1973 年進入國防部「武器管制和裁軍局」（the Arms Control and Disarmament Agency），一直待了二十年。

　　伍氏是十足的鷹派，他反對圍堵和嚇阻，主張採取軍事行動和制先攻擊。但對越戰，他認為美國過於浪費了美國的國力。這方面他受了他的老師 Wohlstetter 的影響很大。

　　「新保守主義」（neoconservative）的大將錢尼（Cheney）和倫斯斐（Rumsfeld），由於過去與福特（Gerald Ford）在國會同事的關係，在福特任內深受重用，分別擔任白宮正、副幕僚長（倫斯斐為正）。他們兩人合作無間、默契良好，可說無往不利。錢尼行政能力極強，倫斯斐深謀遠慮，這方面連他們的政敵季辛吉也不得不佩服。事實上，季辛吉也低估了共和黨內極右派的力量。越戰的失敗和水門

事件也給了極右派反擊的機會。在他們的壓力下，1975 年福特總統不得不拒絕接見蘇俄異議人士索忍尼辛（Aleksandr Solzhenitsyn）。

為了安撫共和黨右派，1975 年 10 月底，福特人事大調整，倫斯斐出任國防部長，季辛吉免兼國安顧問，專任國務卿。史考羅克勞夫特（Brent Scowcroft）出任國安顧問，老布希（George H. W. Bush）任中央情報局長，錢尼（Richard Cheney）出任白宮幕僚長。並告知副總統洛克斐勒（Nelson Rockefeller）將不在下屆大選時為副總統人選。媒體稱此次人事調整為「萬聖節大屠殺」（Halloween Massacre），最大的贏家為錢尼和倫斯斐，甚至共和黨內認為是出自倫斯斐的策劃。

在 1976 年，伍佛維茨仍在軍控局時，他邀請了兩位哈佛研究生和他一起工作，其中之一是福山（Francis Fukuyama）。伍佛維茨認為季辛吉的成名大作《A World Restored》有誤，成功的不是梅特涅（Metternich），而是俄國沙皇亞歷山大一世（Alexander I），因為梅特涅只是一個現實主義者，亞歷山大一世力圖對抗拿破崙，代表了道德和宗教的原則，才是真正的英雄。

當前的季辛吉便是使用同樣的手法，季辛吉是不講道德原則的。對伍佛維茨來說，道德原則比穩定或國家利益重要。福山回憶說，伍佛維茨指稱季辛吉根本不了解美國，美國是一個致力於追求普世原則的國家。

伍佛維茨認為追求政治自由的價值高於維持權力平衡，他很喜歡雷根「道德在外交政策」的政綱。幾年後在主張推翻伊拉克海珊政權時，有人說會破壞中東的權力平衡。他說，那又怎樣，重要的是道德的價值。在共和黨的外交政策的精英中，他公然站在季辛吉的對立

面，是理念上的敵人。

季辛吉的外交政策是現實主義的，在越戰之後，他認為美國已被削弱，應該與蘇聯進行裁軍談判與和解。他的一位親近幕僚羅德（Winston Lord）也說季辛吉認為美國全球主宰的時代已經過去了。他另一位助手史考羅克勞夫特（Brent Scowcroft）也說，季辛吉認為美國過於高估了美國的能力。季辛吉辯稱在越戰和水門事件之後，美國的民意不會支持與蘇聯的對抗。

但以倫斯斐為代表的美國「新保守主義」者並不接受季辛吉的悲觀看法，他們認為美國沒有衰退，沒有必要限制自己的能力或與蘇聯追求和解。

1977 年民主黨的卡特（Jimmy Carter）出任美國總統，伍佛維茨仍在國防部工作，因為他不是共和黨員。在民主黨內他還有不少好友，如參議員傑克森（Henry Jackson）和他的助手波爾（Richard Perle）。傑克森在民主黨內是出名的鷹派，伍佛維茨的新工作是負責區域計劃的副助理國防部長（相當於副司長），他研究的是在未來波斯灣的美國軍事政策，又稱之為「有限緊急狀況研究」（Limited Contingency Study）。

國防部長布朗（Harold Brown）希望伍佛維茨研究美國可能在第三世界的軍事行動。伍氏很快便鎖定在中東如何保護沙烏地阿拉伯國的石油問題，如果發生狀況，美國能及時馳援嗎？

他找了兩位助手，一位是佛萊契爾外交學院的年輕教授坎普（Geoffrey Kemp），另一位是加州大學的年輕蘇俄問題專家羅斯（Dennis Ross）。伍氏提出的問題是除了蘇聯有這種可能外，當地的國家也可能，例如伊拉克，所以他們建議美國應加強在中東的軍力布

署。在 1970 年前，中東尚不在美國的軍力布署之內，當時美國依賴的是伊朗對伊拉克的牽制。從 1972 年到 1978 年，美國對伊朗出售了 1200 億的武器，美國一心想扶植伊朗為中東強國，穩定中東的情勢。

1977 年，卡特曾下令國防部在波斯灣建立一支「快速布署力量」，但官僚體系的惰性一直未能實現，也反映出軍方人士不願在中東打仗。

美國波斯灣政策的失敗來自 1979 年 1 月 16 日伊朗的政變，親美的巴拉維（Mohammad Reza Pahlavi）國王被推翻，流亡海外的反對勢力領袖柯梅尼（Ayatollah Khomeini）執政。1979 年底，伊朗學生包圍美國大使館，並將 66 位美國館員作為人質，柯梅尼稱美國是最壞的撒旦（Satan），卡特政府曾在 1980 年 4 月進行救援行動，但告失敗。

伊朗的變局，加上蘇聯於 1979 年底入侵阿富汗，美國才開始出兵，並宣布「卡特主義」（Carter Doctrine），指稱任何企圖控制波斯灣的外在力量，將視為對美國重大利益的攻擊，美國將使用一切必要手段予以反擊，包括武力。

1980 年卡特因伊朗人質事件競選連任失敗，雷根當選，立即成立「中東指揮部」（CENTCOM）。伊朗的失敗，代表美國並未記取越南失敗的教訓，將責任交付給一個不受人民支持的政權，救援行動又準備不足。伊朗事件對美國的重大影響是使「新保守主義」者放棄支持民主黨，轉向支持共和黨。

雷根當選前，伍佛維茨辭職成為 Johns Hopkins SAIS 的訪問學人。倫斯斐（Donald Rumsfeld）在 G. D. Searle 公司（藥廠）工作，

整頓成功。

1979 年卡特的 SALT 參議院聽證會，倫斯斐出席反對，並建議增加 400 億國防經費，指美國情況比當年慕尼黑時代還危險。

雷根選擇老布希（George H.W. Bush）為副總統參選人，其國安顧問艾倫（Richard Allan）為其安排人事，伍佛維茨任命為國務院政策計劃室主任。他選擇一些新人參與工作：Francis Fukuyama、Alan Keyes、Zalmay Khalilzad、James Roche、Dennis Ross、Stephen Sestanovich。

1980 年雷根當選，「新保守主義」大展身手。他們基本的立場是：強烈支持以色列；反對出售沙國空中預警機（AWACS）；反對與巴解談判；反對美國聯中制俄，他們認為中國需要美國遠大於美國需要中國，美國不需要中國的協助；主張美國售台武器。伍佛維茨與雷根首任國務卿海格（Alexander Haig）不和。1982 年 6 月，舒茨（George Shultz）取代海格，伍佛維茨出任亞太助卿，首次擔任實務工作，舒茨和伍佛維茨重視日本，甚於中國。

在授勳一位士官時，雷根說，「他們沒有勝利回來，不是被打敗，而是他們被否定了贏的機會。」1982 年，軍費增加了 11%。在 1977-1986 年間，鮑爾（Colin Powell）在國防部擔任了五個不同的工作。

國防部長溫伯格（Caspar Weinberger）對海外用兵十分謹慎，主張除非對美國核心利益有損，美國不應該派兵到海外。

雷根主義：美國將大力支持對抗蘇聯支持的政權的武裝分子，如阿富汗、高棉、尼加拉瓜、安哥拉。在 1985 年國情咨文中，雷根說，「支持自由戰士是自衛。」在 1980-1988 年兩伊戰爭時，美國支

持伊朗，蘇聯支持伊拉克。

1983 年，倫斯斐（Donald Rumsfeld）的中東之行，曾與伊拉克海珊（Saddam Hussein）見面，他說如果三十年兩國都不能彼此了解，是個恥辱，海珊說他有同感。第二年1984 年，美國與伊拉克恢復邦交。

倫斯斐對中東既無興趣也無信心，他回來後曾對舒茨說，「中東不可能有長期的和平。」1984 年 5 月他辭去國防部長，重回 Searle 公司。

在 1980 年代中期，伍佛維茨、阿米塔吉（Richard Armitage）和西格（Gaston Sigur）為雷根政府亞洲政策的三駕馬車（troika）。他們三人合作在 1986 年迫使菲律賓總統馬可仕（Ferdinand Marcos）下台。美國關心的是菲律賓的軍事基地──克拉克（Clark）空軍基地和蘇比克（Subic）海軍基地。1983 年，菲律賓政府謀殺了反對派領袖阿奎諾（Benigno Aquino），造成政治危機。1985 年舒茨力勸雷根放棄馬可仕，菲律賓政情才告穩定。1986 年處理完馬可仕下台後，伍佛維茨被派任美駐印尼大使。

伍佛維茨說，對付共產主義最好的方法就是民主，但在中東，卻無一處成功（以色列是唯一例外，建國之時便是民主國家）。伍佛維茨對民主的支持，不僅是美國的敵人，也包括美國的盟友，他也預見中國將不是美國的戰略盟友。

1983 年 3 月 8 日，雷根在全國福音教會（National Association of Evangelicals）的演講中，指稱蘇聯為「邪惡帝國」（evil empire）。

賴斯（Condoleezza Rice）不是一位意識型態上的保守主義者，當她聽到雷根這句話時，她有些難為情，因為美國充其量只是一個不

完美的民主。但她在 1989-1990 年在東歐和蘇聯旅行時，她又說，儘管美國並不完美，但仍是民主的燈塔。

　　賴斯出生在阿拉巴馬州伯明罕，為家中唯一孩子。她在科羅拉多州丹佛大學主修音樂，19 歲大學畢業到聖母大學唸了碩士，然後回到丹佛大學取得博士，她研究的是捷克和蘇聯的關係。畢業後在史坦佛大學任教，並成為一位現實主義的學者。她的觀點比較接近季辛吉和史考克羅夫特。

　　1980 年在「美國外交關係協會」（Council on Foreign Relations）贊助下，賴斯在國防部服務一年。1980 年代福山見過賴斯之後，告訴他的同事，「有一天我們會和她在一起工作」。

　　1986 年末期，爆發「Iran-Contra」弊案。在 1985 年 6 月，國安顧問麥克法蘭（Robert McFarland）以提供選擇性的武器裝備給伊朗，建立親美反蘇的勢力。此案舒茨和溫伯格都反對，事後鮑爾也認為不可思議，但當時 CIA 支持。當年夏，雷根批准了經由以色列，向伊朗提供了 500 個美製反坦克飛彈（TOW），1986 年初又提供了 4,000 個。

　　1986 年 11 月，一個黎巴嫩（Lebanon）首都貝魯特（Beirut）刊物透露了此一消息，指出美國國安會的國安顧問彭戴克斯特（John Pondexter）和諾斯（Oliver North）二人負責此一交易，並把交易的經費支援尼加拉瓜（Nicaragua）反政府的 Contra 勢力。國會成立特別檢察官從事調查此事，歷時六年，結論是國防部長溫伯格謊作不知，被判處阻撓調查和偽證。1992 年 12 月 24 日，老布希總統在輸掉連任，離職之前，特赦了溫伯格。

　　1986 年 11 月，雷根解除了彭戴克斯特的職務，以卡魯奇

（Frank Carlucci）取代。雷根八年任內，更換了六位國安顧問。雖然 Iran-Contra 事件重創了雷根的聲望，但由於他與蘇聯談判的成功，在 1987 年底離職前，他的民意支持度高達 68%，為第二次大戰後，歷屆總統最高的紀錄。

1987 年底，一位耶魯大學教授甘迺迪（Paul Kennedy）寫了一本《大國的興衰》（The Rise and Fall of the Great Powers）。他警告美國的權力已接近衰退，主要原因是國家力量的過度伸張（overstretch）。

在雷根政府時期，美國的預算和貿易赤字達到前所未有之高，美元與日圓和法國馬克之比也創下幾十年來的最低點。1987 年 10 月 19 日，美國股市單日下跌了 508 點（或 22%），為 1929 年大恐慌以來所僅見。

甘迺迪的大作引起美國人民很大的興趣，一年之內竟賣出了 225,000 本。固然美國政府全力反駁這種「衰退論」，甘迺迪並沒有指責美國的外交政策，他只是提出美國是否可長期支持這種過於擴張的外交政策？以及與其他國家相比，美國的力量是增加或減少了？

但甘迺迪的論點也不盡正確，他忽略了美國在經濟上的長期利益，他也沒考慮到電子科技的革命性變革，至於政府赤字不是經濟問題而是政府的政策造成的。至於與其他國家力量的比較，在 2002 年時美國一年 4000 億的軍費是其後 25 個國家的總合。

對好戰分子倫斯斐、錢尼和伍佛維茨而言，他們從來不接受美國衰退的說法，他們永遠追求美國力量的極大化，決心要塑造一個美國沒有競爭對手的世界。

★　　★　　★

1988 年大選，老布希當選，他選任了史考克羅夫特（Brent Scowcroft）為國安顧問。貝克（James Baker III）為國務卿，蘇努努（John Sununu）為白宮幕僚長，國防部長由錢尼出任，並找回伍佛維茨為其副手，賴斯也被召回成為布希團隊的重要一員。鮑爾成為最年輕（52 歲）的聯參主席，也是第一位黑人主席。

1989 年 11 月柏林圍牆倒塌，東歐民主化革命擴散，這又給了美國這批戰狼一個機會，去重塑美國世界的角色，以及如何有效的使用美國的武力。

六、老布希（George H.W. Bush）政府時代（1989-1993）

老布希上任後，於 1989 年 12 月入侵巴拿馬，推翻諾雷加（Manuel Noriega）政權，並予以逮捕，以毒品走私罪，判刑四十年。

諾雷加曾為美國國防部和 CIA 工作長達二十多年，但 1980 年代中期參與毒品走私並謀殺其政敵。美曾派人勸他離職，但為他拒絕，其後美國法院將其起訴，他反而變本加厲，益加猖狂，不久因他槍殺美軍，老布希決定對他用武。

本來國防部反對這一行動，老布希更換了國防部長和聯參主席，分別由錢尼和鮑爾出任。美國以優勢兵力和高端武器速戰速決，打了一場穩贏的戰爭，深獲好評。

　　1990 年初，美國從以色列得到情報，伊拉克在購買核武科技，對以色列、沙烏地阿拉伯和科威特構成威脅。該年 8 月 2 日，伊拉克入侵科威特，3 天後，老布希決定出兵，方法仍是鮑爾主義：大舉進攻、速戰速決（Go in big and end quickly）。幾天之內就打敗了伊拉克軍隊並立即撤軍，有人主張揮軍打進伊拉克，但被鮑爾否決，伍佛維茨反對撤軍，但未成功，他很失望。

　　1991 年海灣之戰使老布希信心大增，他宣稱一個新的世界秩序，他表示：第一，美國扮演了一個世界卓越的領袖。第二，美國將在過去冷戰時代不願干預的地區使用武力。第三，美國在防止侵略和維持權力平衡，如有必要將使用武力。第四，美國將與同盟國家和新的夥伴蘇聯合作。老布希暗示他已建立了一個國際關係的長期新的架構。

　　海灣戰爭對三個人影響重大，分別是鮑爾、錢尼和伍佛維茨。錢尼被認為是總統候選人，鮑爾的能力備受肯定。伍佛維茨地位不如前兩人，但在海灣戰爭前，他分別追隨錢尼和副國務卿伊格伯格（Lawrence Eagleburger）到沙烏地阿拉伯和以色列去安排如何配合美國對伊拉克的戰爭，建立了他和錢尼的密切關係。

　　對錢尼和伍佛維茨來說，他們學到的教訓是牢牢掌控軍人。十年後，倫斯斐擔任國防部長時，聯參主席在記者會時只能站在他的後面。在 2002-2003 年時，小布希政府的高級文官幾乎人手一冊由柯恩（Eliot A. Cohen）所寫的《最高指揮》（Supreme Command），強調必須文人主政，甚至不必太尊重軍人。

★　　★　　★

　　1991 年秋天，**蘇聯解體**，突然間美國最大的威脅消失了，美國急需一個新時代的新戰略，這個責任落在伍佛維茨身上。在一次公開的場合，伍氏檢討美國的歷史，說過去美國從未做對的事，便是在戰爭後解除動員（demobilized）得太快。他說美國在第一次世界大戰後大刪軍事預算，給德國希特勒興起的機會。第二次世界大戰後，美國又重蹈錯誤，五年不到的時間，從世界上最強大的軍事力量，居然在韓國和一個四流的國家勉強對抗。過去復員太快是因為徵兵制，如今美國已改為志願役，軍人已成為一種職業，不會再大幅裁員了。

　　他說，保持美國軍力的強大是重要的，北韓在發展核武，中東的問題是石油，不是我們需要汽油，而是誰控制這些資源便會建立軍力。這種危險，可能在這十年之內出現，不是伊朗，便是伊拉克。

　　為了為美國後冷戰時代找到繼續維持強大軍力的理由，要為美國這個單一的超強控制這個世界，一定要保證不允許出現新的競爭者。由伍氏助手卡里札德（Zalmay Khalilzad）所寫的這份文件，在草稿階段便洩漏了，在尷尬之餘，政府下令重寫。

　　這份文件的大意是：

1. 世界秩序是由美國決定的。
2. 集體安全已不重要。
3. 聯合國可有可無。
4. 同盟，如「北約」，重要性降低。
5. 美國將減少長期、正式的同盟。代之以為應付危機而組成的合作夥伴。
6. 對美國潛在的威脅是「大規模破壞性武器」（WMD）的擴散。

7.　應對危機要採取進攻性軍事行動。

這份文件是把 1970 或 1980 年代的世代帶入後冷戰時代，基本的前提是美國不需要與任何國家和解或妥協，美國也無需與任何單一國家，如蘇聯或中國去打仗，美國只要確保沒有任何未來敵人需要去和解狀況的出現。

在後冷戰時期，美國應扮演什麼角色的討論進行了三年（1989-1992 年），美國國防部要去解釋為什麼還要維持如此強大的軍力？這一工作由錢尼、鮑爾和伍佛維茨去執行，他們必須要想出新的原則和邏輯，起草一個新的國防部戰略，不可避免的需要與年度軍事預算結合。如不能說明美國為何要維持其強大軍力，便不可能要求國會維持支持所需的經費。

國防部長錢尼特別抗拒任何改變，伍佛維茨以鷹派著名，但有時錢尼比他更強硬。對美國的敵國，如蘇聯和北韓，他不存在任何幻想，也不認為除了對抗之外，還有任何其他的選擇。

在蘇聯瓦解的過程中，美國國內對蘇聯的立場有些爭議，有人支持戈巴契夫（Mikhail Gorbachev），有人支持葉爾欽（Boris Yeltsin）。在這過程中，賴斯從中了解很多派系的立場和主張。

美國在冷戰時期，非常依賴海外的基地，其中最大的基地之一便是在菲律賓的克拉克空軍基地（Clark Air Force Base）和蘇比克灣海軍基地（Subic Bay Naval Station）。1990 年美國希望與菲律賓政府談判，繼續使用這些基地，因條件談不攏，一年之後談判失敗（被菲國會否決），在一年之內，美軍完全自菲律賓撤出。

這件事看起來是美國的失敗，但霸氣的國防部卻不在意。錢尼曾對菲國表示，美國的防務觀念已改變，不會太在意在海外的基地，他

說如談不成，美國就打包離開。

蘇聯解體，美國國內瀰漫「和平紅利」（peace dividend）之說，認為應刪減軍費，用在國內建設上。參議員甘迺迪（Edward Kennedy）提出從國防預算中拿出 2100 億用來在健保，教育和工作機會上。《紐約時報》也主張後冷戰時代的戰略應公開討論。

國防部主持的「1992 年防衛計劃指南」（1992 Defense Planning Guidance）由伍佛維茨負責，參與起草的為其主要助手利拜（I. Lewis Libby）和卡里札德（Zalmay Khalilzad）等。但內容外洩後引發爭議，不但民主黨的柯林頓（Bill Clinton）指稱是為了避免軍費被刪減的藉口，德國更指責這一草案是「災難性的藥方」（prescription for disaster）。美國保守派的學者克勞薩默（Charles Krauthammer）為國防部辯護說，「替代方案是什麼？是日本航空母艦在麻六甲海峽巡航，和核武的德國控制歐洲。」

利拜等人為草案辯護，說明主要的目的是維持美國單一的超強，防止日本和德國等國家和美國「平起平坐」。因為沒有敵人可以挑戰美國，美國以現有的武器和科技在一、二十年內可保持最強大國家的地位，甚至可以無需發展新武器。

他們強調重點是美國軍事上如此強大，沒有任何國家可以妄想成為美國的對手。美國應在軍力上強大到可以阻止任何國家有挑戰美國的想法，因為這個代價太大了。其他國家要想趕上美國至少要三十年。最後的版本還加上一句，要排除任何有敵意的國家成為區域強權。

他們避免使用美國將尋求優勢地位，只說美國要型塑未來安全環境。換言之，美國不會坐待威脅或對手出現，但為了美國的利益，美

國可單獨行動。伍佛維茨強調冷戰後世界的不確定性是難以想像的，對一份美國的防衛計劃會引起這麼多爭議，令他不解。

隨後八年民主黨柯林頓總統任內並未特別重視這一觀點，但柯林頓的國務卿奧布萊特（Madeleine Albright）經常說美國是一個「不可缺少的國家」（indispensable nation）。

★　　★　　★

1992 年大選，選情對老布希不利，主要是經濟因素。1990 年和 1991 年經濟都衰退，失業率高達 7.8%，大多數美國人民認為共和黨太重視外交而忽略國內問題。兩黨都想爭取鮑爾為副總統人選，但鮑爾拒絕民主黨的邀請，也拒絕出任民主黨的國務卿。老布希則不願更換其副總統奎爾（Dan Quayle）。

鮑爾不為共和黨保守派支持（因為鮑爾支持平權主義和槍枝管制），但鮑爾自己認為在外交上，共和黨比民主黨成功。老布希為挽救選情，宣布出售 150 架 F-16 戰機給台灣（約 60 億美元）、75 架 F-15 戰機給沙烏地阿拉伯（約 90 億美元），又出售 236 輛 MI 主力戰車給科威特（這些軍售均與選情有關，F-16 是德克薩斯，F-15 是密西根和加州，MI 坦克是密西根和俄亥俄），但未能挽救老布希的敗選。

柯林頓主打經濟牌奏效，他的名言是「重要的是經濟，笨蛋」（It's the economy. Stupid!）。另外的原因是冷戰結束了，美國人民認為支持民主黨比較更有安全感。老布希的政府只重視外交，尤其戰狼幫聲勢逼人，但這已不合乎美國選民的胃口。

　　柯林頓政府上任後面對的外交問題是南斯拉夫解體後的內戰，波希尼亞（Bosnia）對塞爾維亞（Serbia）穆斯林人的屠殺。美國有人主張空襲干預，但仍在參聯主席職位上的鮑爾反對，他仍堅持非不得已不能對海外用兵。柯林頓的駐聯合國大使奧布萊特（Madeleine Albright）問他，「美國有這麼強大的軍力，為什麼不去使用呢？」鮑爾回答說，「我想我得了動脈瘤。」（I thought I would have an aneurysm）

　　兩年後，柯林頓政府決定以空襲解決波希尼亞問題，那時鮑爾已經離職（從聯參主席退休）。1992 年聯合國又要求美國出兵非洲索馬利亞（Somalia）幫助解決聯合國運送食物問題，當時在鮑爾同意下，老布希批准了這項行動。

　　美國捲入索馬利亞問題多少受了電視報導該國兒童飢荒的影響，但在美國拒絕出兵波希尼亞後，對索馬利亞人道的干預似乎難以拒絕。在新舊政府交接之際，如美國再不行動，可能會受到民主黨主控的國會的非難。在這種情況下，鮑爾也不願為難柯林頓新政府，勉強同意出兵。他這個決定完全違反了他一再主張的「鮑爾主義」，但他已刻意迴避。有人稱他「擅離職守」（AWOL, absent without official leave），索馬利亞任務的失敗，他難辭其咎。在沒有充分準備的情況下，當美軍死亡 18 人後，柯林頓便宣布撤軍。

　　柯林頓政府就任後，共和黨的這批鷹派人士均離開政府。錢尼擔任共和黨智庫、「美國企業研究所」（American Enterprise Institute）的所長；不久後，又轉任一民營企業公司 Halliburton（石油和建築）的總裁兼 CEO。倫斯斐擔任通用器材公司（General Instrument Corp）的 CEO，據稱在 1990 年底，他累積的財富在 5000 萬到 2 億美元之間。鮑爾退休之後開始寫他的自傳，並在 1996 年大選前出

版。伍佛維茨到約翰霍普金斯大學（The Johns Hopkins University）
的外交學院（SAIS: School of Advanced International Studies）擔任院
長。賴斯回到史坦福大學出任學務長（provost），年僅 38 歲，成為
該校第二把交椅的人物。對經營財務，她也很拿手，分別擔任
Transamerica、Hewlett-Packard 和 Charles Schwab、J.P. Morgan 等公司
的董事，並擁有不少 Chevron 石油公司的股票。阿米塔吉成立自己的
諮詢公司 Armitage Associates，主要的客戶均為他過去服務過的軍火
和石油公司，如 Boeing、Goldman Sachs、Unocal and Brown &
Root、SAIC、MPRI，外國公司包括日本的 Toshiba、Mitsubishi 和
Japan National Oil Corporation。在這些人中，有兩位曾想在 1996 年
參選總統，錢尼和鮑爾，但並未實現（初選均未參加）。

七、小布希（George H. Bush）政府時代（2002-2010）

　　伍佛維茨深謀遠慮、言行謹慎，他直覺的謹慎為他贏得了信賴。
1990 年代末期被媒體問到美國的情報工作是否失敗時，他答覆說，
我不認為用「失敗」這個字是對的。

　　在 1990 年代中期，伍氏尚未主張推翻海珊政權。但事後，他認
為在 1991 年海灣戰爭時未除掉海珊是個錯誤。在民主黨執政期間，
他批評對伊拉克過於軟弱。1997 年後，他對伊拉克的想法開始強
硬，他曾指出美國對伊拉克的三種選擇：圍堵、接觸和推翻。他說當
前的圍堵是無效的，中東的政治力量會削弱制裁的效果。同時，其他
國家也不會配合，如法國、俄國和中國。

　　他主張直接用武力推翻海珊政權，但他預期盟國的支持卻過於樂

觀。為此，他發展出兩種論點：一是美國盟友的反對是一時的，最後還是會支持美國的決定。二是美國願意採取片面行動是最有效得到集體行動的方法。

但伍氏這種想法並未實現，結果是更強硬的美國政策產生更強烈的反對。伍氏還有一種說法是民主黨政府太弱、太膽小，其他國家不願支持，如換成共和黨政府就會不同。但事後證明，也並未如他所預期。

1989 年「新美國世紀計劃」（the Project for a New American Century）發表一封公開信給柯林頓，由 18 位前共和黨政府官員連署，要求美國政府把海珊趕下台，參加連署的包括 Rumsfeld、Armitage、Wolfowitz、Khalilzad 等。

1998 年初由前尼克森、雷根時代的助手安德生（Martin Anderson）（在史坦福大學胡佛研究所任職）密集聯絡一些共和黨保守派人士，如眾院議長金瑞奇（Newt Gingrich）和加州眾議員考克斯（Chris Cox）組成「國會政策顧問委員會」（the Congressional Policy Advisory Board），包括一些保守派的智庫，如胡佛研究所、美國企業研究所（AEI）、傳統基金會和國會共和黨的議員。

到 2001 年，這個組織約每 3 個月聚會一次，他們協助共和黨的議員立法，舉辦公聽會和調查，並為下屆大選做準備工作。在外交政策上，主角仍是倫斯斐、錢尼和伍佛維茨，參加他們三人的還有舒茨、溫伯格和賴斯，未參加的是鮑爾和阿米塔吉。鮑爾一向避免參加這類的聚會，退休後他效力於對年輕人的服務。他為自己不再想到坦克（tanks），而服務年輕人（kids）為榮。阿米塔吉也與智庫、學者們素少來往。

　　這個組織的熱心討論的問題是「飛彈防禦」，針對北韓、中國、俄國和伊拉克。倫斯斐主持的飛彈委員會提出在五年內，美國將遭到敵對國家飛彈的威脅。並列出三個對美國最危險的國家——北韓、伊朗和伊拉克。這是小布希在 2002 年國情咨文中「邪惡軸心」的由來。

　　該組織也調查柯林頓政府和中國的政策，眾院成立一委員會，由考克斯主持，調查美國對中國的科技轉移。1999 年考克斯報告發表，指稱中國竊取美國最先進的核武、飛彈和太空科技。結果 Hughes 和 Loral 兩家廠商一年後以 6,000 萬美元罰款和解了事。

　　該年底，「傳統基金會」和「新美國世紀計劃」聯合聲明主張美國應終止對台灣的「戰略模糊」（strategic ambiguity），在 23 位聯名者中，包括伍佛維茨和阿米塔吉。

　　在 2000 年大選時，賴斯成為共和黨攻擊柯林頓政府蘇俄政策的主角。她說民主黨對蘇俄太講求人際關係並偏袒葉爾欽（Boris Yeltsin）。她的說法是有政治動機的，要幫助共和黨贏得選舉。2001 年共和黨執政後，她協助小布希和普丁（Vladimir Putin）建立個人關係，她對車臣（Chechnya）的攻擊也減弱了。

　　這些戰狼們在野八年中並未發展出任何新的理念，只是一味強調美國要更加強大，但從未想過恐怖主義。他們最大的改變是對美國盟國的立場，他們不再重視美國的盟國，認為至多只是美國的跟班而已（treated as ducklings who would inevitably go in line behind their American mother）。

★　　★　　★

1998 年春，舒茨安排小布希到史塔福大學和學者會面，包括 Martin Anderson、Abraham Sofaer,、John Logan、John Taylor 和 Condi Rice。7 月小布希又邀請這些學者到德州奧斯丁（Austin），另加入錢尼和伍佛維茨。小布希正式邀請他們支持他參選總統。

小布希和賴斯很投緣，二人都喜歡體育。1999 年早期賴斯和伍佛維茨已成為小布希的外交顧問。他們二人為小布希組成一競選的外交政策顧問團，包括阿米塔吉、波爾（Richard Perle）、札克漢（Dov Zakheim）、哈德雷（Stephen Hadley）、布萊克韋爾（Robert Blackwill）、佐立克（Robert Zoellick）共 8 人。他們決定稱這個團隊為 Vulcans，是羅馬神話中火和鍛冶的神。他們自認是「戰神」，我稱之為「戰狼」。

在競選過程中，事實上是錢尼主導內外一切，他已成為小布希的副總統搭檔。倫斯斐未在公職已二十年，但他依然十分活躍，並私下組織一飛彈防衛的小組，若干戰狼也參加他的小組。鮑爾（Colin Powell）的角色是處理公關為小布希爭取助力，他被小布希內定為國務卿的人選。

小布希對國際情勢了解甚少，他也很少出國，但他強調他有一隻堅強的外交團隊。在整個競選過程中，小布希和他的外交團隊均很少談到恐怖主義，他也從未認為恐怖主義會成為美國外交的主要問題。他說他的外交優先事項是在歐洲、俄國和一個強大的「北約」，在遠東是中國和美國的盟國，然後是西半球和中東。賴斯在《外交事務》上撰文，代表小布希的世界觀，主張美國應集中力量在對應俄國和中國強大的國家。美國大選通常不會有參選人主張戰爭，小布希也說保證不會使美國走上戰爭，但選後又是一種說法。事實上，1998 年小布希的外交團隊便主張要直接推翻海珊政權。賴斯也說過，「流氓國

家」如取得「大量毀滅性武器」（WMD），將會被美國消滅。

2000 年大選的結果是聯邦最高法院在 2000 年 12 月 12 日以 5＞4 的裁決判定小布希勝選（佛羅里達選舉人票）。戰狼們班師回朝，準備大顯身手。

★　　★　　★

在外交方面，小布希政府是有備而來，在過去三十二年中，共和黨執政了二十年。他立即宣布了他的重要人事安排，國務卿鮑爾、國安顧問賴斯，為了平衡鮑爾的強勢，任命倫斯斐為國防部長。這一連串的人事安排，說明了小布希政府的特點是強大的軍事力量，在小布希高層外交團隊中有兩位前國防部長，一位前聯參主席。在這個團隊中，沒有一位是致力於外交或建立國際制度的。不像杜魯門（Harry Truman）總統任內還有艾其遜（Dean Acheson）和哈里曼（Averill Harriman）等外交專才，唯一勉強的例外是佐立克（Robert Zoellick），他被任命為美國貿易代表，但他與戰狼們的關係淡薄，觀念與作風也格格不入。

伍佛維茨成為國防部副部長，阿米塔吉成為副國務卿。伍佛維茨戲稱他們二人角色應互換，才符合他們個人的意願。但事實上，這樣的安排有助於緩和這兩個機構的衝突和對立。錢尼成為這場權力競爭中最大的贏家，也成為小布希政府中最有權力的人。

★　　★　　★

小布希政府上任後第一個危機便是與中國撞機事件。2001 年 4 月 1 日，一架美國偵察機 EP-3 在中國近海與一架中國戰鬥機相撞，中國飛行員墜海身亡，美國偵察機也因受損嚴重被迫降落在中國海南島，機上 24 名機員均被中國拘留。這是美中關係三十多年來第一次的危機，中方要求美國正式道歉（apology），美方只願用「十分遺憾」（very sorry）來表達，結果是雙方各自表述，中國在 11 天後才釋放美方人員。飛機在被中國解體後，被美國運回。

小布希政府對處理此事十分謹慎，不願為此事影響雙方貿易關係。戰狼們在台灣問題上較為強硬，但也不願破壞雙方經濟關係。在大選時，伍佛維茨曾指出：「中國在未來幾十年是美國外交上最嚴重的挑戰……如果把中國看成冷戰中的俄國，將是錯誤，因為中國有一個非常強大的民間企業，而且還在繼續成長。」賴斯也稱讚中國出現了一個不靠國家而生活的中產階級。

他們這些說法反映出在共和黨內有一股強大的企業力量，重視美中的經濟關係。戰狼們不敢得罪他們，這點在過去美國與蘇聯關係中是不可想像的事。

但小布希對中國撞機事件表達「歉意」（very sorry）之舉仍激怒了共和黨的極右派， Robert Kagan、William Kristol 指責小布希給美國帶來「極深的羞辱」。小布希立即採取補救措施，兩周後他便宣布最大的一筆對台軍售。在他就任百日時，他更對媒體說美國會「用一切力量去協助防衛台灣」（whatever it took to help Taiwan defend itself）。

小布希這句話引發爭議的是美國是否改變了對台灣「戰略模糊」。這固然是戰狼等人的主張，但並未形成美國的政策。三天後，

副總統錢尼對此做了解釋，他說，「說模糊可能是錯的，小布希的說法是強化和重複美國現行的政策，才會留下政策是否改變的質疑。」（While saying ambiguity "may be" wrong, also said Bush's statement had served to "reinforce" and "reiterate" the existing U.S. polity, thus leaving unclear exactly how much the policy had changed.）

同一周，小布希政府靜靜的做了一項政策改變，對台灣十分不利。他宣布取消每年對台軍售的檢討程序。這項程序使政府受到國會和媒體的壓力，使台灣容易得到支持。如此，政府便不會承受每年固定來自國會的壓力，即使要向台灣提供武器，大可安靜、輕鬆的去做，而不必引發爭議。

戰狼們有應對中國時程規劃（calendar based China strategy），賴斯的規劃是 2001 年初，但小布希政府刻意避免與中國公開對抗。戰狼們是有選擇性的，他們知道如何選擇他們的敵人。

2001 年初期，小布希和錢尼的優先工作不是防衛，而是 1 兆 3 千億元的減稅。小布希的支持者對減稅和強勢外交爭執不已。6 月初，伍佛維茨在西點軍校演講，提到 2001 年是珍珠港事件的六十周年。他說，意外是經常發生的，美國應克服安於現狀感，代之以對不熟悉和不可能的期待。

2001 年 7 月 10 日，美國聯邦調查局（FBI）的一位幹員威廉斯（Kenneth Williams）提出應注意一些可疑人士在亞里桑那州（Arizona）接受航空訓練，情治單位很重視這一個訊息，但他們判斷如有恐怖攻擊可能在海外。8 月 6 日情治單位向國安會和總統提出對蓋達（Al-Qaeda）計劃的報告，提到飛機被挾持的可能。8 月 10 日錢尼被任命主持國內恐怖主義的專案，但進展緩慢。9 月初曾召開

一高層會議，但重點仍在海外，也無結論。

戰狼們以他們的經驗自豪，但越戰的重創、蘇聯的解體、1991年海灣戰爭的勝利、他們重回小布希團隊充滿了信心，他們認為可以應付一切挑戰，但他們對像基地組織的恐怖主義卻毫無準備。

一如伍佛維茨所說，他們已準備應付意外，但他們弄錯了方向。九一一事件當天，他們和六十年前珍珠港事件一樣的大為驚恐。

■ 八、「九一一事件」和侵略伊拉克

這些戰狼們心目中最崇拜英國的邱吉爾（Winston Churchill），因為邱吉爾對抗暴政，敢於逆風而行，認為與獨裁者妥協和談判是徒勞無功，他領導英國經歷了最艱苦的日子。這種對邱吉爾的崇拜主要是對他特殊的人格特質，而非政黨政治或國內問題，雖然邱吉爾是一保守主義者。在第二次世界大戰期間，與邱吉爾合作的美國總統是民主黨和自由主義者，但無法與邱吉爾相比。

在九一一事件中，有充分的能力和經驗應付此一變局者，當錢尼莫屬。他曾任福特總統的副幕僚長和幕僚長，在國會中他在眾院情報委員會了解 CIA 和美國其他情報單位的運作，國防部長任內了解美國的武力。在 1980 年代，他曾參與美國在核子戰爭中應變和維持政府運作的祕密計劃工作。

九一一事件當天，是他實際在處理此一危機，他和主要幕僚進入白宮掩體（PEOC），並電告人在佛羅里達的總統暫勿返回華府，避免總統、副總統同時被「斬首」（decapitation）。他經常與倫斯斐在晚上走出白宮演練在核戰中如何維持政府的運作。當晚小布希回到華

府後，錢尼便去大衛營（Camp David），保持兩人不同時在一起的「規定」。在秋季美國進軍阿富汗時，錢尼經常被報導在「未經透露的地方」（undisclosed location），成為他的笑話，在電視節目中經常被引用。這方面很符合錢尼的政治生涯，管理政府是重責大任以及永遠有不為人知的祕密。

在九一一事件當天，錢尼並未對全國講話，他認為那是總統的職權。錢尼天生不喜歡與人溝通，但他的政治智慧使他保持低調。在白宮，總統的幕僚政治顧問羅夫（Kore Rove）、新聞主任休斯（Kusen Hughes）他們的責任是確保總統充分得到人民注意並把反恐責任歸功於總統。錢尼深知他不能搶了總統的光彩，但事實上，他是無所不在的。

在九一一事件後，戰狼們已決心要與過去不同，他們的決心和正義感已充滿在政府高層中，他們對外國人士的態度只有一種：「支持美國或反對美國？」（Are you with us or against us?）阿米塔吉說歷史從今天開始，不是朋友便是敵人。美國第一個便是壓迫巴基斯坦接受美國一切條件，毫不考慮和尊重其他國家的特殊環境和狀況，因為美國利益第一。

伍佛維茨說，不幸的，我們已經進入了一個新的時代。他引述邱吉爾在日本偷襲珍珠港後的評論：「獨裁者低估了美國的力量。」至於美國要怎麼做呢？伍氏說，美國將做最大可能的反擊，美國將切斷恐怖分子所有的後援，包括支持他們的國家。他說伊拉克的海珊是最積極支持恐怖主義的國家，但無法證明伊拉克與九一一的關係，伍氏堅持只有先推翻海珊，才能表達美國反恐的決心。

國務卿鮑爾並不同意伍佛維茨的說法，他說美國應先對付阿富

汗，也不可能得到其他國家的支持去攻打伊拉克。小布希也主張先處理阿富汗，錢尼表示支持戰狼們的主張，他說要把美國全部的憤怒（the full wrath of the United States）傳達給支持或庇護恐怖主義的國家。

九一一事件後，美國受到歐洲國家的同情，德國媒體稱為「我們都是美國人」（We are all Americans）、「我們都是紐約人」（We are all New Yorkers）。「北約」（NATO）19 個國家第一次利用「北約」條約第 5 條，以共同防禦支持美國。

但自 1990 年代起，美國與歐洲在國際事務上意見日趨不一致，歐洲強調談判、外交和國際法，美國只重視軍事力量。德國外長說德國對美國的支持不是無保留的。法國總統席哈克（Jacques Chirac）並不同意美國用「戰爭」一詞來對抗恐怖主義。德法兩國都反對美國對伊拉克動武，認為將會破壞中東的秩序。

事實上，美國的單邊主義（unilateralism）已在 1990 年代成形，主要原因是雙方實力（軍力）懸殊太大，美國已愈來愈不重視歐洲。小布希 2001 年第一次訪問歐洲，除了行禮如儀參加了「北約」和「歐盟」的會議外，他只訪問了三個國家：西班牙、波蘭和史洛維尼亞（Slovenia），都不是歐洲主要的國家。

九一一事件大為提高了國防部的地位，也大幅提升了倫斯斐的知名度，他對掌控媒體、壓低軍中將領和主導軍中事務與過去部長完全不同。在阿富汗戰爭中，他每天與戰地司令官（CENTCOM）法蘭克（Jimmy Frank）通電話，這也是與過去國防部長不同的。

美國在 2001 年 10 月 7 日開始進攻阿富汗，代號為 Operation Enduring Freedom，初期並不順利。倫斯斐要求美國人民要有耐心，

終於在 12 月 7 日，塔利班政權結束統治，但美軍未能擊斃或捕到賓拉登。倫斯斐在阿富汗宣布工作尚未完成，還有一些國家在恐怖主義的名單上。鮑爾說阿富汗戰爭只是更大戰爭的第一部（Phase one），美國開始尋找下一個目標，索馬利亞（Somalia）、蘇丹（Sudan）、葉門（Yemen）、菲律賓（Philippines）都在名單上。

倫斯斐說，「為了找幾個人，有如大海撈針。」阿富汗戰爭結束後，美國對抗基地組織的行動轉入地下的情報戰。

戰狼們拼命尋找能夠證明伊拉克為反恐戰爭的目標，但始終找不到證據。他們開始尋找理論上的突破，並相信很快就會有所突破。事實上，他們在重塑美國對付世界的整體戰略和方法。

★　　★　　★

2002 年初，戰狼們想到的不僅是下一個要攻打的目標，而是一個全新的美國與世界的關係。第二階段（Phase two）不只是部隊和武器，而是戰略計劃和宣傳。

冷戰的特性是謹慎和克制，基本上是防守性的，以圍堵和嚇阻來避免全面性的大戰。老布希任內，因為蘇聯解體、德國統一，曾提出「新世界秩序」的口號。1992 年伍佛維茨構想的新世界，美國是世界上唯一的超強，但還未形成共識，老布希就因連任失敗而離職。以後十年，美國不斷強化軍力，在 2002 年，美國的軍力已超過世界上任何國家的組合。美國的威脅不在其他強國，而在「不對稱的戰爭」（asymmetric warfare）。一個流氓國家或一個恐怖組織不可能在戰略上打敗美國，但可以飛彈或自殺飛機殺害美國人民。

在 1970 和 1980 年代，戰狼們就主張強力對抗蘇聯，倫斯斐反對「和解」（detente），錢尼主張外交政策中的道德性（morality in foreign policy），伍佛維茨不接受季辛吉的現實主義和權力平衡。

九一一事件後，戰狼們認為已進入新時代，需要新觀念，他們要徹底埋葬冷戰思想。伍佛維茨反對「反飛彈條約」（ABM），新的挑戰是防止 WMD（Weapon of Mass Destruction）的擴散，他們已缺乏耐心去面對不可知的未來。

2001 年 12 月美國退出 ABM 條約，2002 年國防部主張發展小型核武，對抗流氓國家。他們不再擔心全面核戰，主張以攻擊代替防守與嚇阻，倫斯斐說攻擊是最佳的防禦。

賴斯說美國不僅在對抗恐怖主義，還要建立一個新的世界秩序。小布希在聯合國警告說恐怖主義分子在發展 WMD，要將仇恨變成災難。一時之間，WMD 和「what if」成為熱門話題。

小布希的 2002 年 1 月國情咨文正式提出美國要和「邪惡軸心」（axis of evil）──指北韓、伊朗、伊拉克作戰的決心，除了軍力之外，不存在妥協和談判的空間。

小布希此一政策宣示，事先並未與盟國磋商，引起盟國不滿。伍佛維茨解釋美國無意輕視盟國，國情咨文就是提供討論基礎，美國只是強調其領導力，告訴大家美國要做什麼。事實上，小布希的國情咨文代表美國政策的重大改變，在咨文中只提到俄國、中國和印度等大國，英國、德國、「北約」、南韓、日本均未提及。這篇咨文是美國和歐洲關係的分水嶺，美國新保守主義的學者 Charles Krauthammer 反諷歐洲是「任性的軸心」（axis of petulance），真正的問題是他們的「無關緊要」（irrelevance）。

　　九一一後，美國之重大政策改變：退出 ABM 條約、放棄冷戰的嚇阻戰略、將防恐重點轉移到反對 WMD、在以巴爭執中放棄阿拉法特（Arafat）指望巴解選出新領袖。6 月在西點軍校畢業典禮上，小布希第一次提出了美國的安全將採取「制先攻擊」（preemptive action）的說法，美國此舉已自毀立場，因聯合國憲章明定只有在自衛的情況下，國家才能進行戰爭。如果美國自認有權可以這樣做，如何阻止其他國家採取同樣行動？

　　美國此舉在說明由於其強大國力，它已是國際秩序的裁判者和執行者，小布希稱美國將保持軍事上不被挑戰的能力。

　　歸納小布希西點軍校演講的內容代表了戰狼們長期的觀點：第一，制先攻擊；第二，不被挑戰的超強地位；第三，推動美國的民主價值。

　　戰狼們關心的是更具體的行動，在伊拉克進行政權改變，以上三點提供了美國掠奪行動的基礎。

★　　★　　★

　　雖然小布希提出「邪惡軸心」的三國，但美國在 2002 年只想對伊拉克下手。美國不是沒有反對攻打伊拉克的重要人士，老布希的國安顧問史考羅克勞夫特（Brent Scowcroft），他是位現實主義者，認為維護美國的利益在與主要國家維持穩定關係，他不認為美國要為世界民主進行聖戰（crusade）。他認為攻打伊拉克的不當有可能轉移反恐的工作，而且會傷害美國與中東其他國家的關係。他認為即使要攻打伊拉克也要在以巴和解的基礎上，也應先經由聯合國討論，恢復對

伊拉克的武器檢查，如果伊拉克不同意，美國就有了戰爭的理由（casus belli）。他也警告伊拉克可能使用 WMD 或攻打以色列，引發中東的大戰，如此不僅造成普遍對美國的「憤怒」，也必然破壞中東的穩定。

老布希的兩位前國務卿貝克（James Baker）和伊格伯格（Lawrence Eagleburger）也反對立即對伊拉克動武，主張經由聯合國取爭取國際支持。

史考羅克洛夫特也了解小布希政府這麼做是為了爭取共和黨保守派的支持，但戰狼們終其一生都在為改變美國的外交政策而奮鬥，不會失去任何機會去實現他們的理想。小布希和老布希的不同也有「代溝」（generation gap）問題，史考羅克洛夫特、貝克、伊格伯格都是冷戰時代的人物，但錢尼、倫斯斐和伍佛維茲在尼克森——福特時代就參加了政府，和史考羅克洛夫特和貝克是同時代的人。但他們在那個時代就主張和蘇聯強烈對抗，反對「和解」，所以基本上還是觀念上的不同。

此外，史考羅克洛夫特懷疑美國有能力把伊拉克變成民主國家，但他的立場只有鮑爾支持，錢尼仍然力主美國要單獨行動。他辯稱，伊拉克擁有的 WMD 將控制整個中東，掌控中東石油，對中東溫和派將是一大打擊，對激進派是一大鼓勵。

共和黨內的爭議不斷，參議員海格（Chunk Hagel）諷刺錢尼、伍佛維茨等沒有服役背景的人為「弱雞鷹派」（chicken hawk）。

民調（PEW）54%支持對伊拉克開戰，但如果盟國不支持，只剩下 33%。 2002 年秋，國會通過授權總統對伊拉克出兵，小布希政府的策略是將對伊用兵的辯論國際化，來減少國內的阻力。

在此同時，北韓正在發展核武，有人問到為什麼美國不去制裁北韓？戰狼們說，兩者情況不同。倫斯斐說北韓是一種不同的威脅，可用外交解決。鮑爾說，北韓尚不構成一個危機。

對伊拉克戰爭的布署於 2002 年 12 月 4 日開始，10 周內將布署 25 萬地面部隊，外加 4 萬 5000 英國和 2000 澳大利亞軍事人員。法國認為美國出兵伊拉克毫無正當性，公開與美決裂。2 月，戰狼們又為美國出兵提出理論，強調後海珊時代的伊拉克將成為整個中東地區政治解放的楷模。

鮑爾仍不放棄爭取歐洲對美國的支持，但倫斯斐卻口出惡言，他指稱德國和法國並不能代表歐洲，他們只是「老歐洲」，歐洲國家支持美國的仍占多數。錢尼對法國駐美大使直接質問是友是敵？並告訴法國大使美國已認定法國不是朋友，也不是盟國。

美國在聯合國爭取支持 6 個月的努力已告失敗，不僅大國不支持，安理會 15 國中，拉丁美洲的兩席墨西哥和智利也不支持，巴基斯坦也不支持。法國揚言如通過對伊拉克出兵的決議，將使用否決權。

此事證明戰狼們的一些假設前提是錯誤的，伍佛維茨曾揚言如果美國下定決心對付伊拉克，美國的盟友和朋友便會支持，當歐洲國家有反對意見時，伍佛維茨說這是表面態度而已，他們只擔心美國不夠堅定。事實上，與伍氏預測相反的，美國愈堅定，反對的力量愈大。但對戰狼們而言，外交從不重要，只有軍力才是重要的。

2003 年 3 月 19 日美國開始動手，「Operation Iraqi Freedom」，小布希宣布儘速解決的唯一方法便是決定性的武力。此一行動實現了美國在越戰失敗後的美國新的大戰略：美國如此強大，沒有任何國家

可付出與美國競爭的代價，甚至連想都不敢！

★　　★　　★

美國攻打伊拉克，只花了三個星期就拿下巴格達趕下海珊，另花了 3 個星期完成軍事行動，美軍傷亡 138 人（比 1991 年 4 月的海灣戰爭還少），小布希 5 月 1 日宣布勝利。

戰爭的結果證明戰狼們的許多假設是錯誤的，沒有發現任何 WMD 的證據，包括生化武器，伊拉克人民也沒有歡欣鼓舞，只有恐懼和猜忌。有些地方，遊擊戰仍在進行。戰後的占領也超過預期，13 萬美軍每月花費 40 億美元，國會不得不另撥 700 億美元作為占領和重建之用。

入侵伊拉克之戰證實了所有戰狼們對世界的觀點，這是他們三十年心血的累積：

1.　美國軍力的效率。
2.　美國是對世界有利的力量。
3.　對美國能力無比樂觀的評價。
4.　與其他國家妥協或達成協議的不必要。
5.　美國的軍力可以癱瘓任何想與美國競爭的國家。

伍佛維茨說，九一一事件是一個關鍵，因為恐怖主義分子有能力可以殺害不止 3000 人，也可能是 30 萬人或 300 萬人。

倫斯斐在戰後成為美國的風雲人物，但他並不重視戰後的重建和發展。錢尼成了美國歷史上最有權力的副總統。

第四章
★ ★ ★

美國霸權的
空洞化

▉ 一、美國帝國的衰退

（一）美國帝國如何由盛轉衰

　　早在冷戰結束之前，1987 年保羅甘迺迪（Paul Kennedy）便寫了一本《強權的興衰》（The Rise and Fall of the Great Powers）一書，指出強權之走向衰敗是由於過度擴張（overstretch）其力量和債務的不斷增加。曾在美國引起不同看法的辯論，但美國政治菁英多不認為美國會重蹈歷史的覆轍。

　　冷戰結束後，美國的地位如日中天，所謂「歷史終結論」、「和平紅利」和「勝利主義」（triumphalism），使美國帝國主義者堅信美國將「注定領導」（Bond to Lead），即使不心甘情願也要繼續擔任世界警長（the Reluctant Sheriff）。一時之間，「美國世紀」已由「大美和平」（Pax Americana）所取代。

　　由於 1991 年蘇聯的解體，在國際社會上的權力結構已由「雙極」（bipolar）成為「單極」（uni-polar），美國成為主宰性的全球霸權（dominate global hegemony）。美國已經沒有挑戰的對手，美國已成為世界上的獨強，美國當然希望維持這種地位，並進入第二個美國世紀，21 世紀。

　　但美國這種優勢的地位卻未能維持長久，很快美國便發現世界改變的速度和幅度都超過美國的想像，美國由盛而衰只不過就是十幾年的事而已。

　　第一個原因是政治性的，美蘇冷戰的基本架構是對各自勢力範圍的「接受」。1945 年的雅爾達協定大體上由美國和蘇聯分別控制了2/3 和 1/3 的世界，這就是第二次世界大戰後，國際社會的「現

狀」。這也說明了為什麼捷克和匈牙利爆發革命，美國不予干涉；美國打韓戰和越戰，蘇聯也未介入的原因。

美國軍國主義存在的理由在應付一個主要的敵人，如今舊的敵人不在了，美國必須要尋找新的敵人。1991 年伊拉克入侵科威特給美國製造了波斯灣戰爭的機會，也鼓舞了美國的好戰分子。2003 年在沒有證據的情況下，公然入侵伊拉克，引發全世界的反感，美國仍繼續擴大介入中東的戰爭，包括敘利亞和伊朗。但支持美國的國家很少，因為他們認為美國已失去了「正當性」。

冷戰結束，蘇聯主導的「華沙公約」也宣告解散，但美國主導的「北約」非但未解散，反而擴大其成員，要把前「華沙公約」成員一一爭取過來。問題是「北約」面對的敵人已不存在了，為何還要東擴呢？此舉逼使俄國先後出兵喬治亞（2008 年）和克里米亞（2014年），美國也無具體反應。事實上，冷戰後歐洲的局勢已完全改變，由過去軍事對立的橋頭堡成為和平聖地，不但各國人民可自由來往（申根協定），更成為世界觀光景點。唯有美國仍把俄國當作假想敵，繼續予以圍堵。川普指責「北約」國家負擔軍費太少，問題是他們並不想打仗。

美國和歐洲的關係只會愈來愈遠，因為缺少共同的利益，另從地緣政治上來看，美國在冷戰後未能爭取俄國化敵為友、穩定中亞和南亞為一大敗筆。

美國是世界上唯一把推銷民主作為外交政策的國家，美國非但不尊重其他國家的文化和制度，還企圖予以推翻和重建，這種傲慢和野蠻的作法極少成功，且給美國帶來災難性的傷害，如越戰和長達 20年的中東戰爭。此外，美國言行不一，為了美國的利益，美國也願與

美國文化制度不同的國家打交道，如當前的沙烏地阿拉伯和北韓。在全球化和多元化的世界中，美國的價值一再貶值，信用已接近破產。

第二個原因是經濟性的，在第二次世界大戰結束時，美國的生產力約占世界的一半，在科技上占 80%，擁有世界 59%的石油、46%的電力和 50%的黃金。美國當時汽車的產量是英國、法國、德國三國加起來的 8 倍，是蘇聯的 100 倍。

但由於其他國家經濟的復甦和發展，美國生產力所占的比例相對的減少，在 1960 年降為 30%， 1970-1990 年維持在 25%左右。基本上，西方國家在全球化的過程中，在世界經濟總量所占的比例加速的下降，從 2001-2010 年 10 年間，下降了 10.33%，超過過去 40 年下降的總和。

全球化帶動全球經濟和貿易的大幅成長，在 1990-2010 年，20年間，全球經濟從 2 兆美元成長為 62 兆美元，全球貿易成長267%。其中，新興國家成長尤為快速，以「購買力平價」（PPP）計算，已占全球市場的 47%。

1980-1990 年代仍是美國主宰全球經濟的時代，也是對全球控制的高峰，但從波斯灣戰爭，美國介入中東衝突之後，美國的經濟便直線滑落，國債也一直升高。

結束美國經濟霸權的最後一擊是 2008 年的金融風暴，這是自1929 年以來世界上最大的金融災難，造成的損失高達 50 兆美元（另一種說法是 33 兆美元）。這次金融危機使全球 GDP 下降 5.3%，出口下降 20%，貿易成長減少一半（由 6%降到 3%）。東方國家在此期間，經濟規模成長的速度是驚人的，以中國為例，其經濟規模與美國相比， 1990 年為 6%、 2000 年為 12%、 2008 年為 30%、 2011 年

為 50%、2021 年為 75%。艾里森教授（Graham Allison）2017 年以公司股份計算，美國在第二次大戰後占 50%、1980 年占 22%、2016 年占 16%；而中國在 1980 年時僅占 2%、2016 年占 18%，到 2040 年將占 30%，屆時美國只占 11%。

中國的經濟規模在 2006 年超過法國，2007 年超過英國，2008 年超過德國，2010 年超過日本，並可望在 2030 年前超過美國。2014 年國際貨幣基金會（IMF）公布，以「購買力平價」（PPP）計算，中國業已超過美國。

另根據世界銀行的報告，從 1980-2016 年，中國人民實質所得成長了 800%，最低收入階級成長了 40%。相對的，美國只分別成長了 60%和 5%。

《東方化》（Easternisation）的作者拉赫曼（Gideon Rachman）指出亞洲在 2020 年在經濟上超過歐美。到 2025 年，世界 2/3 的人口在亞洲，美國占 5%、歐洲占 7%。美國前財政部長，曾任哈佛大學校長、世界銀行總裁薩默斯（Lawrence Summers）指出美國已失去規劃世界經濟制度的角色。喬治城大學教授庫布欽（Charles Kupchan）說，美國已無足夠的資源和政治意志去從事主宰全球的角色。

2008 年金融危機重創美國經濟，但中國卻因應得當，毫髮無損，而且全面走向世界。索羅斯（George Soros）說，中國是全球化的最大受益人，也是金融危機最成功的得利者。2011 年中國已擁有 3.2 兆美元的外匯儲備（世界第一）和 1.2 兆的美國國債。2013 年中國進出口貿易總值已達 4 兆美元，在美中 6,000 億美元的雙邊貿易中，享有 3,752 億美元的順差（2017 年）。

　　目前中國是世界第二大經濟體、第二大對外投資國、第一大製造國、第一大商品貿易國、第一大外匯儲備國。中國是世界 128 個國家的最大貿易國，早在 2014 年歐盟便已超過美國成為中國最大貿易夥伴。2015 年中國的生產總值占全球 GDP 的 16.4%，對全球經濟的貢獻為 35%。中國在 2016 年超越美國成為全球高科技產品的最大出口國，占全球市場的 17%。

　　對中國經濟發展的潛力，專家學者、國際機構、投資銀行均十分樂觀。美國芝加哥大學教授、諾貝爾經濟學獎得主佛格爾（Robert Fogel）預測在 2040 年時，中國經濟規模將達到 123 兆美元，占世界 GDP 的 40%（美國 14%、歐洲 5%）。對中國經濟超過美國的時間，高盛（Goldman Sachs）估計在 2027 年，匯豐（HSBC）估計在 2040 年。其他各種預測的平均值在 2030 年。

　　相對的，為什麼美國從曾經是世界最大的債權國變成最大的債務國，從世界上最強大的經濟體走向衰退？除了以上「其他國家的崛起」的原因之外，主要還是美國自己造成的，主要的原因是窮兵黷武，不加節制的浪費和金融信用的過度擴張。

　　美國為了維持其霸權，在全球擁有 800 個軍事基地。1 年 7,000 多億美元的軍費，以及 3 兆美元的軍備，光是中東戰爭便花費了 7 兆美元。即使如此，美國的好戰分子仍一直抱怨軍力不足、戰力不夠。前副總統錢尼（Dick Cheney）稱美國之未能打贏越戰的原因是打得不夠狠、錢花得不夠多。

　　美國人民消費多、儲蓄少、浪費驚人，美國人民平均的消費比中國的人大 11 倍，儲蓄率卻只有中國的 1/10 不到（中國人接近50%，美國人為個位數）。美國政府的預算浮濫，更為驚人，單是醫

療費用的支出，就占美國預算赤字的 82%。

　　更可怕的是美國政府放任和縱容大企業和華爾街金融炒手，幾乎無上限的去擴大銀行信用貸款，造成美國產業的空洞化和社會貧窮差距的擴大。2008 年的金融風暴就是這種「信貸危機」引發的，結果震垮了美國的經濟，也拖累了世界整體的經濟。

　　2001 年柯林頓總統卸任時，留下 2,560 億美元的預算盈餘，但2012 年美國國債已達 15 兆美元，2017 年達到 19.8 兆美元，與當年美國 GDP 相當，2021 年已達 30 兆美元，超過 GDP30%。

　　第三個原因是軍事性的，毫無疑問美國是世界上今日最強大的國家。根據佛格森（Niall Ferguson）的統計，美國在 1960 年代，在 64國有有駐軍，有 48 個盟國，在 1946-1965 年間，美國對外武力干預了 168 次，但美國自 1945 年之後沒有在任何重要戰爭中打過勝仗。

　　事實上，美國不打大國，只打小國，美國希望打「有限戰略」，但美國人民的耐心更有限。美國以龐大的軍費，維持強大的武力，既未能達成其控制全球的目的，也未能阻止區域的動亂，還招致全世界的反感，關鍵的問題是美國究竟追求的是國家安全還是世界霸權？美國今天的軍力早已超過了國家安全的需要，但對主宰世界、一統天下卻又遠遠不足。九一一事件後，美國以「反恐」為名，行擴張霸權之實，使世界其他國家認為美國在進行一場不公平的競賽。

　　美國的科技和軍力使得美國享有干預其他國家而本身不受干預的自由，結果造成戰爭不再是美國和其他國家力量大小的問題，而是對戰爭感受不同的問題。以中東戰爭為例，中東人民生活在烽火連天之中，但美國人民大多並不感覺戰爭的存在。

　　美國高科技的武器殺傷力極大，但美國對自己軍人的生命十分珍

重。例如，為了怕美軍傷亡，干預小國時只用中遠程飛彈或高空轟炸，結果造成許多無辜平民的傷亡。美國宣稱為人道而干預，結果卻造成更不人道的結局。

強大的軍力卻未能提高美國的地位和聲望，這是美國過於迷信武力的後果，也是美國軍國主義的弱點：腐蝕民主，使國家破產。

（二）惡性重大的帝國主義

美國從不承認自己是一個帝國，美國人民更不喜歡被稱之為帝國主義者，因為美國自認：1.代表公平、正義、和平，2.追求民主自由、法治，3.弘揚基督教文明，4.主張民族自決、反殖民主義，5.對外無領土野心（至少在 1900 年後）。

但在美國近百年的近代史上，被稱之帝國的時候從未間斷過，事實上，美國也一直被帝國主義主導其外交政策。

有關形容美國帝國的名詞很多，較正面的為：自由的帝國、良性的帝國、仁慈的帝國、傳播福音的帝國、排除性的帝國、共識的帝國、不知不覺的帝國、非正式的帝國、準帝國、勉強的帝國、廉價的帝國。較負面的為：半帝國、假帝國、不合邏輯的帝國、自我否定的帝國、自己付錢的帝國、不一致的帝國、跳票的帝國、失敗的帝國、恐懼的帝國 。

帝國是指一個國家控制世界的能力，包括武力、資源和財富，在這種方面，美國早已具備。早在 1940 年代歷史學者湯恩比（Arnold Toynbee）和政治學者拉斯基（Harold Laski）便已預言，美國將成為人類歷史上最大的帝國。在第二次世界大戰結束時，美國擁有世界一半的資源和財富，以及世界上最強大的軍力，包括原子彈和 1,200 萬

戰鬥兵員。

美國是不是帝國主義，請看漢廷頓（Samuel Huntington）教授的「判決」。1999 年在《外交事務》（Foreign Affairs）上，漢廷頓發表〈孤獨的超級強國〉（the Lonely Superpower）一文，嚴厲批評了美國的罪狀：

1. 在其他國家行使治外法權。
2. 把其他國家分類，對不符合美國標準者進行制裁。
3. 以自由貿易和開放市場為名，為美國大企業爭取利益，並修改國際經濟體系的規則來配合美國的利益。
4. 禁止其他國家銷售武器，但自己卻大量銷售。
5. 堅持聯合國必須配合美國政策，否則就予以抵制。
6. 擴大「北約」，繼續壓迫俄國。
7. 一再對伊拉克用兵和經濟制裁。
8. 對拒絕向美國臣服的國家，歸類為「流氓國家」，排除在國際體系之外。

漢廷頓的「預言」，竟在 20 年後實現，川普當政時的美國已成為真正「孤獨的帝國」。

帝國有起有伏，近代西方歷史上，曾出現不少的帝國（多為區域性的）。近 500 年來，先後是西班牙、葡萄牙，繼之以荷蘭、法國、英國、奧匈帝國、鄂圖曼帝國、俄羅斯帝國。二十世紀初，美國、德國、日本也成為帝國。戰爭是淘汰帝國最好的方法，第一次世界大戰，淘汰了四個帝國：沙皇俄國、威廉德國、奧匈帝國、鄂圖曼帝國。第二次世界大戰又淘汰了四個帝國：納粹德國、日本、法國、英國，只剩下美、蘇兩個帝國。1990 年蘇聯解體，全世界只剩下一個

帝國：大美帝國。

對於這一獨特地位，美國人十分自豪，柯林頓總統在卸任時聲稱「大美和平」（Pax Americana）將進入到下一個世紀。

在小布希總統任內（2001-2008 年），美國的鷹派人士（新保守主義者）主導了美國的外交政策，規劃了美國一個新的大戰略，企圖以美國無敵的武力來管理世界。

1. 維持單極世界，不允許出現新的競爭者。
2. 對恐怖主義集團，必須予以消滅。
3. 放棄嚇阻，改採「制先攻擊」（pre-emptive）。
4. 重新界定「主權」，不能支持恐怖主義。
5. 無須顧慮國際規則、條約和盟約。
6. 任務決定聯盟，而非聯盟決定任務。
7. 權力平衡已不重要，沒有任何因素可以阻止美國採取必要的行動。

與冷戰時代相比，美國的帝國主義已由領導自由世界、對抗共產主義，變成了美國權力的濫用。2003 年在沒有證據的情況下，公然侵略伊拉克，一夜之間，美國成為世界的公敵，失去了全世界（唯一的例外是英國）對美國的支持和信賴。

美國這種無視國際規則、不顧及盟國立場，只為了自己的利益而採取「先發制人」的作法，的確惡性重大。世界各國認為美國是對世界安全最大的危害，美國成為國際社會上一個最不穩定的因素。

美國從國際社會上的領袖搖身一變成為世界上最大的「流氓國家」（rogue nation），完全是美國自己一手造成的。美國認為它強大到可以威脅其他國家，但其他國家不予理會，也不會臣服。美國與

國際社會的共識愈來愈遠，自 1994 年後，美國國會從未批准過任何一個聯合國的法案。

美國的「新帝國主義」（單一霸權）只維持了不到 20 年（1991-2008 年），除了美國自己本身的因素外，也有下列幾個外在的因素：

1. 世界上其他國家的崛起（the rest of the world）。
2. 傳統國家力量（以軍力為主）的作用在遞減。
3. 蘇聯解體後，世界的衝突和暴力大幅減少，美國利用反恐強調以暴制暴，得不到國際社會的認同。
4. 西方已經沒落，世界走向東方化，沒有中國、印度和日本參與的國際組織和活動，已無意義。
5. 權力分散和多元化後，國家行為的「正當性」格外重要，美國反其道而行，只能自食其果。
6. 傳統盟國歐盟和美國關係的質變，美國在尋找新的敵人，但歐洲國家沒有這種想法，因為不符合他們的利益。

冷戰後，美國只有兩位總統是採取對外緩和的政策，在軍事上尤為克制，一是柯林頓總統，他對外干預只限人道主義的危機，如巴爾幹的南斯拉夫內戰、非洲索馬利亞的內戰，並以減少美軍傷亡為第一要務。二是歐巴馬總統，他公開反對美國對伊拉克用兵，譴責並停止美軍在關塔那摩（Guantanamo）基地對俘虜的酷刑，他明白表示美國不應以軍力去追求國家安全和利益。前者被美國保守派指責為把外交當作慈善事業，但也為了美國贏得了「廉價的帝國」的稱號；後者被保守派攻擊為軟弱、不重視美國的利益、削弱美國的力量以及「從後面領導」（to lead from behind）。小布希的副總統錢尼在 2015 年甚至還寫了一本書《例外的：為什麼世界需要一個強大的美國》，指

責歐巴馬不重視美國的霸權地位，傷害了美國的利益。

（三）川普時代的美國

　　印裔美國名政治學者和評論家札卡利亞（Fareed Zakaria）在2008 年出版了《後美國世界》一書，指出美國的霸權業已終結，原因不只是中國的崛起，而是世界上「其他國家的崛起」，這些國家政治上安定、經濟上強大、文化上自信。2002 美國名政論家卡普藍（Robert D. Kaplan）在《戰之華》（Warrior Politics）一書中，便指出，「國家之間的差別，不在其政治型態，而在其政治績效。」

　　2016 年底，川普（Donald Trump）當選美國總統代表了美國一個新的時代的開始，他的特立獨行一反美國立國以來的政治傳統和外交慣例。他在給世界製造不斷驚奇之時，對美國到底是福是禍，也在大家的好奇之中。

　　川普有兩大基本主張，一是反對全球化，二是反對美國外交政策的三大支柱：聯盟體系、自由貿易和民主價值。川普指責全球化使美國人失去了工作和財富，他說美國是全球化最大的受害者，他宣稱美國的災難到此為止。他嚴苛批評美國貿易政策的失敗，盲目的追求多邊貿易談判，他說只有個別的雙邊談判，才能達成最好的交易。他一上任就要取消「跨太平洋夥伴協議」（TPP）和「北美自由貿易協定」（NAFTA），他說，中國是歷史上「強暴」（rape）美國最大的國家。

　　他質疑聯盟體系不符合美國的利益，美國在海外的軍事承諾只是在幫助他人，美國的盟邦只是在搭美國的便車，占美國的便宜。他將要求美國的盟國分擔防務的經費，並追繳他們對美國的「欠款」。他

說，「北約」已經過時，在日本和南韓的駐軍也無必要，他說如果要美國繼續當世界警察，世界必須要付錢給美國。

川普指稱美國在外交上推動民主是愚蠢的事，因為其他國家不會有興趣。有些國家對西方民主既無經驗，也無利益，結果是美國花了很多錢，他人卻不屑一顧。何況，美國本身也不是什麼好的榜樣，無法取信於人。

川普明確表示，他無意領導盟邦，因為只有付出，沒有收穫。他不認為美國有任何特別的責任，也不願當一個例外的國家。他強調只有個別的國家利益，沒有什麼共同利益。他說，「雙贏」（win-win）是「胡說八道」（a bunch of crap），只有打敗對手才是贏，美國永遠是第一。

川普要做的是：

1. 減少美國對國際社會的承擔。
2. 要求盟國分擔美國海外駐軍的經費。
3. 不信賴多邊主義和國際組織，如聯合國、世界貿易組織。
4. 反全球化，推行保護主義。
5. 促進美國製造業回流。

對川普而言，交易重於聯盟，雙邊關係重於多邊關係，不可測性大於可信性，權力大於規則和價值。在他心目中，實力決定是非，更嚴重的是他的造假和自戀，和對他人的恫嚇，對美國的盟國可說極盡嘻笑與愚弄之能事。

川普重視的是價格，不是價值，他拒絕和反對的都是過去使美國偉大的理想和價值。除了與盟邦的惡言相對，招致盟邦的反感和反擊之外，川普任內最重要的政策便是貿易戰，以加徵進口關稅開始，連

盟國也不放過，當然最主要的對象是中國。川普自信滿滿的說，「貿易戰是好的，而且容易贏。」但他對貿易有很多錯誤的看法，例如：

1. 他認為其他國家和美國的貿易不符合「互惠」（reciprocity）原則，但事實並非如此，每個國家都會對自己較弱的商品以關稅保護，美國的小貨車（pickup）的關稅就高達 25%，又當何論？

2. 在過程中「未審先判」（verdict first, trial second），只算對自己不利的項目，不算對自己有利的項目，如美國服務業便享有較大的順差。

3. 以美國經濟的規模，貿易對美國的就業影響是微不足道的。

4. 提高關稅並不是良策，美國過去對鋼鐵、糖業的關稅政策均未成功。

5. 就全球經濟而言，雙邊貿易的逆差是毫無意義的，因為可以從很多方面彌補，美國一方面對全世界近乎一半的人口進行經濟制裁，另方面，美國武器銷售享有重大的利潤，一年至少有 3,000 多億美元，這筆帳要如何去算？

6. 美中貿易戰不是美中雙邊的問題，而是國際社會上的多邊問題，因為今日的國際貿易是由商品　組成，涉及的不只是兩國之間的貿易關係而已。中國的供應鏈比美國完整，多數依賴中國製造的產品在短時間內不易找到替代來源，這些都是對美國不利的因素。

7. 川普進行的貿易戰等於在摧毀美國一手建立的國際經濟體系，《紐約時報》（NYT）以社論抨擊川普的貿易制裁是建立在自己的神話上，完全沒有任何事實根據。

不論美國的建制派對他如何口誅筆伐，美國的盟國對他如何冷嘲

熱諷，川普一概不予理會，照他自己的想法去施政。他自認自己是一個「非常穩定的天才」（very stable genius），只相信自己的「直覺」，而且永遠是對的。在他就任一年後，給自己的政績評分為A+，他列舉他的重大成績是：第一，退出 TPP；第二，撤出巴黎氣候公約；第三，退出伊核協定；第四，把耶路撒冷定為以色列首都；第五，與北韓對話，化解對立；第六，重啟與俄國改善關係；第七，加徵進口關稅，彌補美國貿易逆差。

通常評估一個政府施政得失的依據應該是：是否使國家更安全和繁榮，以這個標準來看，我們不知川普「贏」在哪裡？

1. 在減少美國貿易逆差上，不減反增（2018 年美國貿易逆差為 6,210 億美元，比 2017 年增加了 12.5%。對中國逆差 4,190 億美元，增加了 436 億美元）；在減少美國債務上，川普的減稅和擴大軍事經費，將使美國債務在 2020 年增加一倍。

2. 針對美國基礎建設的老舊和凋敝，川普競選時曾誓言以 1 兆美元重新打造，但迄今未見任何動作，白宮坦承可能遙遙無期。

3. 美國中下階層人民的生活未見改善，農業州的人民受創尤重。

4. 中東問題依然無解，既動不了敘利亞，又激怒了伊朗，阿富汗的情勢仍在惡化中（美國在 2021 年 7 月以最不堪的方式撤出）。

5. 與歐州關係將持續惡化，美國盟邦已不把美國當作一回事，在任何國際活動中，美國是最孤立的國家。

6. 川普聲言不重視民主和人權，已使美國失去了道德的高度，川普對極權國家的友善（俄國、土耳其、沙烏地阿拉伯、北

韓⋯⋯）使民主國家失望。

7. 美國已被盟國公認已放棄了領導世界的責任，勢將改變國際
   社會秩序，並鼓勵其他大國擴大爭取其勢力範圍。

川普對美國在國際社會中角色的重新定位以及對傳統美國外交政策的翻轉，對美國建制派來說是大逆不道，尤其民主黨的自由派人士對川普之口誅筆伐，幾乎無日無之。對美國的盟邦而言，美國已不可信賴，他們必須自求多福，並尋找新的夥伴。對美國的敵對者而言，可說是憂喜參半，憂的是美國的不可預測，而且偏重以軍力解決問題；喜的是美國的世界秩序正在瓦解中，使其他國家在對外關係中，增加了空間和彈性。

川普的狂妄、自大、出言無狀，令人反感。但他的直白、敢講真話，以及有時切中要害，也會打動人心。至少對支持他的選民而言，他說到做到，心口如一，所以會贏得他們的信賴。

季辛吉對川普上任後的美中關係，可說十分憂慮，因為他看到的是雙方走向一條對抗的路，過去他曾經營的美好時光已回不來了。2001 年，季辛吉便指出蘇聯解體後，美國把中國視為新的敵人；他說，就美國立場而言，美國有何理由去阻止中國成長，這樣做會在國際上得到支持嗎？美國有何利益把中國當作冷戰時代的蘇聯看待，難道美國沒有其他的選擇嗎？如果美國的目的只是致力於阻止其他國家的崛起，這種世界警察的角色只能招致更多國家的反感和反對。他還強調，事實上，美國和中國之間有太多的共同利益可以對話與合作。他在美中關係上仍在扮演一位傳話的人，希望形勢不要變得更壞，但他對川普有一句好評，便是說川普不虛偽。

我寧願相信，季辛吉這句話也不虛偽，也有對川普鼓勵和安慰的

作用。我甚至認為川普有些主張如果能夠堅持和兌現，對美國可能有很大的幫助。例如：

1. 美國不應該擔任世界的警察。
2. 美國不必去領導世界。
3. 美國無須向外推銷民主。
4. 美國不必在海外維持太多駐軍。

但川普的不足之處，在於他在推翻美國一手打造的國際秩序之時，並沒有提出新的構想和替代方案。以他的言行而言，他有走向「新孤立主義」的傾向，恢復到「美國堡壘」（Fortress America）的時代（第一次和第二次世界大戰之間，1919-1939 年）。

但是以川普的作風，把外交當生意做，只強調自己的利益，不顧及他人的利益。一切以贏為出發點，美國永遠是第一，美國要再偉大。如此，美國與其他國家的關係只會愈走愈遠，美國將會成為一個孤立的國家。

事實上，美國已把中國視為美國的首要敵人，2017 年 10 月 4 日美國副總統潘斯（Mike Pence）對中國空前嚴厲指責的公開演講，已宣示美中新冷戰的開始。美國認定中國的經濟和軍事力量已對美國的霸權構成危險，決定予以反制。

值得注意的是盡管川普對中國在貿易戰上的「極限施壓」，美國兩黨難得一致對中國「同仇敵愾」，視中國為美國最大的威脅，但中國卻不動如山，冷靜對待。因為中國記取了拿破崙的一句名言，「當你的敵人犯錯時，千萬不要打斷它。」

為了把中國形塑為新冷戰的敵人，美國列舉了中國的四大罪狀：

1. 對美國經濟上巧取豪奪造成美國內部的分裂和對立。
2. 以科技上的雄心（中國製造 2025），搶奪美國世界第一的地位。
3. 企圖在亞洲建立霸權，危害美國的利益。
4. 中國企圖以東方文明挑戰西方的文明和美國的普世價值，美國無法接受。

川普前親信巴農（Steve Bannon）在歐洲遊說西歐國家聯合對抗中國，他聲稱，「歷史將會記得我們阻止中國稱霸世界的努力！」

為了醜化中國，美國已口不擇言，例如川普說，「中國是『強暴』（rape）美國最大的國家。」他的顧問納瓦羅（Peter Navarro）說，「中國造成美國 7 萬家工廠關閉，2,500 萬人失業或低度就業，並使美國對中國負債上兆美元。」2019 年國務卿蓬佩奧（Mike Poepeo）在公開演講時說，「中共是馬列主義政黨致力於鬥爭和控制世界。」

中國真是美國形容的那麼可怕嗎？

1. 中國對外政策上一向十分克制，自 1979 年後從未對外用兵。
2. 中國在國際社會上非常負責，對維護聯合國和國際秩序貢獻極大。
3. 中國近年來在市場開放、擴大國內消費上進步很多，有關對外貿易的法規已大為鬆綁。
4. 中國在國際社會中，從來不是威脅，既未推銷共產主義，也未鼓勵暴亂，更沒有干涉他國的內政。

美國對中國在對外貿易中的諸多指責，請問這些作法與其他國家

有何不同？美國的紀錄難道會比中國好嗎？根據「瑞士信貸」（Credit Suisse）2015 年對 1990-2013 年間「非關稅壁壘」（non-tariff barriers）的調查，美國名列第一，中國是第五，只有美國的 1/3。

美國決心為維護自己的霸權無可厚非，但要把中國型塑為「罪大惡極」，有這個必要嗎？

美國政府在決定一項重大外交政策之時，為了爭取國內的支持和盟國的配合，通常會誇大其嚴重性，並賦予理想主義和道德性。我相信每個國家都會有這種傾向，但美國特別精於此道，因為美國一向都以理想主義包裝其現實主義的外交政策。

1947 年當美國宣布杜魯門主義（Truman Doctrine）以軍援土耳其和希臘兩國對抗共產主義的滲透，正式揭開冷戰序幕之時，便是以誇大其詞的方式爭取國會和人民的支持。事後，主其事者國務卿艾其遜（Dean Acheson）承認：「美國政府表述的比真實還要清楚（clearer than truth）。」美國學者米德（Walter R. Mead）說，美國是一個極端相信神（上帝）的國家，所以在外交政策上製造了不少的神話，因為「神話比事實還要清晰」。他說，「冷戰」也是神話，因為明明是美國在操控世界體系，熱戰也未少打，不是嗎？現實主義大師卡爾（E. H. Carr）早就指出，「這種偽善是盎格魯─薩克遜人思想中特有的怪僻。」

美國知名專欄作家佛里德曼（Thomas L. Friedman）指出，美國此種激烈的態度可能為時已晚，中國如今已強大到不吃美國這一套了。他說美國沒有必要走回冷戰，也沒有必要去圍堵中國。他擔心美國太過於關心中國的問題，而忽略了自己本身的問題，這才是美國今

後最大的危機。

美中兩國在地理上相隔遙遠，在地緣政治上也沒有重大利害關係。中國並不想當美國的敵人，美國也沒有必要把中國變成敵人。美國雖然好戰，但沒有任何正當性和必要性去和中國兵戎相見，何況在中國沿海地區，美國也沒有戰勝中國的把握。

如今是一個分裂的西方，一個分裂的歐洲，一個分裂的美國，面對世界走向東方化的趨勢，居然還在把自己的價值當做普世價值。漢廷頓早就說過，那是天真和神話，是對其他文明的不尊重。季辛吉也強調，美國把民主當作普世價值，在國際社會上有破壞性。美國自以為是的正義感，很難得到其他國家的認同。

事實上，迄今沒有對美國安全上構成威脅的敵人，世界權力的結構業已改變，美國不應執著於「冷戰思維」，刻意去挑起一個新的冷戰。美國和其盟國的關係只會愈來愈遠，甚至名存實亡。世界上區域性的衝突大可由區域內國家自行處理，美國並無「重大利益」去介入或干預。越戰和中東的戰爭是造成美國衰退的外在原因，美國還不能痛定思痛，記取教訓嗎？

美國的衰退主要是其內部的因素，美國對外推銷民主，但民主在美國已經失能，在施政績效上，美國是失敗的。但美國仍在虛張聲勢，以不符合美國的利益和價值去恫嚇、威脅和制裁其他國家。事實上，美國愈加濫用其權力，愈加鼓勵非西方勢力的崛起。美國今天的作為正與世界的發展背道而馳，全世界都在追求開放，美國卻選擇關閉自己。

除了前述的窮兵黷武、債台高築、自以為是的推銷美國價值之外，美國本身在制度上已產生嚴重的偏差。例如，美國的選舉制度，

輸給對手 300 萬選票的川普，居然在「選舉人」制度中獲得勝選。川普是美國歷史上最弱勢的總統當選人，但他的作風卻最強勢。難怪美國《時代》周刊在他當選後在封面上寫著「分裂美國的總統」（President of the Divided States of America）。在川普就任來，美國一直處在政治分裂中。

美國 50%以上的出口來自 7 個大州，但出口不到 10%的 26 個小州的參議員（52%＞14%）卻控制了美國的參議院，尤其是外交和軍事委員會。這種不合理的現象使美國的外交政策往往既不符合現實，也不符合美國的利益。

美國名專欄作家布魯克斯（David Brooks）說，「如果我們認為我們的制度優勢，可能是一廂情願，如果我們不能把我們的制度變得更好，將會有更多人會說，他們要跟中國人一樣。」

他還引述另一位專家的話，「為了抵制這個別人（other），我們是誰（Who are we）？如果中國已經是一存在的威脅，我們有能力去改善我們的制度去面對這一挑戰嗎？」

不可否認的，國際社會舊的秩序已在裂解，但新的秩序尚未產生。今後一段時間可能是布里辛斯基所預測的將是一個混沌的時代。在這一新的秩序形成的過程中，美國和中國合則兩利，分則兩害。面對當前美中關係的惡化，一些美中關係重量級的人物憂心忡忡，如季辛吉、鮑爾森（Henry Paulson）。在柯林頓總統任內擔任財政部長的魯賓（Robert E.Rubin）曾發表專文，表示他十分擔心當前美中關係的負面發展會成為惡性循環，他建議雙方一定要建立建設性的關係，不僅僅是為了當前的經濟利益，也是為了人類的未來。

美國必須了解，外交政策中沒有必勝主義的立足之地，美國的理

想主義應該少點僵化，多點彈性。

▍二、其他國家的崛起

札卡里亞（Fareed Zakaria）是印裔美國學者，曾任《Newsweek》主編，主持電視節目（Foreign Exchange），現為《Time》和《CNN》的編者。2008 年出版《後美國世界》（The Post-American World，2011，2012，修正再版）。

如今許多人在討論美國衰退的問題，當前是擔心中國的崛起。但作者認為美國的挑戰不只是中國而是世界上其他國家的崛起（the rise of the rest）。他們政治上安定，經濟上強大，文化上自信。

以中國、土耳其、巴西和印度為例，說明這些國家的快速成長。美國仍然在世界上扮演樞紐角色，但已與過去不同。美國無論在經濟手段上或政治影響上，都無法解決問題。

（一）其他國家的崛起

其他國家的崛起基本上是經濟因素，世界正進入一個後美國世界，傳統國家力量（經濟和軍事）的使用已效果遞減。

從 1990 年到 2010 年，全球經濟從 2 兆成長至 62 兆美元，全球貿易增長 267%。其中新興市場以「購買力平價」（PPP）計算占 47%，以「市場匯率」（MER）計算也占 33%。中國和印度共 25 億人口將決定全球權力的轉移。2003 年到 2020 年，中國的汽車從 260 萬輛增加到 1.2 億輛。

民族主義興起

全球化使所有問題都產生外溢（spill over）效應，民族主義也隨經濟發展而突顯，任何國家都希望得到認同和尊重，布里辛斯基（Zbigniew Brzezinski）稱之為「全球政治覺醒」（a global political awakening）。

在權力分散和多元化之後，國家行為的「正當性」（legitimacy）變得更為重要。干預要在主要國家共同支持下才能成功，美國小布希政府外交政策之失敗即是缺乏正當性。

世界最快的賽車

2008 年的金融風暴是自 1929 年以來世界最大的金融災難，造成了約 50 兆財產的損失。

問題的關鍵在於美國的消費多於生產，並不斷擴大債務。美國家庭的消費從 1974 年的 6,800 億元升高到 2018 年的 14 兆元。美國國債從 1990 年的 3 兆元，升高到 2008 年的 10 兆元，2010 年又上升至 14 兆元。

這次金融危機的規模傷害了美國經濟力量的正當性，結束了美國全球的領導地位，加速走向了後美國的世界。美國人曾認為全球化就是美國化，但金融危機使這一神話破滅，美國和歐洲國家都嚴重受創，但亞洲國家卻依然穩步發展。IMF 指出 2009 年全球成長是由新興國家創造的。Goldman Sachs 曾預測到 2039 年時「金磚國家」（BRIC）的 GDP 將超過 G7 集團，隨後更將時間提前到 2032 年。

如今，美國的經濟和發展模式已不如以往受到重視，新興國家都在選擇適合自己的制度。

最後的超級強權

　　在金融危機之前，一些人便預言美國將會衰退。英特爾（Intel）的創辦人格羅夫（Andy Grove）在 2005 年說，美國將有步上歐洲後塵的危險。德國《Der Spiegel》的主編史坦格（Gabor Steingart）指出，美國已失去了關鍵工業，人民儲蓄少，政府負債日益沉重。德國名政論家越飛（Josef Joffe）稱美國是一個「跳票的超級強國」（the default superpower）。

另一種泡沫

　　由於其他國家興起，美國將經歷相對的衰退，當其他國家成長更快，美國在分配大餅上所占的比例將縮小。此外，新興起的非政府力量也將大為克制美國的力量。當事情發生改變，美國的角色也有了改變，這個世界秩序就將分裂。

　　美國前 500 大公司 46%的利潤是來自國外，可口可樂（Coca-cola）分布在 206 個國家，80%的利潤來自國外。但基本上，美國經濟仍較內向，對外界變化也較不敏感。事實上，美國企業家與美國人民對世界的看法是有鴻溝的。美國政府對外的高壓手段，在過去 15 年終，美國對世界幾乎一半人口進行各式各樣的制裁，加上美國政客們為了自己選區的利益，不負責任的指責國外，使得美國與世界的距離愈來愈遠。

　　根據 PEW2009 年的調查，美國對支持自由貿易的比例直線下降，對多國企業，開發中國家多在 70-80%之間，而美國只有 45%，為倒數第 5。美國已不再被視為模範。

　　美國對自己一項高舉的理想——自由市場、貿易、移民、科

技——都失去了信心。如今是全球在開放，美國在關閉，美國全球化
了世界，但卻忘了把自己全球化。

現代化

今後數十年，世界的四大經濟體，除美國外，其他三個都在亞
洲，中國、日本和印度。

漢廷頓說過西方文明的可貴不在其普遍性，而在其獨特性
（unique）。日本十分先進，但對西方人士而言，日本只是現代化，
而不是西方化。如果財富不能使日本西方化，其他非西方國家更不可
能西方化了。

（二）中國的挑戰

經濟學者塞克斯（Jeffrey Sachs）說，「中國已成為世界歷史上最
成功的發展故事」，如今全世界成長最快速的 20 個城市都在中國。
中國對外全面開放的政策成為世界上最大製造國和出口國，美國百貨
業的龍頭沃爾瑪（Walmart）一年從中國進口 270 億美元的商品。中
國的外匯存底為 3 兆美元，是日本的 1 倍，歐盟的 3 倍。

中國是成功的發展中國家，中國不僅對外開放，而且政策穩重而
漸進，它已發展成為具有中國特色的資本主義。中國以 30 年的時間
達到西方 200 年的成就。中國的成功必然也帶來一些問題，如社會治
安和環境汙染，但迄今中國處理的還很得當。中國的問題不是「邪
惡」（evil），而是「失控」（the ability of hold things together）。中
國的挑戰不是科技，而是政治。中國上下共同的心願是奮發有為，努
力向前。

　　文化不能存在於真空之中，中國的過去和基因和近代歷史是分不開的。中國的思想重視開放和包容，孔子很少講經濟和商業，但未能阻止中國在經濟上突飛猛進和重商主義。中國會調製自己「文化的雞尾酒」（ cultural cocktail），大步走進 21 世紀。

　　到目前為止，中國的外交政策主要以商業利益為主，在非洲，每年貿易成長高達 50%，並提供大量援助，堅持在商言商，政經分離。在亞洲，以高明的外交手腕，全力爭取與周圍國家友好，尤其在 1997 年亞洲金融危機時，表現良好，深獲各國好評。

龍和鷹

　　與美國相比，中國是過度儲蓄，美國是過度消費。目前，中國的外匯存底已達 3 兆美元，2008 年起，中國成為美國最大的債權國。哈佛大學經濟學教授羅德瑞克（Dani Rodrik）說，這筆錢如用來投資，可為中國每年多賺 400 億美元，相當 1%的 GDP。

　　2008 年美國金融危機時，中國以 6000 億美元來力挽狂瀾。諾貝爾經濟學獎得主史蒂格利茨（Joseph E. Stiglitz）說，中國在幫助美國，但中國也可以用來借錢給自己國人來提高消費。歷史學者佛格森（Niall Ferguson）說，「中美」（Chimerica 他創造的名詞）合則兩利，分則雙輸，全球化也會壽終正寢。

　　「北京共識」（ Beijing Consensus）的創辦人拉摩（Joshua Cooper Ramo）對中國的外交政策形容為不是尋求衝突，而是避免衝突。中國不會像美國一樣耀武揚威，作威作福，而是有自己的模式，強化自己的經濟能力，並以維護國家主權為其要務。

美國的力量

但令美國擔心的是美國在基本因素上，如數學、製造、努力工作和儲蓄上卻已經落後，美國人民傾向於消費和休閒。2006 年的大學畢業生，主張運動的多過電機。通用電器（GE）的總裁依麥特（Jeffrey R. Immelt）說，幾年後美國將會成為世界按摩（massage）之都了。

2005 年美國科學院報告稱，美國很快會失去世界科學的領導地位，該報告指出 2004 年，中國有 600 萬工程科畢業生，印度有 35 萬人，美國只有 7 萬人。

美國最大的弱點是其政治制度，美國的負債驚人，借了80%的世界的儲蓄，社會貧富差距擴大，中產階級空洞化，使美國人愈來愈悲觀。美國國會的立法極少想到世界其他國家，因為他們只相信美國是獨一無二的。結果使美國從一個「可做」（can-do）變成一個「什麼都不做」（do-nothing）的國家。

對美國最大的考驗是政治，美國能在一個其他國家已經動起來的世界上調適和適應嗎？美國能真正擁抱一個多元的世界嗎？美國能在一個它不能主宰但仍然興旺的世界生活嗎？

（三）美國的選擇

美國最強大的時間應是 2002 年，此後美國便開始走下坡了，雖然它仍是全球超強。

2007 年，中國對世界成長的貢獻超過美國，這是自 1930 年代以來的第一次。在國際體系中，美國仍維持其單一霸權地位，但隨著其他國家的成長，這個霸權只會一年一年的減弱。

美國面對的新世界，有 6 個指標：

1. 選擇

美國不能大到什麼都要，它必須要有優先順序，對一些國家，美國必須在「改變政權」和「改變政策」中作一選擇，如果兩者都要，終將一無所獲。

美國對伊朗的作法會使伊朗放棄核武嗎？美國不需要俄國的合作嗎？抵制中國會有效嗎？

維持這麼大的一個帝國有必要嗎？根據 2006 年美國國防部的報告，美國在 40 個國家有 766 個軍事基地，分佈在全球 3,000 萬公畝土地上、3,700 個場地（sites）、571,200 個設施（facilities）。海外基地的價值為 1,270 億美元，一年花費 130 億美元，維持 20 萬軍人和大致相同的眷屬，以及 8 萬名當地的僱員。

2. 建立廣泛規則，而非狹隘利益

美國制訂規則，自己必須要遵守規則。如果美國自己不遵守，其他國家為什麼要遵守呢？總不能美國認為自己可以「例外」，其他國家就不能「例外」吧。美國有沒有檢討「反恐」是否只為方便自己而不顧其他國家的利益？「限武」是否只能聽美國的，而不能學美國？美國是不是一直對世界其他國家說，「照我說的去做，但不能照我做的去做。」（Do what I say, not what I do.）

3. 學俾斯麥（Bismarck），不要學英國人（Britain）

歐洲的近代史，強權有兩種政策，英國是對崛起的強權與以平衡，德國的俾士麥是與所有的大國打交道。美國一直在學習英國的作法，採取平衡者的角色，對付納粹德國和蘇聯。但今天的情勢已不同於過去，今日的世界不是劃分為不同的陣營，而是密切連結和相互依

存。在這種情況下，去平衡一個崛起的大國是危險的、有破壞性的、會造成不穩定的。

中國迄今有破壞國際秩序的嚴重傾向嗎？如果如此的話，它將深陷孤立，也會付出更大代價。以美國的強大實力，不去玩弄干預（overplay）是大戰略中至關緊要的。否則，美國將招致其他國家的「平衡」。

4. 單點式秩序（order a la carte）

堅持一種方式不一定是正確的，只有調適和彈性才能產生好的結果。這不必然符合理想，但可成就現實和可持久的秩序。

以南中國海為例，美國的利益顯然不如中國重要。哈阿斯（Richard Haass）前美國國務院政策設計處主任提出「單點式多邊主義」（a la carte multilateralism）的建議。尋求秩序不僅是美國的問題，與其他國家也有關係。沒有任何一個制度或組織永遠是對的，也不是任何方案都是理想的。為什麼不一個一個來處理呢？而且還可分工去做，聯合國、「北約」、美洲組織（OAS）都可分配適當的工作去做。

5. 不對稱的思考

美國最應避免的是限於制式的思考模式，對美國來說，好像除了軍力之外，就沒有其他的方式來處理國際問題。馬克吐溫（Mark Twain）說得好，「對錘子來說，到處都是釘子。」（To the man who has a hammer, every problem looks like a nail.）

小布希總統曾表示要對非洲國家關心，結果是國防部在非洲成立了一個軍事指揮部。

美國年度的反恐經費是 1 兆美元，但外交經費僅 100 億美元。

美國應善用其「公民社會」的力量，而不是只依靠武力。

6. 正當性才是力量

今天，美國有各種充分的力量，但卻缺少一項力量，即正當性，正當性的基礎來自信任，人們認為你做的事情是對的。柯林頓總統任內曾三次動用武力在波西尼亞（Bosnia）、海地（Haiti）和科索夫（Kosovo）進行干預，但並未引起爭議。小布希在 911 事件後的反恐在起初也得到普遍的支持，但在攻打伊拉克之後，全世界只有英國一個國家支持，美國的聲望一落千丈。美國可以恐嚇他的敵人，但不代表美國可以恐嚇全世界。

美國必須了解爭取國際支持的重要性，美國必須要有具體說服其他國家的能力。不能在思想上取勝，在職場上也不會獲勝（類似中國的「師出有名」）。

美國事實上是在利用反恐來進行其獨霸全球的野心，尤其美國的新保守主義者和激進的共和黨人士已走火入魔。

小布希時代的副總統錢尼（Dick Cheney）和國防部長倫斯斐（Donald Rumsfeld）幾乎成了戰爭販子。2002 年法國總統沙柯奇（Nicolas Sarkozy）在當選後，美國國務卿賴斯（Condoleezza Rice）問到有何效勞之處時，他說，「請改進你們在世界的形象。」他接著說，「當一個國家是世界上最強大、最成功，也是我們的領袖，卻是一個最不受歡迎國家之一，這是件難堪的事。這給你們帶來無比沉重的問題，也給你們的盟國帶來同樣的問題，所以，務請盡一切可能去改善他人對你們的看法，這就是你能為我做的事。」

美國的問題是既恐嚇了別人，也嚇壞了自己，使得美國人認為除了獨自行動、先發制人外已別無選擇。美國這種作法破壞了幾十年建

立的國際好感，疏離了盟友，並使敵人更加大膽，且無助於解決美國面對的主要問題。

美國的恐懼來自另一個原因，擔心自己優勢地位的喪失。以對中國政策為例，美國似已亂了分寸。2010 年 9 月美國眾院民主共和兩黨一面倒地通過一項以提高關稅來懲罰中國人民幣貶值的提案。這個提案是無意義和危險好戰的，美國的反中情緒將使美國錯失下個階段迎接中國真正挑戰的機會。

人民幣貶值有利於出口是事實，但這只是使中國成為世界最大製造國的原因之一，其他包括中國超強的內部結構、低廉的工資、勤奮的努力、對市場經濟的狂熱以及配合良好的工會等。

中國製造的商品比美國便宜 25%，美國提高對中國貨品的關稅，也不會使美國產品有競爭力，但會對一些其他國家有所幫助，如越南、印度、孟加拉等國。問題是其他國家也會貶值貨幣，一如 OECD 負責研發的雷伸（Helmut Reisen）所說，「世界的貨幣不僅只有二種（美元和人民幣）。」

事實上，從 2005 年到 2008 年，人民幣已升值了 21%，但中國對美國的出口依然大幅增加，中國在這方面的表現的確比其他出口國好。相反的，從 2002 年迄今，美元貶值了 23%，但美國的出口並無起色，

問題是美國進口大於出口的原因是其他國家操縱匯率呢？還是美國的消費大於投資和製造呢？

有些外交政策是一國做什麼，但有些是該國是什麼？美國前副總統韓福瑞（Hubert Humphrey）曾說，1960 年代美國最成功的外交政策是 1964 年的人權法案。

▌三、全球權力的反抗

布里辛斯基（Zbigniew Brzezinski）為美國名戰略學者，曾主張美國以「三邊主義」（Trilateralism），美國、西歐和日本為架構，因應後冷戰時代的國際格局。1977-1981 年擔任卡特（Jimmy Carter）總統的國家安全顧問。生平著作甚多，尤其在冷戰後，連續出版了《失控》（Out of Control）、《美國的抉擇》（The Choice）和《大棋盤》（The Grand Chessboard）等大作，為美國分析和建議在新的時代應有的作為。卡特總統稱讚沒有人比他更了解力量和原則的相互依存關係。在 2012 年《戰略遠見》（Strategic Vision: America and the Crisis of Global Power）一書中，他已預見美國的危機，世界權力中心從西方向東方快速轉移，美國在國內和國際上的表現一直下落。他建議美國應促成歐洲的團結，避免介入亞洲的衝突，並且鞏固與中國的合作關係。他的先知和遠見都十分正確，可惜美國政府的領導菁英一直迷戀美國的強大軍力、傲慢和自大，使美國在世界上的影響力愈來愈小，美國的霸權也逐漸沒落。他在 2017 年過世，這是他生前最後一本的作品。

隨著中國的影響力提升，以及其他新興大國對資源、安全保障和經濟優勢的相互競爭，發生誤判和衝突的可能性增加了，美國必須謀求奠定範圍更廣的地緣政治基礎。

本書尋求回答四個主要問題（2025 年以後的戰略遠景）：

1. 東方化的影響。
2. 美國影響力衰退。
3. 地緣政治的影響。
4. 美國在東方的兩個戰略目標：第一，與中國密切合作；第二，不捲入亞洲的危機。

歷史上引以為戒的例子：中國清代的衰敗，歐洲危機的自毀。

（一）衰落中的西方

西方帝國在經歷兩次世界大戰後力量大為削弱，獲得新支配的美國又拒絕繼承歐洲的帝國遺產。

中國崛起不僅代表西方獨大地位的終結，也代表全球權力中心的東移。

從 1910 年至 2010 年一百年間，全球權力等級有五次大的改變：

1. WWⅠ前，英法主導。
2. WWⅠ至 WWⅡ之間，英國主導。
3. WWⅡ後，美蘇長達 40 年的冷戰。
4. 1991 年蘇聯解體，美國成為單一霸權。
5. 2010 年新權力格局在形成中。

西方內部的衝突破壞了其支配地位，全球領導階層缺欠凝聚力。全球政治覺醒：資訊發達，年輕人口增加（尤其是中東地區）。

過去人民政治參與少，今日參與普遍。民族主義加上反殖民主義是反西方的。青年覺醒和新媒體是民粹的。

中美競爭的結果將取決於兩國經濟和社會體制的相對表現。全球動盪和政治極端主義的抬頭可能成為西方意料之外的發展。

（二）美國夢的消逝

美國的聲望有二次達到頂峰：WWⅠ結束時和冷戰結束時。1960-1980 年代，蘇聯曾威脅美國的地位。

美國在 2010 年前陷入債務危機，九一一之後的反恐戰爭和 2003 年對伊拉克發動的戰爭，動搖了美國的聲望和地位，人們不再把美國理想化。

美國應如何走出自我蒙蔽：

1. 積極處理債務，不能再肆意揮霍。
2. 健全金融制度。
3. 減少貧富差距。
4. 改進國家基礎設施。
5. 增加公眾對世界的了解。
6. 化解內部日趨嚴重的對立。

美國尚存的實力：

1. 總體經濟實力。
2. 創業文化和優秀的高等教育機構。
3. 相對強大的人口基礎。
4. 美國民眾的響應能力。
5. 得天獨厚的地理基礎。
6. 傳統價值和國際形象。

美國的錯誤是：第一，不該在蘇俄撤兵後，忽視阿富汗；第二，攻打伊拉克毫無必要。

（三）美國之後的世界

到 2025 年不是中國，而是渾沌

過去歷史的教訓：

納粹德國：攻打蘇聯，對美宣戰。

蘇聯：軍備競賽，入侵阿富汗。

中國的自信和穩重，謹慎和克制。

但中國內部有潛在的不穩定性。

中國在戰略包圍前十分脆弱。

過於強調民族主義，會使中國更加孤立。

中國在上升到全球卓越地位時所遭遇的障礙，要遠大於美國當年的崛起。

恐怖主義只能製造動盪，不能實現其政治目標。大多數恐怖主義行動是國內的，而不是國際性的。美國力量的下降不會影響恐怖主義活動的範圍，唯有改變地方局勢，才能減少恐怖主義的活動。

川普的反移民和築牆將終結美國的睦鄰政策，並可能引發地緣政治的對抗。包括共同的全球公共品：戰略公共品（海洋、天空、外太空、網路、核擴散）、環境公共品（水資源、北極、氣候暖化）。美國力量的下降，將減少全球共識，和公平分配。

2025 年之後：新的地緣政治平衡

重新界定美國在世界上的地位。美國人民無知，責任在總統。小布希的「反恐」聖戰，模糊了美國的國家目標。

歐亞大陸的地緣政治動盪。蘇伊士運河以東、中國新疆以西、俄羅斯以南，形成的新中亞國家是直接威脅。

美國在後冷戰時期，未能好好掌握世局，浪費了大好的機會，尤其對俄國和土耳其關係處理的不當，是一大敗筆。

在歐洲，基本上已無足輕重，值得注意的是德國和俄國的關係。擔心亞洲會成為 19 世紀的歐洲，大國競爭和衝突不斷。美國應致力

於建立一個廣泛的歐亞大陸地緣政治平衡，美國應與中國維持合作關係，並調和中國與日本、印度的關係。

作者稱衰落的西方和美國夢的消逝是目前的現象，但並非是歷史的必然。美國不但可恢復實力，也可再壯大西方，他具體的建議是全力爭取俄國和土耳其留在西方陣營。美國應與歐洲和俄國建立合作關係，最理想的情況是俄國加入「歐盟」以及「北約」。

作者的「戰略遠見」是「重建大西方」和「東方大和解」。他主張美國不應直接介入亞洲大國間的衝突，但要運用其影響力防止戰爭的爆發。美國應默許中國在亞洲的地緣政治地位，並成為主導亞洲經濟的大國，只要兩國能相互包容，亞洲的穩定性就大大增加。

▌四、東方化的世紀

英國《金融時報》（Financial Times）記者拉赫曼（Gideon Rachman）在 2016 年寫了一本《東方化：亞洲世紀的戰爭與和平》（Easternisation: War and Peace in the Asian Century），他斷言 21 世紀將是東方的世紀，世界的權力正向東方轉移。

1914 年，歐洲人占有了全世界 84%的土地和 100%的海洋。兩次世界大戰瓦解了西方的帝國主義，過去 50 年來，西方的經濟力量一直在衰退中。

2014 年國際貨幣基金會公布以「購買力平價」（PPP）計算，中國是世界第一的經濟體。亞洲也將在 2020 年，經濟力將超過歐美。2025 年，2/3 的人口在亞洲，美國占 5%，歐洲占 7%。「美國國家情報協會」（NIC）預估，就全球實力而言（包括 GDP、人口、軍

事經費和科技投資），亞洲將超過北美和歐洲的總合。如今是俄國向東方靠攏，土耳其與西方反目，非洲在嚮往「中國模式」，再加上西方民粹主義興起，一一在說明西方病了，而且病得很嚴重。

美國重回亞洲的戰略是期待中國改變的同時，希望為西方爭取一些時間。西方（主要是美國）期待中國會改變得更自由和民主，最好是採取西方的政治體制，這方面是低估了中國的文化和民族主義；另一方面則認為不如此，會造成中國社會的不穩定，甚至政權的崩潰，這又是低估了中國的韌性和能力。

（一）從西方化到東方化

基本上，中國的歷史觀是曲線的，歷史上有興衰起伏；而美國的歷史觀是直線的，只有繁榮與壯大。對國家的衰退，中國人認為理所當然，而美國人認為不可思議。

西方對過去幾百年來帝國主義和殖民主義歷史的「冷漠」和刻意淡化，如今東方正在糾正這一歷史的錯誤。侵略和剝削他國是不易被遺忘的，亞洲一些國家對日本的仇恨，不會亞於對西方人的仇恨。

東方國家的超英趕美的速度是很驚人的，以中國為例，其經濟規模和美國相比，1990 年為 6%、2000 年為 12%、2008 年為 30%、2011 年為 50%。如以購買力平價計算，2008 年為 58%、2012 年為 80%。中國在 2006 年超過法國，2007 年超越英國，2008 年超越德國，2010 年超越日本。

美國自 1871 年到 2014 年是世界上最大的經濟體，但這個優勢正在消失中。

（二）戰爭的危機

雖然亞洲和中國正在崛起，但美國表示不會從亞太退讓，哈佛大學教授奈伊（Joseph Nye）說，不可想像西太平洋變成中國的勢力範圍，因為這種對中國崛起的反應將會破壞美國的信用。歐巴馬總統也於 2011 年 11 月宣告美國在 21 世紀不會從亞太地區退出。

一位澳洲學者懷特（Hugh White）指出，美國如此想法是個悲劇性的錯誤，因此將使美國走向與中國長期而痛苦的競爭，造成美國巨大的經濟損失和毀滅性戰爭的危險。

美國另一位哈佛大學教授艾里森（Graham Allison）則以「修昔底德陷阱」（Thucydides Trap）警告中美正面對衝突的可能性。史坦福大學教授毛里斯（Ian Morris）更進一步指稱，中國崛起的巨大地緣政治變化必然會導致大規模的暴力。

中國學者清華大學教授閻學通認為外交政策就是權力競爭，大國衝突不可避免，但由於中美都是核武大國，還不致於彼此宣戰。

2014 年美國政治現實主義學者芝加哥大學教授米謝謨（John Mearsheimer）在其《大國政治的悲劇》（The Tragedy of Great Power Politics）一書中指出「中國不可能和平崛起」。他不是說中國好戰，而是說中國不可能與其他國家不同，包括美國在內。他說，「中國經濟強大了，要想主宰亞洲和美國當年主宰美洲一樣，美國要費很大力氣去阻止中國成為區域霸權，結果就是劇烈的競爭並可能走向戰爭。」

美國要維持全球的軍事主宰力量，中國只想在區域享有主宰力量，這是兩國最大的不同。問題是中國準備和其鄰國甚至與美國打仗嗎？這個 21 世紀崛起的超級大國的意圖是什麼呢？

（三）中國不再「韜光養晦」了嗎？

習近平於 2012 年 11 月接任中共總書記，提出「中華民族偉大復興」的號召。北京大學教授王緝思指出中國崛起只能在美國設計的全球化結構中實現。美國教授伊肯柏里（John Ikenberry）認為，中美兩國均是「現狀國家」（status quo states），破壞此一現狀，對雙方都不利。

中國最高層的外交官員國務委員戴秉國曾全力推動與美國的良好關係，深獲美國對手，包括季辛吉的推崇。戴曾說中國的終極目標是脫離貧窮，使人民享有較好的生活，有賴於一個和平的國際環境。

但隨著中國國力的發展，在外交上愈加積極和主動。2014 年在北京舉行的 APEC，中美達成氣候變遷的協議，中國也提出了「亞投行」和「一帶一路」的規劃，中國顯然已不再「韜光養晦」。

李光耀生前曾說，對一個具有 4,000 年文明歷史和 13 億人口的民族，怎麼可能不渴望成為亞洲，甚至世界第一？中國走向積極和主動，有三個相關因素：民族主義、自信心、維護內部穩定及提防西方對中國的顛覆。

中國追求國富民強是很自然的。IMF 在 2014 年宣布以 PPP 計算，中國已成為世界最大的經濟體，更增加了中國人的自信。中國宣布成立「亞投行」時，美國持反對立場，並勸阻其歐洲盟友拒絕參加。但英國卻在 2015 年 3 月第一個跳出來支持和參加，中國人認為很有面子，也認為一個新的世界秩序正在形成了。

中國的經濟實力增長，使中國人不再恐懼西方的財富和成功。中國的私人企業家馬雲 1999 年所創立的互聯網公司阿里巴巴的資產已超過美國 eBay 和 Amazon 的總和。

2008 年金融風暴後，中國的知識分子益加相信，美國在衰退中，中國終將可以與美國平起平坐。中國的官員愈來愈看不起西方的官員，中國所謂的自由派的聲勢也在下降。基本上，中國的媒體認為美國對中國並不友善，不但在軍事上和政治上圍堵中國，並且在思想上，希望在中國製造混亂，因為美國不喜歡中國的一黨專政。

2000 年後，東歐和中東爆發了一連串的「顏色革命」（Color Revolutions），如 2003 年喬治亞的「玫瑰革命」、2004 年烏克蘭的「橘色革命」、2005 年黎巴嫩的「蘋果革命」（Cedar Revolution）、伊朗 2009 年的「綠色革命」、突尼西亞的「茉莉花革命」（Jasmine Revolution）、埃及 2011 年的「臉書革命」（Facebook Revolution），2014 年烏克蘭又發生第二次革命。西方認為這是第四波民主化運動，大受鼓舞，暗中支持，推波助瀾，不在話下。

總之，習近平掌權後，表現的是對外自信，對內不安全感。換言之，是對以美國為首的西方，對企圖顛覆中國的恐懼。這種恐懼不是沒有道理的，因為美國的心態是自己永遠是第一，美國已習慣了當老大。面對中國的崛起和步步進逼，對中國採取反制是極其自然的反應。

（四）美國的反應

當 2011 年「阿拉伯之春」引起一連串的革命之際，美國信心大增，當年 11 月，歐巴馬總統宣布在十年兩次中東戰爭後，美國將轉向亞太地區，因為美國一直是一個亞太國家，美國是太平洋強權，並將永遠如此。

不過，歐巴馬也強調將致力於與中國建立合作關係，中國的經濟

為印度的 5 倍，是唯一具有挑戰美國能力的國家。美國認為雙方是夥伴，也是競爭對手，至於如何平衡這兩者，美國官方認為是 80%競爭、20%合作。

在老布希和柯林頓的時代，美國曾試圖影響中國成為一個「負責任的利害當事人」（responsible stakeholder），倡導此議最力的是曾任美副國務卿和世銀總裁的佐立克（Robert Zoellick）。在 2009 年時，美國也曾希望在廣泛的國際關係議題上爭取中國合作（所謂 G2 構想），但中國似不為所動。2009 年 11 月歐巴馬訪華，據說對結果大失所望。中國表現的完全不符合美國的期望，在該年 12 月哥本哈根的氣候變遷會議上，美國又受到中國的杯葛。

2010 年美國國務卿希拉蕊稱美國在南海有國家利益，但其繼任者凱利（John Kerry）對亞洲興趣不大，他的優先問題仍是中東問題。若干美國人士認為美國政府過於關心中國的軍事而非經濟是不對的。「亞投行」使美國陷於孤立，美國提出 TPP 來阻止中國在經濟上主宰亞太，但國內阻力甚大，尤其國會也不支持。

曾擔任美國前財政部長、哈佛前校長的薩默斯（Lawrence Summers）說，美國已失去規劃世界經濟制度的角色。美國現正全力拉攏日本來對抗中國，但日本已今非昔比，所能發揮的作用有限。

美國力量的問題

美國歐巴馬總統的時代普遍被視為美國勢力的衰退，特別在中東、俄國和東亞。美國的形象因為敘利亞內戰、俄國併吞克里米亞以及中國在南海的崛起而受到傷害。

一位法國學者指出，美國非常善於劃紅線，但卻不擅長去執行。

美國一位資深亞洲通承認，如果美國人民不值得為烏克蘭去送死，那更不值得為釣魚台去打仗。

事實上，歐巴馬是一位較為重視和平的總統，他曾在 2014 年說過，「在我們剛剛歷經付出慘重代價的十年戰爭（指中東）之後，為什麼這麼急於去動用武力呢？」歐巴馬第二任期中的國防部長海格爾（Chuck Hagel）指出，美國頤指氣使的時代已過去了，新的現實是「調適」（accommodation）。2008 年爭取民主黨總統提名的希拉蕊也說，經濟牽制了美國和中國抗衡的能力，因為中國是美國最大的債權人，「你怎麼可能對你的銀行硬起來？」

奈伊教授指出東西方力量正在大的轉移，從 2001 年到 2010 年，西方在世界經濟的占有率下降了 10.33%，比過去 40 年下降的總和還要多。但在美國外交菁英的建制（establishment）中，對美國主宰世界已中毒太深，很難接受美國力量衰退和減少介入關係事務的理論。他們認為蘇聯解體後，美國唯一的目標便是阻止另一個強權的興起，因為這是符合美國利益的。

（五）西方秩序的瓦解

中東問題是造成西方秩序瓦解的主要原因。中東問題的癥結是內無一主導力量，外無帝國式的控制力量。歐巴馬希望自中東撤軍，重返亞洲，但事與願違，陷於進退兩難。美介入中東愈深，愈顯示無力，對重返亞洲更是心有餘而力不足。在歐巴馬八年任期中，主要時間均在處理危機，其中 90%為中東問題。

但美國決心避免軍事干預，美國的政治氛圍也轉為內向（inward looking）。歐巴馬首任，也被認為最有智慧的國防部長蓋茨（Robert

Gates）曾說，今後任何美國國防部長如建議在中東或亞洲使用地面部隊，他的頭腦一定是出了問題。一位美國的知名學者納瑟（Vali Nasr）悲痛的說，「我們從各處領導，走到無處可領導。」（We have gone from leading everywhere, to leading nowhere.）

美國在中東勢力下降，中國卻逐漸上升，2014 年中國成為沙烏地阿拉伯石油最大的買主。以色列一向與中國友好，2013 年，中國在以色列投資 70 億美元，以色列則向中國提供高科技產品和技術。

中東亂局對歐洲的傷害更大，2015 年約有 180 萬中東難民湧入歐洲，單單德國就有 110 萬人，最多來自敘利亞。歐洲人對中東已無能為力，過去輝煌的歷史已一去不返，更嚴重的是，也沒有未來。西方對中東的失落，代表「東方化」的到來，事實擺在面前：美國弱，歐洲更弱。

歐洲

如今歐洲最強大的國家是德國，英國人說，把所有雞蛋放在一個（德國的）籃子裡是不妥當的，但問題是又沒有其他的籃子。歐盟主席巴洛索（José Manuel Barroso）說，「法國需要德國去遮蓋它的弱，德國需要法國去掩飾它的強。」歐洲統一的目標原來是製造一個「歐洲的德國」，但如今沒人可以否認已成為「德國的歐洲」。歐債危機時，德國一出手對希臘紓困 4 億美元，此舉令美國和英國無法想像。

40 年來，英法的軍力直線下降，英法仍寄望於美國的領導，但擔心美國已無意再捲入歐洲的紛爭，「北約」已名存實亡。歐洲國家將本身的安全寄託在不切實際的幻想上，形同一場豪賭，後果不堪設

想。歐洲對亞洲的權力競爭更無興趣，只重視與亞洲國家的經濟和貿易，2012 年時，亞洲國家的軍事支出已超過歐洲。

德國的立場是如果美國與中國攤牌，德國不會參加，並認為會使西方分裂。英國是美國長期最忠實的盟友，但卻不顧美國的反對與反感，全力巴結中國，並認為中國在南海建立其勢力範圍是理所當然的。

作者認為歐洲採取的是一種務實和順應時代的政策，但一如德國所自豪的「完美無缺的窗戶」（well-sealed windows）也會被中東難民打破一樣，亞洲如發生動亂，歐洲亦難以置身事外。他說歐洲國家一方面寄望於美國的安全保障，又不支持美國在亞洲的安全政策，這顯然不是一個可持久的政策，尤其當前又面臨俄國的軍事威脅。

俄國轉向東方

1991 年蘇聯解體後，西方認為俄國的衰退已不可挽回，俄國必然要走向西方的模式並需要西方的協助。但 2014 年烏克蘭事件，已粉碎上述兩個假設，俄國明確的以武力證明其強權地位，同時也開始向東方靠近。

俄國併吞克里米亞，阻止烏克蘭向西方靠攏，扶植親俄政權，雖然美國和歐盟對俄國進行經濟制裁，但俄國不為所動。相反的，俄國指責美國 1999 年的科索夫戰爭，2003 年入侵伊拉克和 2011 年干預利比亞，均是「非法」行為。烏克蘭事件也是西方幕後主導，分別在 2004 年和 2015 年發動了兩次「橘色革命」。

俄國對美國有極大的抱怨和不滿，俄國指稱美國一心想稱霸世界，控制其他國家和人民，俄國是美國和西方陰謀的犧牲品。蘇聯解

體後，美國對俄國極盡冷淡、冷漠和奚落。俄國人形容，俄國要求以平等對待，50：50；美國人只同意 90：10 的比例。

由於受到西方的羞辱和打擊，激起了俄國人民的民族主義，也使得普丁（Vladimir Putin）的聲望大增。俄國如今盛行新的「歐亞理論」（Eurasian Theory），聲稱俄國是歐洲的一部分，也是亞洲的一部分。事實上，俄國與東方的淵源比西方深遠，但在 20 世紀，俄國一直被西方排擠，在未來，俄國的希望在東方，而不是西方。

俄國認為中國的崛起改變了世界，俄國學術界已盛行「東向論述」。烏克蘭事件後，西方對俄經濟制裁，更加推動俄國的東向化，普丁有一個「歐亞聯盟」（Eurasian Union）計劃，事實上，就是與中國密切合作，形成戰略夥伴。

2014 年普丁訪問中國後，雙方達成重大協議，除聯合海軍演習外，重點在經濟和能源的合作，一條由西伯利亞直通中國的天然氣管，對中國的能源供給幫助極大。

尤有進者，中國如今在中亞的影響力已大於俄國，經由中國的「新絲路」（高鐵），中亞幾乎成為中國的後院。

事實上，俄國比中國更加反美，在聯合國，中國經常配合俄國的立場，但中國在一般全球問題上，表現較為溫和。

2014 年俄國併吞克里米亞後，曾引起美國一些反思，是不是美國太重視中國崛起的問題，而忽視了一個像俄國這樣一個國家，即使在衰退中也會造成對美國的重大傷害。

★　　★　　★

　　烏克蘭是俄國和西方爭奪邊界的犧牲品，也是俄國公然向美國挑戰的具體行動。在 2014 年俄國併吞克里米亞時，一些非西方大國拒絕參加對俄國的譴責，如印度、巴西和南非。即使在歐洲，極右和極左的政治人士也公開表達對俄國的同情，認為一個分裂的烏克蘭，需要俄國的保護。

　　普丁挺身挑戰美國的權威，在中國極受歡迎，影響所及，東方普遍走上強人政治，最具代表的是土耳其和匈牙利。

　　在冷戰時代，土耳其是親西方的，也是美國的重要盟友。但 2003 年後執政的厄都干（Recep Tayyip Erdogan）卻因美國在中東的作為，日益和西方疏離。

　　另一個代表性的人物是匈牙利的奧班（Viktor Orbán），他以堅定的行動排斥難民進入匈牙利而一夕成名，不但成為該國的英雄，也得到西方保守派的稱讚。奧班公開推崇亞洲的威權制度，認為是非西方的不自由、不民主，但是成功的模式，他把習近平當作榜樣。

非洲和拉丁美洲——中國越過了美國的後院

　　對非洲，西方人看到的是失望和絕望，中國人看到的是希望和機會。2000 年時英國《經濟學人》（The Economist）的專題是「沒有希望的大陸」（The Hopeless Continent），指出非洲人有 45%生活在貧窮中，貪污腐化戰亂有如瘟疫一樣，無所不在，結論是世界極可能放棄整個非洲。

　　西方可能放棄了非洲，但中國非但沒有，反而積極伸出援手，在 10 年中（2000-2010 年），中國和非洲的貿易成長了 20 倍，從 100 億美元上升到 2000 億美元。如今至少有 100 萬中國人在非洲，中國

人不怕苦、不怕難，已取代西方成為非洲最大的勢力。

中國以開發和基礎建設換取非洲的原料和資源，在 10 年中，中國在非洲建造了 42 個體育館和 52 所醫院。2011 年利比亞內戰時，中國以海軍成功撤退了 3 萬中國在地的人員。

在拉丁美洲，中國的勢力也無所不在，在巴西、墨西哥、瓜地馬拉和巴哈馬均有巨大的投資計劃。尼加拉瓜的運河為 500 億美元，巴哈馬的會議中心為 35 億美元，墨西哥的高鐵，巴西的橫越亞馬遜河的鐵路，從巴西大西洋岸到秘魯的太平洋岸。

中國對非洲和拉丁美洲一再表明，中國絕不走西方帝國主義的路線，中國「不干涉內政」的外交政策深受這些國家歡迎。巴西前總統魯拉（Luiz Inácio Lula da Silva）曾說，「金磚五國」（BRICS）的主要工作便是創造一個新世界秩序，

（六）西方仍享有的優勢

西方勢力明顯在下降中，但西方仍掌握不少優勢。迄今重要的國際機構多由西方創立和控制，如「聯合國」、「世界銀行」、「國際貨幣基金」，甚至民間組織，如「國際足協」（FIFA）。

由於美元是最大流量的貨幣，使得美國可以主導全球財務，這也是美國權力的主要來源。此外，還有一個神祕機構「環球銀行金融電信協會」（Society for Worldwide Interbank Financial Telecommunication）設在比利時的布魯塞爾（Brussels），這一名義上為民間的機構，事實上由會員國的大銀行掌控。此一機構（SWIFT），提供國際銀行間的金錢往來的技術與規定，任何人從事境外轉錢，必須要有 SWIFT 的密碼。

　　美國和西方對其他國家進行經濟制裁的手段之一，便是切斷 SWIFT 的關係。SWIFT 對外宣稱它是中立的，但在美國的壓力下，它也不得不配合，如對伊朗的制裁。美國的方法是把不配合美國政策的理事列為不受歡迎的人士，禁止進入美國。

　　另一個美國控制經濟機構的例子是國際貨幣基金會的投票比重的不平等。在 2014 年，中國、俄國、印度、巴西四國占全球經濟為 24.5%，但在 IMF 中僅有 10.3% 的投票權。相對的，歐盟四國（德、法、英、義）僅占全球經濟 13.4%，卻享有 17.6% 的投票權。2010 年 IMF 曾同意修改此一比例，但美國抵制長達 5 年。

　　中國 2014 年宣布成立「亞投行」和「金磚國家集團（BRICS）銀行」，已被解釋為對西方不公平對待的反彈。

　　美國控制其他國家還有一項武器，便是美國的全球通訊電子偵測系統。2013 年史諾登（Edward Snowden）公布的資料中，便有詳細的說明。有屬於國防部的 WWW（World Wide Web），有屬於商業部的 ICANN。根據印度電訊部長派拉特（Sachin Pilot）說法，全球有 13 條「網路幹線」（root-servers），其中美國有 9 條，日本和西歐各 2 條，美國堪稱是全球網路監控霸權。

　　史諾登公布美國此一醜聞（scandal）後，引起不少國家反彈和抗議。巴西總統羅塞芙（Dilma Rousseff）便以其電郵被美竊取而取消訪美，德國總理梅克爾（Angela Merkel）自我解嘲稱，歐洲需要自己的網路系統。歐洲對美國矽谷的邪惡勢力取了個名字 GAFA，代表美國四大網路公司：Google、Apple、Facebook 和 Amazon。

　　中國對此一醜聞反應較為溫和，但後續的殺傷力較大。2013 年歐巴馬曾向習近平抱怨中國的電子間諜問題，但史諾登事件後，美國

反退居劣勢。第二年，中國便加強在網路上的監控，並取得了正當性。

代表西方勢力衰退的另一個例子，「國際足協」（FIFA）在 2010 年決定 2018 年和 2022 年兩次世界盃分別在俄國和卡達（Qatar）舉辦，否決了其他 5 個申請主辦的國家：英國、西班牙、荷蘭、美國和澳大利亞。身為足球創始國的英國竟然只得到 2 票，倒數第一。美國報復的方式是用 FBI 搜索 FIFA 總部，逮捕其工作人員，並迫使其主席辭職。

問題是美國愈濫用其優勢力量，愈加鼓勵非西方勢力的崛起。美國如今是靠兩大法寶主宰世界：美元和法律。在綜合國力上，美國仍占上風，美元仍具吸引力，美國和西方的生活水準仍較富裕，在教育和生態保護上也領先非西方國家。相對而言，儘管西方人民對政府表現的滿意度上一直在下降，但政治還是比較清明。

西方主宰世界的崩解增加了東西方衝突的機會，不僅在東亞，中東和東歐也是。美國和中國的猜忌和緊張一直在增加，亞洲今日的競爭一如過去 500 年歐洲的競爭，就是財富和武器的競賽。

美國了解如不能在亞洲維持其主宰地位，也不可能繼續領導世界。但中國顯然已不接受美國在其「後院」的主導角色，並認為美國主導的世界秩序已不合時宜。翻轉美國的全球角色是中國的長期目標，首要工作便是要讓其他國家接受其界定中國領土和主權的主張，這是一個大國最起碼的條件。

美國也有自己的民族主義，川普就是以「使美國再偉大」（Make America Great Again）的口號當選的。但美國當前的政治氛圍也可能促使美國從全球主義退卻。如果美國退出 TPP 和弱化美日安保關係，將造成亞洲的權力真空，中國和俄國勢必趁虛而入，川普的保護主義也會造成國際緊張。

全球化可以結合西方和東方嗎？或反而會造成更大的對立和分裂？2015 年的《巴黎協議》證明東西方可以合作。全球經濟成長和穩定，以及防止全球財政危機也是可以合作的議題，如 G20 高峰會。

東方人普遍認為西方人享有和消費了太多的世界能源，但氣候和水資源的問題，東方比西方更嚴重。在今日網路、核武、人工智能（AI）和全球暖化的時代，世界強權未必，也非注定要重蹈過去歷史的不幸。21 世紀的最大挑戰是為了人類的共同命運，善加經營東方化的過程。

▋五、美國如何面對中國的崛起

哈佛大學教授艾里森（Graham Allison）1999 年曾出版《1962年古巴危機》一書，備受肯定。2017 年他出版有關美國與中國是否可以避免戰爭一書，題目非常聳動：《注定一戰？：中美能否避免修斯底德陷阱？》（Destined for War: Can America and China Escape Thucydides's Trap?）他認為美中戰爭不是不可以避免，但要盡一切努力去防止，他對中國的崛起有極深刻的分析。

從第一次世界大戰爆發到 1962 年美蘇古巴危機，可證明即使當

事國不想戰爭，也不一定能阻止戰爭的爆發。歷史證明，戰爭往往是偶發事件造成的。

（一）中國的崛起

中國快速和巨大的崛起造成世界權力平衡的變化是世界上前所未見的，如果以公司的股份為例，美國在第二次世界大戰後占 50%，1980 年占 22%，2010 年占 16%。依此趨勢，再過 30 年將降為 11%。而中國則從 1980 年的 2%，到 2016 年已增至 18%，預估 2040 年將占 30%。

5,000 年的文明和 14 億人口的優勢不是一個可以解決的問題。中國不是個問題，是個狀況（condition），而且是個長期的狀況，可能需要一個世代的時間去調適。除戰爭外，處理這個狀況需要三個條件：

1. 有如 1970 年代季辛吉和周恩來那種深入和相互的了解。
2. 領導者和大眾在言行上做出重大的改變。
3. 為避免陷入修昔底德陷阱，必須去思考不可想像的事。

在 1980 年，中國的 GDP 不到 3,000 億美元，到 2015 年成為 11 兆美元。以市場匯率（MER）計算已是世界第二。在 1980 年，中國貿易不到 400 億美元，到 2015 年達到 4 兆美元，成長 100 倍。從 2008 年始，中國每二年的 GDP 的成長比整個印度的 GDP 還大，即使在成長率較低的 2015 年，中國的經濟可以在 16 個星期打造一個希臘，25 個星期可打造一個以色列。

整個來說，中國每七年經濟可成長 1 倍。目前，中國勞動的生產力只有美國的 1/4。如果在今後 10-20 年，提高到 1/2，中國的經濟

將是美國的 2 倍，如果和美國相等，將是美國的 4 倍。

以購買力平價（PPP）計算，中國在 2014 年已超過美國：

	2004	2014	2024
中國	5,760	18,228	35,596
美國	12,275	17,393	25,093

以 10 億（billion）美元為單位

　　事實上，中國在許多商品上已超過美國，如造船、鋼鐵、鋁、傢俱、衣物、紡織、手機、電腦等。美國曾是世界汽車王國，但 2015 年，中國汽車的銷售量為 2,000 萬輛，超過美國 300 萬輛。最令美國洩氣的是自 2008 年金融海嘯以來，中國已成為全球經濟的主要發動機。

　　2014 年國際貨幣基金會（IMF）發表的全球經濟年度報告中，指出美國已不再是全球第一，因為以 PPP 計算該年美國的 GDP 是 17.4 兆美元，而中國是 17.6 兆美元。

　　對以 PPP 或 MER 計算 GDP，各有說法，但作者請教了知名經濟學者美國 MIT 教授費雪（Stantly Fisher）和美國前聯準會（Fed）主席柏南克（Ben Bernanke），二人均認為 PPP 是最好的方式。

　　作者說在他寫作此書時，西方又盛行「中國經濟走緩」（slowdown）的說法，並說美國經濟正在「恢復」（recovery）。作者說，誠然中國經濟成長在 2015-2016 年已放緩為 6-7%左右，但與中國相比，世界的經濟成長減半，美國也只有 2.1%，歐洲只有 1.3%，日本只有 1.2%。更重要的一個事實是金融危機之後，全世界 40%的成長在中國。

前澳洲總統陸克文（Kevin Rudd）形容中國是：「英國工業革命和全球資訊革命同時巨大爆發，將 300 年壓縮到 30 年的過程。」

最令人驚奇的是中國人的效率，有人說過：「羅馬不是一天造成的，在中國的說法是兩個星期。」在 2011-2013 年間，中國生產和使用的水泥超過美國整個 20 世紀。在 2011 年，一個 30 層的高樓建造只需 15 天。2014 年，另一個 57 層的摩天大樓只花了 19 天造成。今天，中國建造的房屋等於歐洲未來 15 年的總合。

今天中國人做事是以小時計，而美國是以年計。中國在 1996-2016 年間，興建了 260 萬哩的公路，其中 7 萬哩是高速公路，貫穿 95%的鄉村，超過美國將近一半。

過去 10 年，中國也興建了世界上最長的高速鐵路，約達 12,000 哩。與之相比，美國由舊金山到洛杉磯的高鐵，全長 520 哩，從 2008 年預計到 2029 年才能完成。到那時，中國又將完成 16,000 哩的高鐵。

中國最大的成就是在一個世代中，使 5 億人口「脫貧」（1981-2004 年間）。30 年前，90%的中國人每月生活在 2 美元之下，如今只不到 3%。個人平均年所得從 1980 年的 193 美元，到今日的 8,100 美元。如果中國以當前這種方式走下去，中國人一生的生活水準可以「翻轉」100 倍，美國可能要花上 740 年。

根據英國《經濟學人》報導，在現代歷史上，亞洲的富裕已超過歐洲，預估在 2020 年超過北美。在轉眼之間，中國不但脫貧而且產生了許多富豪。在 2015 年，億萬富豪（billionaire）的人數已超過美國，每星期還會增加一位。中國人愛儲蓄，也捨得花錢，如今也是全球奢侈品的最大主顧，約占一半以上。馬克思（Karl Marx）很難想

像為什麼中國的共產黨人會有這麼多的名牌：LV、Chanel、Gucci、Prada……。

中國的教育發展也十分驚人，在理工學科（science, technology, engineering and mathematics, 簡稱 STEM）。中國公布一年的理科大學畢業生是 130 萬人（這個數字偏低，根據美國科學院 2005 年的報告，中國一年理工科畢業生為 600 萬人），是美國的 4 倍多（美為 30 萬人），這還不包括在美國就讀的 30 萬留學生。

中國在科技上的突破：

1. 超級電腦比美國快 5 倍。
2. 全世界第一個量子（Quantum）通訊衛星。
3. 全世界最大望遠鏡。

在軍事方面，雖然中國的軍費只占其 GDP 的 2%（美國為 4%），但自 1980 年以來，軍力已成長 8 倍。目前其軍費 1,460 億美元（以 MER 計算），次於美國（約 7,000 億），但比俄國多一倍。

2015 年蘭德（RAND）公司報告，到 2017 年，中國將在 9 項傳統軍力項目中，有 6 項超過或與美國大致相等，預測在今後 5-15 年，美國在亞洲控制的能力將大幅下滑，美國將不得不面對其權力限制的困境。

（二）新的權力平衡

新的權力平衡被稱為「地緣經濟學」（Geoeconomics），布萊克威爾（Robert Blackwill）等人的大作《War by Other Means: Geoeconomics and Statecraft》中，指出中國是地緣經濟學的高手。因為它在外交政策中，主要就是經由經濟的手段，目前中國是世界上最

大的貿易夥伴，超過 130 個國家和它有良好的貿易關係。

　　中國不但投注大量的資金廣結善緣，也積極推動多邊合作計劃，擴大其影響力，如亞投行、金磚國家組織（BRICS）、一帶一路（OBOR），中國想證明，它無需使用武力便可征服世界。

　　一位退休的美國外交官，剛被任命為佛萊契爾外交學院院長的包斯沃斯（Stephen Bosworth），在 2009 年被歐巴馬總統任命為特使訪問北韓，並在亞洲逗留一陣。回國後，他面告作者說，在過去，如有危機發生，亞洲領袖們第一個會問美國的反應，如今，他們會先問，「中國怎麼看？」

想像中國和我們一樣

　　美國之所以成為一個擴張主義的國家，除了有利的地理條件和國際環境外，最主要的是出了一位雄才大略的總統老羅斯福（Theodore Roosevelt）。他一步一步把美國推向強軍、擴張、戰爭，使美國成為道地的帝國主義者。

　　老羅斯福只迷信武力，他本想為了併吞加拿大和英國開戰，但未成功。他設計和西班牙開戰，奪取了菲律賓、關島、波多黎各，並控制了古巴。他把加勒比海（Caribbean）當成了美國的內海，他以「砲艇外交」（gunboat diplomacy）霸凌拉丁美洲國家，無所不用其極。他把門羅主義無限上綱，大言不慚的行使「國際警察權」（international police power），在他任內，美國對外用兵 9 次。從他之後，美國在 30 年內，對拉丁美洲國家干預了 21 次。

　　面對美國的蠻橫和粗暴，阿根廷的政治領袖 Manuel Ugarte 曾告訴美國總統威爾遜（Woodrow Wilson），美國已成為拉丁美洲國家

最不受歡迎的國家。墨西哥總統 Porfirio Díaz 曾悲憤地說，「可憐的墨西哥，為什麼天堂離你這麼遠，而靠美國又這麼近！」

美國有沒有想過，如果中國今日採取美國老羅斯福總統一半的作法，美國人會接受嗎？或許美國人會說，我們不願步英國的後塵，那就準備打仗吧！

（三）中國想要什麼？

一句話「使中國再偉大」（to make China great again）。

當被問到這個問題時，李光耀說，「當然，為什麼不呢？」習近平的「中國夢」便是要實現十幾億中國人的願望：富裕、強大和受到尊重。「使中國再偉大」是指：

1. 恢復西方入侵之前中國在亞洲的主導地位。
2. 重新建立和控制中國固有的領土，包括新疆、西藏、香港和台灣。
3. 在邊界和近海恢復歷史的勢力範圍。
4. 在世界舞台上得到應有的尊重。

習近平向中國傳達的訊息有二，一是要使中國人民過好日子，二是中國人民不會再被他國欺負。中國一定要脫離被外國控制的命運，百年國恥，永遠不忘，也保證永遠不會再發生。

中國的歷史和文化的世界觀是重視國際秩序，不強調武力擴張，對世界的價值觀是只有文化，沒有使命。

習近平的兩個一百年目標，一是在 2021 年中共建黨 100 周年時，中國要實現「小康社會」（moderately prosperous society），人

均 GDP 比 2010 年翻一倍，約 10,000 美元。二是在 2049 年，中共
建政 100 年時，中國要成為一個現代化的、充分發達的、富強的國
家，屆時中國的經濟要比美國大三倍。

習近平展開一個民族復興運動，推崇儒家思想的卓越遠見，鼓吹
恢復民族自信，宣稱中國與共產黨是優質傳統中華文化的繼承者。他
舉義大利以羅馬帝國激發文藝復興，來形容中國「盛世」（golden
age）的復興（rejuvenation）。

他也以「勿忘國恥」來培養人民的愛國心，學者戴伊爾（Geoff
Dyer）解釋為，因為中共拋棄了馬克思主義，必須以另一個不同與美
國的中國認同來維護團結意識。

對今日的中國人民而言，國家的榮耀和國際的地位比個人的政治
自由更重要。李光耀早就說過，「如果認為中國會發生民主的革命，
將是錯的。」中國人民要的是一個復興的中國，以恢復過去的偉大，
來保證未來的安全。

2013 年，習近平宣布了空前宏大的「一帶一路」（One Belt,
One Road, OBOR）計劃，是一個貫穿歐亞，包括印度洋沿岸國家的
交通和科技網絡的工程。這個計劃不僅是一個經濟的發展與合作，更
是一個地緣政治的競爭，將把世界的中心轉到亞洲。在這個計劃中，
從荷蘭的鹿特丹（Rotterdam）到北京的貨運的時間可從一個月縮短
到兩天。

1919 年，英國人麥金德（Halford Mackinder） 被稱之為地緣政
治之父，曾提出歐亞大陸為世界島，誰控制了這個世界島，誰就控制
了世界的理論。照當前中國 OBOR 的規劃，這一理論就會成為事
實。

習在 2014 年時，曾說亞洲事務應由亞洲人來管理和解決，並支持亞洲的安全。中國之積極經營南海，比照美國之於加勒比海，打造成為中國的內海，便是一例。中國在南海的優勢地位將大為影響每年經過這個海域的逾 5.3 兆美元的貿易。中國將近一步把東南亞國家納入其經濟圈內，日本和澳洲也不例外。中國的策略是「不戰而屈人之兵」，但如果必須一戰，中國也要贏。

戰而必勝

俄國首席中國軍事專家科寇新（Andrei Kokoshin）認為中國軍力重組和重建的規模和深度是空前的。美國學者克畢（William Kirby）指出，在中國近代史上重大轉折的時刻，軍隊都扮演了決定性的角色。習近平緊抓軍權，確保國家富強和強大軍隊的一體性，他的「強軍夢」是「能打、能贏」。美國學者白邦瑞（Michael Pillsbury）在他的大作《百年馬拉松》中，對中國的軍事能力有很深入的分析。

中國當前是全力發展海權，強大海軍。在準備海戰時，中國採取的是「前進防衛」（forward defense）戰略，要在美國西太平洋「第一島鏈」（the first island chain）之內，擁有控制權。美國海軍戰爭學院教授荷爾莫斯（James Holmes）和吉原（Toshi Yoshihara）也認為中國勢必要在中國近海贏得勝利。

為確保在近海海戰中獲勝，中國以「非對稱的優勢」（asymmetric advantage）對抗美國強大的海軍。為了對付美國的航空母艦，中國有超過 1,000 個反航母飛彈，使美國在距中國海岸 1,000 哩的範圍內受到威脅。此外，還有 62 艘潛艇可以魚雷和飛彈攻擊海面艦艇。中國的反衛星武器也可摧毀美國在此一區域上的衛星，癱瘓美軍的情報、偵查和通訊系統。美國一位海軍人士說，中國陸地上的

武器相當美國 100 萬艘航空母艦，而且一個價值僅 100 萬美元的飛彈，便可擊沉幾十億美元的航空母艦（註：福特號航空母艦造價 130 億美元）。

中國對美國在台海的「反介入、區域阻止」（anti-access, area-denial, A2/AD）的戰略，目的在把美國海軍從中國近海排出。由於中國反航母的能力，在發生戰爭時，使得美國航母不能停留在「第一島鏈」之內，因此，在航母上的戰機便無法攻擊中國本土。美國希望以飛彈和長程轟炸機對中國大陸先行進攻，摧毀中國的反航母飛彈基地。如此，航母便可進入中國近海，支援作戰。問題是美國攻擊中國本土，難道中國不會反擊？美國當真要打核子大戰嗎？

根據蘭德公司在 2015 年的「美中軍事評估」，中國在 2017 年在 9 項傳統戰爭的項目中，在台海衝突中 6 項取得領先或相等，在南海衝突中 4 項取得領先。該研究報告的結論是在未來 5 到 15 年間，美國在亞洲的優勢將不斷消退。換言之，美國在傳統戰爭中，將不會獲勝。

當然，中國能夠「能戰能贏」，並不表示中國想戰。事實上，中國並不想戰。但在與美國的競爭中，文化的差異會使情況惡化。在歷史上，文化衝突從未有如今日對世界有如此重大的影響。

（四）文明衝突

1993 年漢廷頓（Samuel Huntington）便預言，「在人類中巨大的差別是文化，文明衝突將主宰全球政治。」

事實上漢廷頓並不認同所謂西方的普世價值，他說那是天真和神話，而且對其他文明不友善。他說，亞洲文化有一套與其他人民不同

的獨特價值和信仰。

漢廷頓指出儒家社會和西方社會的 5 點不同：

1. 重視權威、階級，壓制個人權利和利益，強調共識，避免對抗，保持面子，國家高於社會，社會高於個人。
2. 在種族上，中國人是指同種、血緣和文化。中國人到其他國家，包括他們的子孫，即使取得當地國家的公民身分，仍被認為是中國人或華人。
3. 視外交事務是國內秩序的延伸，反映儒家經由階層、重視和諧，並由中國領導。
4. 對外國在國內事務上的干預極不信任。由於過去不愉快歷史的累積，中國的領導階層和學者普遍認為，美國企圖分化中國，政治上顛覆、戰略上圍堵，以及經濟上重挫中國。
5. 由於中國歷史悠久長遠，中國人對社會進化是以百年和千年計算，一切以長遠的得失為重要考慮。

由於這種文化的差異，當年英國看待美國的崛起和今日美國看待中國的崛起，當然是兩件不同的事。對不同文化力量超越是難以接受的。希拉蕊（Hillary Clinton）說過，她不希望她的孫子生活在被中國主宰的世界中。為了了解文化差異何以產生對抗，我們必須仔細檢視美中對政府性質和目的不同觀點。

雙方縱有許多不同，但至少均有一個共同點：極端的優越感，都視自己是「例外的」（exceptional），即是無可匹敵。所以雙方對彼此的適應將是非常困難的，李光耀便不認為美國能適應這一個現實。

中國的「例外主義」比美國更廣泛。學者吉爾勃（Harry Gelber）說，中華帝國視自己為文化的中心。中國的官場和學界從不以現代觀

念看待「中國」或「中華文明」。陸克文也說，中國人以其韌性和文明成就自豪，這種特別主義是從哲學思想上產生的民族自豪。

美國對其文明成就，特別在政治成就上，有近乎宗教性的狂熱。美國名歷史學者豪夫史泰特（Richard Hofstadter）說，「我們美國的命運生來就是一個意識形態。」

美國的政治文化認為政府是必要的惡，講求分權、制衡、防止濫權和專制。中國的政治哲學者認為政府為必要之善，必須要有一個強而有力的中央政府。美國認為政府的正當性來自被統治者的同意，中國則認為是來自政績（performance），即使一黨專政，只要政績好，也有其正當性。

美國的政府被認為是一民主的共和，中國則是回應式的威權主義（responsive authoritarianism）。季辛吉曾批評美國民主的普世主義在國際體系中有破壞性，因為表示其他國家不如此，就缺乏正當性，好像其他國家都要等待美國的救贖（redemption）一樣。很明顯的，中國就不吃這一套「自以為正義」的說法。

相對於美國自居於「使命型的國家」（missionary nation），中國固然希望其他國家羨慕和模仿其作為，但卻不輸出其價值。中國認為美國一直要改變中國，對此深具戒心。美國認為其他國家應依照美國訂定的世界秩序中運作，美國自己身兼立法者、警察、法官和陪審團。中國則稱自己並未參與這些規則的制訂過程，如果要中國接受的話，可以重新與中國談判。

中國有悠久的歷史，對中國人來說，天下沒有新奇的事；美國歷史短淺，對美國人來說，什麼事都是「空前的」（unprecedented）。中國人前事不忘，後事之師，凡事要深謀遠慮；美國人是忘記過去、

不想未來、享受當下。中國人有耐心，美國人凡事只想立刻有個結果。作者認為漢廷頓的說法是對的，文明衝突只會加劇，中美雙方應對各自的成就抱持更大的謙卑，因為誤解容易，同理心和共識不易形成。

（五）為什麼戰爭並非不可避免

美國幾位擔任過總統國安顧問的人士，如季辛吉、史考克羅夫特（Brent Scowcroft）和杜尼隆（Tom Donilon）均認為，中國在使用武力上，十分理性和務實。

作者列舉了對了解中國在對抗戰略的 5 點假設和可能：

1. 絕對的現實政治性，極大的彈性。
2. 宏觀戰略的世界觀，「重勢」（potential energy on momentum），懂得「審時度勢」（observing and cultivating changes in the strategic landscape）。
3. 心理戰和政治戰重於軍事戰，以夷制夷、各個擊破。
4. 積小勝為大勝，美國在下跳棋（chess），中國在下圍棋（go），以鄉村包圍城市。
5. 上兵伐謀，不戰而屈人之兵。

邱吉爾的名言，「永遠，永遠，永遠不要相信任何戰爭是順利和容易的，或者任何人一旦踏上這條奇怪的航程，可以衡量他將面對的海浪和颶風。屈服於戰爭狂熱的政治家必須了解一旦發出戰爭的訊號，他就成為不可測的和無法控制事件的奴隸，而不再是政策的主導者。」

1950 年中國介入韓戰和 1969 年對蘇聯發動的制先攻擊，說明了

中國採取的是「積極防衛」（active defense）主義，表達的意義便是中國永遠不會被嚇到，即使被敵人把中國從地球上消滅，也不會退卻。

　　美中發生戰爭是不可想像的，因為結果是和任何一方想得到的利益是不成比例的，即使是一場非核武戰爭也會造成雙方巨大的傷亡。不止於此，經濟上的損失更是驚人。根據 2016 年蘭德公司的研究顯示，在一年的傳統戰爭中，美國的 GDP 將減少 10%，中國將減少 35%。如果升高為核戰，兩國將完全毀滅，美中雙方領袖知道不能發生這種事。

和平的 12 個線索（clues）

1. 需要一個可以解決競爭而無需走向戰爭的更高威權。
2. 在一個較大的經濟、政治和安全的體系中，可對過激的行動產生的約束作用。
3. 有德行的政治家，會把德性變成必要，區別什麼是想要的和什麼是需要的。
4. 時間是關鍵。
5. 文化上的共同性可有助避免衝突。
6. 除了核武，天下沒有新鮮事。
7. 「相互保證毀滅」（MAD）使全面戰爭成為瘋狂。
8. 核武強權之間的熱戰，不再是有正當性的選擇。
9. 雖然如此，核武強權的領導人必須要準備冒險打一場不能贏的戰爭。
10. 如果想到如此高度的經濟互賴將提高戰爭的成本，也會降低戰爭的可能性。

11. 同盟可能是致命的吸引力。

12. 國家內部的表現才是決定性的因素，包括經濟、動員能力和士氣。

美國現在需要的不是一個新的中國策略，而是認真停下來反省。如果美國只是繼續它一貫的作法，就會步上英國、德國和俄國的後塵。

對一個具有 5,000 年歷史文明和 14 億人口的巨大崛起，不是如何解決的問題。它是一個狀況（condition），一個長期的現象需要至少一個世代的時間去面對。要建構一個因應這個新挑戰的戰略是需要花較長時間去深思熟慮。當年美國對蘇聯冷戰戰略的形成花了 4 年的時間。本書的目的就在激發這樣的辯論，為了避免修昔底德陷阱和防止第三次世界大戰，作者提出了一些原則和戰略選擇。

顯然，美國和中國之間產生了一個「成長差距」（growth gap）。中國經濟成長的速度和美國相比，在 2007 年前的 10 年是 6%，2007 年後到目前是 7%，以此速度，2023 年中國的經濟將比美國大 50%，2040 年接近美國的 3 倍。

當中國經濟是美國 3 倍大的時候，代表的是什麼意義？認清這一結構性的現實時，美國可能不只是問為什麼？而是要知道如何面對此一情況。

三個關鍵的問題：

1. 美中競爭像什麼？像當年德國的崛起嗎？季辛吉說，「歷史

不是提供食譜的書，它只能在比較的情況下說明行動的後
果，每一個世代必須發現哪些情況是可以比較的？」已故歷
史學者梅氏（Ernest May）生前曾一再強調，「不同和相似
是同樣的重要。」

2. 為什麼美國認為現在「中國威脅」令人擔憂？美國看到的只
是突然一時的改變嗎？是什麼樣的「電影」情節使美國變成
如今的情況？美國只能把如今的競爭放在一個較長遠的視野
中，才可能發現其中的複雜，而且這些問題並非可以一下解
決。美國今日不能只針對當前，過去就過去了，必須向前看
去尋找答案，要怎麼做？

3. 美國也要了解，對這一事件的進化過程，其他國家的看法是
什麼？

美國後冷戰時期的對華政策基本上是矛盾的，美國對中國的戰略
是「交往但預防」（engage but hedge），它的缺點在於同意所有的事
情，阻止不了任何事情。

美國在與中國交往過程中，期望中國會成為戰後的德國和日本，
至少也要像南韓和台灣。冷戰結束後，美國沉醉於「歷史的終結」和
「單一霸權地位」，疏忽了中國的崛起。

李光耀曾說，美國的「交往但預防」戰略不會成功，因為：一，
中國不會變成民主國家，否則，它會瓦解。二，不能把中國和德國、
日本相比，中國既未被美國打敗，也未被美國占領，更不受美國保
護。中國就是中國，不是西方的貴賓。

檢討所有的戰略的選擇，包括最可怕的：

1. 調適（accommodate）：採取新的權力平衡，不以戰爭的方

式來改變不利的**趨勢**，可以是「臨時的」（ad hoc），也可以是交涉成功的。如美國減少對台灣承諾來交換中國在東海和南海的讓步。如對韓國達成諒解，美自南韓撤軍來交換北韓廢核。如美國承認中國在其邊界地區的勢力範圍。

2. 破壞（undermine）：美國可支持中國的分離運動，如台灣、新疆、西藏、香港，製造中國內部的矛盾，以人民要求自由對抗中國的高壓統治。只要中國內外難以兼顧，美國便可防止，或至少延緩，中國對美國霸權的挑戰。

3. 交涉長期和平（negotiate a long peace）：比較冷戰末期，美國和蘇聯的「和解」（détente），前提是雙方都要做出一些讓步。季辛吉強調和解的關鍵在「掛鉤」（linkage），雙方可就次要的利益各取所需，但可宣稱獲得鉅大讓步。

4. 重新界定關係（redefine the realationship）：當 2012 年，習近平對歐巴馬提出雙方應建立「新型大國關係」，但美國迄今不為所動。事實上，美國也可提出自己版本的大國關係模式。

美中雙方有共同的核心利益：第一，防止核武戰爭；第二，防止核武擴散；第三，因應恐怖主義；第四，因應全球暖化。這四大挑戰，對美中雙方是「雙贏」（win-win）的機會。況且全球經濟的大餅足夠滿足雙方的需要。事實上，世界是變得愈來愈小，愈來愈緊密。新一代的世界公民已崛起，應該給他們創造一個新時代的機會。

★　　★　　★

歷史告訴我們決定人類命運的是人，不是神。政治家不是去接受

命運，而是去做出智慧的決定。美國的領袖必須去深思熟慮，努力認真的去做出正確的決定。

釐清什麼是重大利益？防衛西太平洋、南海、台灣，難道會比防止核子戰爭重要嗎？

了解中國企圖去做什麼？對中國目標了解的愈多，美國就愈能解決分歧。孫子說，「知己知彼，百戰百勝。」美國不應只從鏡子中看中國（因為看到的是自己）。在重大利害關係中，可預測性和穩定性比友誼還為重要，美國不應老是「假裝」（不敢面對現實）。

要有戰略，美國沒有戰略已很久了，從柯林頓到歐巴馬都不重視「大戰略」，缺乏一個一貫的、可持續性的戰略注定要失敗的。美國對中國的政策長期在「保持現狀」，在「大美和平」（Pax Americana）下維持亞洲國家的穩定。但在亞洲權力平衡已嚴重傾向中國之時，美國的真正戰略便只剩下「希望」（hope）了。美國今日需要當年的肯楠（George Kennan）、馬歇爾（George Marshall）、艾奇遜（Dean Acheson）、范登堡（Hoyt Vandenberg）、尼茲（Paul Nitze）和杜魯門（Harry Truman）等「冷戰謀士」。

重視國內問題

今日對美國國家安全和世界地位最大的危險是美國政治制度的失敗——政府管理的失敗。美國的民主已經失能，加上社會分裂，一如林肯所說，「一個分裂的房子是站不起來的」（A house divided against itself cannot stand）。如果美國沒有一位強力的領袖，恢復人民對政府的信心，美國將和歐洲一樣走向衰敗。中國同樣也面對一些內部的問題，如缺乏法治、中央控制過大、社會缺乏想像和創造力。當中國正在從傳統倫理中強化領導，也在經濟發展成就上，凝聚人民

對政府的信心。如果，雙方領導能集中力量優先處理國內問題，他們會發現去尋找「分享 21 世紀的亞洲」的方法，將不是他們最重要的工作了。

他們會承認這個現實嗎？他們會全力去因應國內的挑戰嗎？他們有辦法去維護他們的核心利益而無需訴諸戰爭嗎？要這樣做最好的方式便是去看修昔底德的書。

▌六、和平的起落

曼德爾邦（Michael Mandelbaum）曾任教於哈佛大學、哥倫比亞大學，並擔任過柯林頓總統的顧問，現任約翰霍普金斯大學高級國際研究學院教授，著有《征服世界的理念》、《節約的超級強權》、《美國如何丟掉世界》（Mission Failure: America and the World in the Post-Cold War Era）以及 2019 年的《和平的起落》（The Rise and Fall of Peace on Earth）。

冷戰後的 25 年是近代最和平的時期，因為美國的單一霸權，有能力的國家彼此交戰的可能性極小。但近年來，這種情勢已經有了改變，俄國入侵克里米亞和烏克蘭，企圖破壞歐洲的民主；中國在國際水域（南海）造島，並在歐亞大陸形成對中國有利的結構；伊朗在伊拉克、利比亞、敘利亞和葉門擴大影響力並追求核武。

這種新形勢需要美國新的外交政策，幸運的，美國過去不遠的歷史可以提供借鏡。美國在冷戰時期，以圍堵政策成功的瓦解了蘇聯，美國應以同樣的方式來對抗俄國、中國和伊朗。

這三個修正主義的國家是獨裁國家，構成對美國價值和利益上的

挑戰，他們企圖推翻自第二次世界大戰結束以來，美國所建立的政治、軍事和經濟的結構（國際秩序）。

但今天的情況與冷戰時期略有不同，過去美國對付的是單一的強大力量，今天是三個不同的力量。過去蘇聯具有強烈意識形態的色彩，以共產主義為號召；今日，無論俄國或中國均不以意識形態為號召。伊朗雖有伊斯蘭主義的背景，但其影響力僅限於中東地區。此外，今天這三個國家的軍事力量均不及當年蘇聯的強大。最後，過去蘇聯和以美國為主的全球經濟關係不大，如今，這三個國家都與世界經濟密切結合。尤其，中國已是世界第二大經濟體，對全世界國家都有深遠和廣大的關聯。

經濟上的互賴會使圍堵效果減少，以中國為例，雖然在政治上和軍事上是美國的敵人，但同時也是美國關鍵的貿易夥伴。中國軍力崩解有助美國在亞洲的安全，但中國經濟崩解將帶來經濟上的災難。

這些困難會使當前的圍堵不如當年的急迫，但今日的挑戰遠比過去複雜。新的圍堵必須結合一套不同的政策，縝密規劃、協調並有效執行。

對付這三個國家在軍事上應有不同作法，對俄國，美國應強化「北約」，並以核武確保安全。對中國，美國應以海空軍實力主宰西太平洋的海上交通，並保護日本、南韓。對伊朗，美國應以海軍保障波斯灣和石油輸出的安全，並阻止伊朗成為核武國家，但不在中東駐軍。

美國的新圍堵政策需要美國盟國的協助和配合，但西方國家的合作並不容易。一些國家「搭便車」（free-rider）的作風，會減弱美國的號召。開發中國家的情況更難以掌控，中國在這些國家的影響力一

直在增加中。

美國自己本身的問題更加嚴重，美國新的圍堵政策並不樂觀的原因是美國人民並不認為有此必要。美國近年來，對外政策和行動並不成功，不但削弱了人民的信心，也使人民感到厭煩。

美國今日的難題是外交精英和民粹主義的對立，美國過去外交政策一向由外交菁英掌控並指導民意，但如今民粹主義已動搖了這一基礎。

誠然，美國人民傳統上並不重視外交，但必須要使美國人民了解，美國若自世界舞台上退卻，將會更加危險。如果美國不能阻止修正主義國家對美國的挑戰，美國必然會受到傷害。屆時，美國人民將悔之晚矣！

■ 七、美國霸權的空洞化

馬凱碩（Kishore Mahbubani）為新加坡資深外交官，曾任新加坡駐聯合國大使，他也是位傑出的學者，曾任李光耀公共政策學院院長、新加坡國立大學亞洲研究中心資深研究員，並為美國人文暨科學院院士，為公認的全球地緣政治專家。其 2020 年新書為《中國贏了嗎？》（Has China Won?）。

冷戰結束後，美國外交上的「成就」：

1. 在中東打了 20 年的仗，花費 6-7 兆美元，一無所獲。
2. 在中東和東歐推動「顏色革命」，也一事無成。
3. 未能爭取俄國加入西方陣營，反而以「北約」東擴，激怒了俄國，成為美國的敵人。

4. 和平轉變中國的失敗，還說被中國騙了 40 年。

5. 2008 年金融風暴重創世界經濟，也透露了美國嚴重的內政不修，如今美國的國債已高達 30 兆美元。

美國的問題是只重視軍事力量，不重視外交工作，在對外關係上，美國是單邊主義，而不是多邊主義，不重視國際合作。冷戰結束後的 25 年期間，美國對外用兵 152 次，平均 1 年 6.1 次。

決定美國外交政策的是美國的「軍工組合」（military-industrial complex），而不是美國的民意。美國的弱點是，冷戰後的世界已改變太多，但美國仍以冷戰思維來處理國際問題。美國另一個錯誤是自認自己永遠是世界第一，美國政治人物的虛榮（或虛心）是永遠不敢面對（或承認）美國的衰敗問題。

事實上，美國的制度已出現嚴重的失衡，不僅是政黨惡鬥，政府部門也不協調，尤其軍方和情治系統和政府決策的不一致。阿富汗撤軍的雜亂無章和聯參主席米利（Mark Milley）越過總統和中國軍方的直接聯絡，便是兩個例子。

美國官僚體系的僵化、外交菁英的腐化、社會貧富差距的擴大、民粹主義當道、人民不信賴政府、陰謀論和假新聞充斥，美國不僅已接近「失敗的國家」，也可能造成國家的分裂。

美國引以為傲的價值觀──民主、自由、人權──在自己國內都不受重視，還能向國外推銷嗎？在國際社會上，法治、共識、國際法和聯合國通過的法律和決議，美國都不遵守，但卻經常指責其他國家「不接受規則」、「不尊重國際公約」，美國的雙重標準只能證明美國的虛偽、自私和自大。

美國的霸權已空洞化，美國濫用其武力，已失去正當性。美國經

濟債台高築，只靠發行美元行使其特權，但歐洲、中國均已採取自己支付模式，美元特權也會結束。美國的價值觀已變質，信用已破產，只靠窮兵黷武、欺壓弱小國家。英國《金融時報》主筆伍爾夫（Martin Wolf）稱美國是超級流氓大國。

最令人不解的是美國對中國瘋狂的仇視和打壓。由於中國的崛起和強大的經濟實力，已經成了美國的心腹大患。尤其各種預測和評估，均認為中國整體經濟上在 2030 年之前將超過美國，這點更使美國寢食難安。拜登在就任時說，他保證在他任上，不會讓這件事發生，但在他下任後，難道不會發生嗎？

美國當前的仇中、恨中、抗中、反中已經到了無所不用其極的地步。比爾蓋茨（Bill Gates）說，美國對中國已變成偏執狂（paranoia），認為中國一切都不對，決心要阻止中國的科技發展。其實美國對中國的反感只有兩個理由：一是中國和美國不同，二是中國比美國大。

美國自知憑一己之力無法與中國競爭，所以在全世界拉幫結派來提高美國的士氣和決心。大國競爭要靠實力，美國如不能把國內政治改善，在對外關係上，也不可能有什麼太大作為。如果美國在與中國競爭中繼續落後，國際上的朋友只會愈來愈少。

事實上，美國的作法只是虛張聲勢，不可能有什麼效果，因為其他國家的利益和美國並不一致。截至 2019 年已有 125 個國家和中國簽訂「一帶一路」協定。美國在亞洲硬把印度、日本、澳洲和自己組成「QUAD」，強化對中國的圍堵，但根本起不了什麼作用。這四個國家東南西北各據一方，如何聯合對抗中國？ 基本上，還是美日同盟的結構，印度和澳洲只是陪襯（啦啦隊）而已。至於美、英、澳三

國的 AUSUK 三國本來就是「五眼聯盟」的核心，當年美國攻打伊拉克，公開支持和出兵（英國 45,000 人、澳洲 2,000 人）的也只有這兩國。加拿大、紐西蘭和美國反而沒有這樣親密，近親繁殖，只是相互取暖而已。

美國也想拉攏「東協」（ASEAN）國家，但這些國家與中國關係密切，已是中國最大的貿易地區，最近還成立 RCEP，更加強化雙邊的關係。自越戰慘敗之後，美國便很少關心東南亞國家，如今臨時抱佛腳，有用嗎？

事實上，中國只想把自己國家的事辦好，既不輸出自己的價值觀，也不干預他國的內政。中國 40 年的成就超越了西方國家 200 年的成就，中國使 6-7 億人「脫貧」和創造了 6-7 億人的中產階級已成為世界歷史上的奇蹟。中國的確與美國不一樣，中國的國家治理績效和走向共同富裕，是美國不敢面對的現實。單以新冠肺炎疫情而言，中國 14 億人口死了 4,000 多人，美國 3 億人口死了近百萬人，美國還有臉去批評中國嗎？

在中國大力清除貧窮，縮小貧富差距之際，美國卻坐視國內貧富差距的擴大和窮人的增加。根據 Jeffrey Winters 在 2010 年的分析，世界上富人和窮人的差距，美國最大：美國為 138：1，歐盟為 132：24，亞洲為 66：38，中國為 47：12。又根據美國最大避險基金創辦人 Ray Dalio 的說法，美國底層 60%為窮人，在需要時，40%的人拿不出 400 美元。這樣的美國還值得羨慕嗎？

第五章
★ ★ ★

美國外交戰略的
新選擇

▍一、重建美國失敗的外交政策

2021 年艾絲芙特（Emma Ashford）在《外交事務》（Foreign Affairs）發表了一篇〈克制戰略：重建美國的失敗外交政策〉（Strategies of Restraint: Remaking America's Broken Foreign Policy）。

冷戰結束後近三十年來，美國外交政策有一兩黨的共識：即美國是世界上不可缺少的國家，沒有競爭者，美國只能在世界舞台上採取改造的方案。但過去幾年，這一共識已經裂解，有愈來愈多的人主張要採取克制的戰略，一種較不激進的途徑，認為外交和經濟接觸重於軍事干預，這種主張很受歡迎。

這種轉變與環境的變化有關：如美國反恐戰爭的失敗、中國的崛起，以及國內日益嚴重的政黨對立。這些跡象已明確告訴大家，美國已不能放任自動駕駛（autopilot）了。即使主張干涉主義的人也認為應該可以收斂一些了。過去在權力中心被排斥的，僅限在學術界和媒體討論的克制派，如今它的一些主張已成為美國官方政策了。

雖然川普總統的政績被認為缺乏一致的戰略，但他主張結束阿富汗戰爭，質疑美國在歐洲和亞洲的聯盟政策的價值，以及懷疑軍事干預和在他國建立民主的智慧。現任的拜登總統已經從阿富汗撤軍，重新檢討美國全球的軍事布署。他的國安顧問蘇利文（Jake Sullivan）在2019 年曾指出，「如果同時兼顧權力和美國權力的限制，美國將會變得更好。」這種模式如今已成為美國政府公開的政策，對長期主張克制派而言，這是一大成就。

接下來，克制派要怎麼做呢？美國已降低了對恐怖主義的戰爭，這是克制派最受歡迎的主張。如今，他們要面對美國外交政策中較為困難的問題，例如，如何對待盟國或如何因應中國。這些問題，公眾

不可能不關心，而克制派本身也意見不一。

　　克制派內有多元的主張，從左派的反戰分子到強硬的保守現實主義者，還有人說他們是孤立主義者，他們彼此之間意見不一致是很正常的事。如果克制派只重視分裂而不重視團結的因素，他將會消耗在內鬥中，而在其聲勢最好的時機被排除在決策圈內，克制派應排除極少數的偏激分子，爭取更多的溫和人士。這種較務實的作法可能無法達到他們的最大目標，但卻是使美國外交政策走向更安全、更受歡迎方向的最好機會。

★　　★　　★

　　認為美國是唯一有資格去重建世界，在蘇聯瓦解、結束雙極世界後，過去三十年美國以不同方式來說明這點，如人道主義干涉、倡導民主、反恐，所有這些作法均是要依照美國的偏好去塑造這個世界。但這一單極時刻（unipolar moment）的期望大部分都落空了。如今，民主在衰退，從 1990 年迄今國家之間的衝突超過冷戰時代，美國的反恐戰爭也是不成功的。尤其中國的崛起打破了美國可以阻止其他國家可以和美國競爭的「謊言」。美國外交政策團隊如今雖然已接受政策調整的需要，但在細節方面意見尚不一致。

　　當前，輿論是朝向三個觀點逐漸修正：一是自由國際主義的修正，相信美國的領導是世界安定的力量，強調軍事嚇阻，信仰一個自由的，以規則為基礎的國際秩序。這種主張者把中國和俄國認為是對這一秩序的威脅，而非對美國安全利益的威脅。如今，這種主張者比他們早期的「干涉主義者」對美國力量的認知已有較清楚的認識。在 2019 年霍伯（Mira Rapp-Hooper）和利斯納（Rebecca Lissner）（現

都在國安會任職）曾寫到，「與其浪費美國的國力在不切實際的追求恢復自由秩序或照美國的想像去重建世界，美國應集中力量在現實可行的目標上。」

二是由共和黨外交菁英和川普政府形成的好戰的單邊主義（belligerent unilateralism）主張美國優先，這種「美國第一」的方式是主張權力重於外交，美國利益優先於自由秩序。由於他們發現美國的外交政策已經不再受到歡迎，尤其在共和黨的基層，他們開始改變不再強調推動民主和建國，而直接重視全球軍事布署，比較像傳統的帝國主義。

他們也排斥一些自由國際主義的核心成分，他們認為自由秩序是一個幻想（mirage），川普的強勢作風並不成功。事實上，美國對其他國家愈強勢，它的效果是愈來愈小。如果美國只靠前沿軍力布署，很容易引發不再計劃內的衝突，特別是在亞洲。

第三種選擇克制派，來自美國政策形成的外圍。主要便是集中在這些缺失上，比前兩種力量，在意識型態上較為分歧，但他們有若干共同的核心原則。他們認為美國是一個非常安全的國家，美國沒有被入侵的威脅。他們認為美國過去幾年的外交政策是過於伸張（overreach）和傲慢，而結果和預期又完全不同。他們認為美國的外交政策是過於重視軍事力量，在國防上花費太多，對採取軍事行動過於頻繁，他們也反對把美國當作一個不可缺少的國家，美國只是全球的大國之一。

★　　★　　★

　　對克制派最普遍的批評是批評太多，具體建議太少，這不是事實。克制派的建議不少，但他們太聚焦於對「現狀」（status quo）的批判，而不是對問題分開來處理。

　　克制派包括一些不同但重複的觀念，第一個學術上的理念來自政治學者波森（Barry Posen）的 2014 年作品《克制》（Restraint），他主張美國應以本土為主，保持較小的軍力。另外，米謝謨（John Mearsheimer）和華特（Stephen Walt）是主張離岸平衡者（offshore balancing），也主張縮減美國的全球軍事角色。此外，還有一些接近克制派的主張，包括進步主義的民主黨人（progressive Democrats）和保守派的共和黨人（conservative Republicans）以及一些反戰團體。但冷戰後，反戰的主張被視為不切實際或孤立主義者，已被排除在政策辯論之外。即使像曾經為主流現實主義者的肯楠（George Kennan）和史克羅柯勞夫特（Brent Scowcroft）因為反對「北約」東擴，也被當時的參議員拜登（Joe Biden）稱之為孤立主義者。

　　在單極時刻的高潮中，外交菁英們易於把過去批評在中東建國是不容易的或者對歐洲的善意會有預想不到的結果等不屑一顧。

　　今天已不復當年，不僅反恐戰爭已公開宣布失敗，權力平衡已轉向全球，美國相對衰退，中國崛起。美國國內的政治兩極化和僵局已在內部削弱了美國，在國際上敗壞了美國的形象。民調顯示多數選民認為外交比軍事干預重要，所以才會有克制派的興起。

★　　★　　★

　　雖然他們大多數在政府之外，但在最近幾年克制派已達成一些值

得注意的成就。在二十年戰爭後，美國終於從阿富汗撤軍，國會已成功地減少了美國對葉門（Yemen）戰爭的軍事支持。同時，拜登政府計劃檢討美國的全球軍力以及美國對其他國家的經濟制裁。美國已停止對沙烏地阿拉伯輸出精密軍火，與俄國展開戰略穩定談話，從中東減少美國的飛彈和空軍，雖然這些措施不能完全符合克制派的想法，但是正確的方向。

更重要的是建制派的人物如今也經常使用過去被排除在對話中的克制派的主張。例如，卡琳（Mara Karlin）和威特斯（Tamara Cofman Wittes）（二人均在拜登政府擔任要職）在 2019 年曾寫道，「如今是美國政府應放棄一廂情願的想法了，要以它的能力，依它的條件去建立秩序，或改變一些區域國家成為可靠的盟國。」或者如一位在柯林頓和歐巴馬政府工作的資深官員英迪克（Martin Indyk）在《華爾街日報》（The Wall Street Journal）上坦率的指出，中東不再值得（美國捲入）了。

美國在中東的戰略破產是再明顯不過了，民意強烈支持克制派。更重要的，幾乎各種支持克制派的力量都同意在阿富汗和伊拉克推動民主和建國是不對的。在這個議題上，克制派已贏得了辯論，他們接下來的困境將是較難推銷他們的理念，但他們自己也看法不一致，例如美國對台灣的支持和與「北約」盟國的責任分擔。如果他們相信美國的最後目標是離開，而不是改造「北約」，歐洲的國家將會拒絕分擔較多的經費，他們寧願去強化「歐盟」自己的能力。

根據波森的主張，在十年內，美國可節省 1 兆美元，但主張有限度退縮的希克思（Kathleen Hicks，現為美國防部副部長）建議每年可節省 200-300 萬美元。

在克制派中意見不一的，也是美國外交辯論的主要議題，是對盟國和對中國的政策。在盟國政策方面，大多數克制派強調同盟的缺點，鼓勵搭便車和不負責任的駕駛。但美國人民仍多數支持同盟，並不願放棄「北約」。在亞洲，對付中國，夥伴是不可少的。

對如何因應中國的崛起，2016 年米謝謨和華特都主張，由於中國可能在亞洲尋求霸權，美國必須努力去阻止。現實主義者多不主張自東亞撤退，他們主張美國應針對中國的崛起，重新布署在東亞的軍力，加上一些與美國安全承諾的重新評估，特別是台灣，因為這是最大誤解和戰爭的危險。

在克制派中，對中國問題有兩大陣營。一派是認為中國可能是對美國軍事第一的威脅，而不是對美國安全的威脅。另一派認為中國不應當被視為安全的問題，而應是共同因應挑戰的問題，如氣候變遷。在 2021 年 7 月有 40 幾個進步主義團體聯合上書拜登總統，希望他放棄美國對中國的敵意，代之以多邊主義、外交與合作，來共同面對氣候變遷。對中國問題的歧見，不知是否能夠妥協，否則克制派會被認為在中東是成功，而在中國是失敗的。

克制派的興起也是一種歷史上的巧合，是美國後冷戰時期軍事上過分伸張和不平衡的外交所產生始料未及的結果。如今，克制派是來得正是時候，他們最有說服力的主張已經有了非常重大的進展。克制派應多一些現實主義，少一些教條主義，它可以成為謹慎的國際主義者。美國不必高高在上，對其他國家頤指氣使。它只是與其他國家站在平等的地位上，但是較傑出者。在軍事上，美國是有足夠的力量但不必強調其主宰地位。在氣候變遷上，美國不能以挑戰者而是以召集人的身分來號召大家參與。

美國大戰略的中心目標是避免大國戰爭，避免與中國與俄國對抗。在保持必要的防衛能力之外，美國應避免軍備競賽和安全困境。

克制派應以十年為期，來爭取歐洲國家的合作，退出「北約」。克制派必須以穩健和實用的方式推動其理念，並注意切勿因小失大。在國內，克制派應以超黨派的身分，來化解爭議，取得妥協。克制派應低調處理其內部分歧，但優先推動具有共識的政策，一個減少軍事主義和較為克制的美國外交政策。

▌二、美國大戰略的新基礎──克制戰略

在艾絲芙特（Emma Ashford）文章中提到的克制戰略第一個學術上的理念，來自波森（Barry Posen）2014 年的大作《克制：美國大戰略的新基礎》（Restraint: A New Foundation for U.S. Grand Strategy）。其內容簡介如下：

自蘇聯解體後，美國採取了一個「自由霸權」（liberal hegemony）的大戰略，結果證明是不必要、反效果、代價高昂和浪費的。

在這個大戰略下，美國進行「北約」東擴，干預科索夫（Kosovo）內戰，以及侵略伊拉克（Iraq）。第一點對美國安全無益，不必要的激怒俄國，科索夫是個不必要的戰爭。而 2003 年入侵伊拉克則是在沒有證據的情況下公然侵略，招致全世界的反彈和反感，重創美國的聲望和地位。在這段時間美國的政治野心超過了美國安全的需要，軍費創下空前的紀錄。

軍力的使用只有在國家主權、領土完整和安全受到威脅時，才有正當性。軍力必須要經由政治分析，這是大戰略的目的。

「自由霸權」之成為美國大戰略主要原因有四：

1. 蘇聯解體，美國成為歷史上最強大的全球霸權，沒有任何力量可以阻止美國。
2. 西方自由模式的勝利，歷史已證明美國制度的優越，並成為世界其他國家學習的榜樣。
3. 冷戰結束，美國力量成為世界堡壘，任何不安全和失序都將很快的被消除。
4. 為贏得冷戰，美國已建立了巨大的機構和國家安全人才。他們必須存在，準備迎接下一個挑戰。

這種強硬的戰略思想在「九一一事件」前就已經成型，由一批自稱為「戰神」（Vulcans）的策士們悉心規劃，但他們的前提有幾個基本的缺點：

1. 擴大自己安全範圍，必將鼓勵其他國家效尤。
2. 其他國家的力量在成長，美國的強勢將遭受反擊。
3. 不重視民族主義、種族主義和宗教認同的影響力。
4. 這種戰略沒有必要，只會增加美國的負擔。

美國將面對的重大挑戰：

1. 在歐亞大陸維持權力平衡。
2. 如何管控核子擴散。
3. 國際恐怖主義分子對美國的敵視。

美國外交政策的優先順序：歐洲、大中東地區、東亞、南亞。美國應發展海上戰略，作者稱之為「對共同利益的控制」（Command of the commons），美國應維持與世界的接觸能力（an ability to access the rest of the world），但要減少在世界的駐軍。美國應避威脅他國

和為他國「建國」（nation-building）。美國國防經費應減少到占 GDP 的 2.5%（現為 4%）。

　　大戰略是如何保護自己國家的理論，大戰略的重點在軍事威脅，因為這是最危險的；也在軍事方法，因為這是最花錢的。國家安全通常包括主權的維護，領土的完整、安全以及權力地位。權力地位是達到上述三者的必要手段，國家傳統上會冒安全的危險去保護主權、領土完整和權力地位。

　　大戰略是國家通盤外交政策的關鍵成分，外交政策中有許多不屬於安全的目標，如國內繁榮、世界經濟利益或其他國家人民的自由。安全問題不能和他們混為一起，環境改變、全球流行病、人權、自由貿易也重要，值得美國外交政策關心。有人說這些問題會影響美國基本的安全，但這些還有待證明，尚未確定。也有人說美國的強大軍費和全球軍事布署、軍事聯盟、經常使用武力大為影響了美國處理其他問題的能力，這也是需要證明。即使這些問題有連帶關係，也要考慮到成本效益（cost-benefit）的問題。

　　同樣的，大戰略不是與任何重大國家政策決定有關。固然國計民生也很重要，但如果這些也要辯論，將是過於伸張了（overreach）。有關大戰略的討論應限於軍事力量，否則業餘專家的意見將產生反效果。

　　我們把國家安全界定在較狹隘的定義：

　　主權是指一個國家有能力以自己的方式來決定自己的選擇。

　　領土完整是基本上不解自明的，雖然有些鄰近國家對疆界仍有爭議。

權力地位是一個國家，相對於其他國家，國家能力的總合，可以防衛主權、領土完整和其他國家對安全的威脅。

在現代複雜的國際環境中，沒有 100%的安全，追求這種安全本身就是招致災難。我們的目的是集中在主要問題上，制訂適當的大戰略，使我們較為放心。

大戰略有四個功能：

1. 稀少資源的有效分配。
2. 明確追求安全目標，如冷戰的目標在圍堵而非進攻蘇聯。
3. 以實際用武對潛在敵人嚇阻，使盟國安心。
4. 協助國內課責（accountability）。

走向自由霸權主義

美國外交建制在蘇聯解體後已形成美國的積極大戰略，民主共和兩黨的外交政策專家在此方向並無分岐。2009 年大選時，民主黨的希拉蕊（Hillary Clinton）、歐巴馬和共和黨的馬侃（John McCain），都在《外交事務》（Foreign Affairs）上發表文章表達幾乎一致的立場：對恐怖主義、崛起的大國、美國的領導，以美國海外用兵。兩位民主黨人均支持片面使用武力，只有共和黨的馬侃未對此表示意見。

學者伊肯伯瑞（G. John Ikenberry）認為美國從第二次世界大戰時，便建立了「自由霸權主義的秩序」。它建立在美國相對於其他國無法相比的力量優勢上，並阻止其他國家不敢挑戰美國的地位，由於美國是唯一安全的國家，美國的外交政策應包括推廣美國的價值。

自由霸權的倡導者認為有三種情況會形成對美國的威脅：失敗的

國家（failed state）、流氓國家（rogue state）和非自由體制的競爭者（illiberal pear competitors）。

對中國的持續快速成長，加上美國的衰退（the great recession）以及巨額的預算赤字，已經造成中國趕上美國比預期來得快的認知。這是為什麼歐巴馬政府提出「轉向亞洲」（pivot to Asia）的由來。

這一大戰略共識並不是冷戰結束後立即發展出來的，當時有四種理念在競爭，即「合作的安全」（cooperative security）、「第一地位」（primacy）、「選擇性的接觸」（selective engagement）和「孤立主義」（isolationism）。當前的共識是前兩種理念的結合，即合作的安全和第一地位，但這一結合要等到 2001 年九一一事件後才完全出現。克制派的選擇是後兩者理念，即選擇性的接觸和孤立主義。

「合作的安全」包括三個要素：武器管制、合作的安全機制和西方技術上的優勢。「第一優先」是在蘇聯崩解之後，共和黨首先提出的，他們認為美國已擁有世界上少有的卓越地位，必須要維護這一地位，並成為美國的核心利益（vital interest）。在老布希（George H.W. Bush）的《國防政策指南》（Defense Policy Guidance）中，明確指出「我們的戰略必須重視排除任何潛在未來全球競爭者的出現」。

「第一優先者」是兩種思想家的結合，一種是傳統現實主義者，如錢尼（Richard Cheney）、季辛吉（Henry Kissinger）和民主黨的布里辛斯基（Zbigniew Brzezinski）；另一種是「新保守主義者」（neoconservatives），他們不相信國際合作的制度。

這兩者的結合始於柯林頓政府，完成於小布希（George W. Bush）政府，但最後是「新保守主義者」勝出。「第一地位」在九一

一事件後主張「預防性戰爭」（preventive war）。民主黨和共和黨最大的區別是民主黨支持國際組織，共和黨不支持，認為國際組織對美國限制太多，而且決策往往曠日廢時，緩不濟急。除非國際組織完全接受美國的領導，像「北約」（NATO）和美日安保條約一樣。

對美國大戰略的批評

美國仍為世界第一強國，但世界情勢在改變中。

中國就經濟力量而言，將在 2030 年趕上美國，在 2045 年將在整體國力上追平美國，在 2050 年中國的 GDP 將為美國一倍。屆時將是中國第一、美國第二、印度第三、歐盟第四、日本第五。

即使如此，美國在經濟上可自給自足，沒有其他國家可以挑戰美國，也沒有任何國家可以成為世界霸權。

因果關係有四種主要原因：

1. 國際政治中的無政府狀況。
2. 現代人民傾向認同較大的團體。
3. 核子武器巨大的破壞力。
4. 一旦戰爭爆發會容易失控。

民族主義是最強大的政治力量，使入侵者難以征服和控制。戰爭製造的是恐懼（fear）、迷惑（fog）和摩擦（friction）——克勞塞維茨（Carl Von Clausewitz）說，戰爭既殘忍又浪費，一定要在政治控制之下。

★　★　★

自由霸權在過去二十年表現不佳；花費巨大、浪費和反效果，方向錯誤（misdirected）和自我失敗（self-defeating）。

1991 年擊退伊拉克（Operation Desert Iraq）（老布希時代）。

1991 年介入科索夫（Kosovo）和塞爾維亞（Serbia）的內戰（柯林頓時代）。

2001 年入侵阿富汗（小布希時代）。

2003 年入侵伊拉克（Operation Iraq Freedom）（小布希時代）。

2011 年出兵推翻利比亞（Libya）的格達費（Gaddafi）政權（歐巴馬時代）。

美國也在索馬利亞（Somalia）和波斯尼亞（Bosnia）進行有限干涉（柯林頓時代）。

美國現在軍費占 GDP 的 4%，太過離譜（占全球 41%）。美國的敵國花費不到美國的 20%，盟國負擔 1/3，世界其他國家約 15%。

美國為保護自己的軍人，可說不惜成本。在研究上不遺餘力，為軍人提供最好的裝備。在追求自由霸權上，1990 年代美國軍費占全球軍費的 1/3，如今（2010 年代）已達到 41%。2011 年美國軍費占 GDP 的 4.8%，盟國平均為 2.25%。

為了維持自由霸權，美國幾乎用盡一切方法去影響其他國家並干涉他國內政。為達到這一目的，美國毫不猶豫地使用武力。

其他國家如何「平衡」美國的作為呢？大多數人認為這不構成對美國的威脅。事實上，在世界上，「權力分散」（diffusion of power）正在形成。中國和印度居首，俄國、日本，甚至巴西都有影響他國的能力，甚至形成較小規模的平衡聯盟。

這種平衡可分為軟（soft）和硬（hard）兩種。「軟性平衡」在減少美國霸權的正當性（legitimacy），如在聯合國反對美國出兵伊拉克和反對美國打壓伊朗。中國在波斯灣已成為最大的一個平衡者。中俄也合作抵制美國在敘利亞的干涉。

「硬性平衡」是運用軍事力量在爭取能源上展示實力。中俄和中亞國家的「上海合作組織」以及俄國對中國出售武器，俄國對喬治亞（Georgia）和對克里米亞（Crimea）的武力展示，反映出對美國「北約」東擴的反撲（push back），中俄均對伊朗出售武器。

為了要突破美國對中國的「封鎖」（blockade），中國在積極發展軍力。在「硬性平衡」上，中國的內部進步有決定性的作用，在軍力上也有穩定的改進。在中國近海的戰爭中，除非美國花更多的經費，否則將被中國「逼退」（push away）。

由於美國只相信武力才能維持其霸權，所以美國必須營造和盟國應付「共同威脅」的認知，使得美國的盟國可以放心，甚至心安理得去「搭便車」（free ride or cheap ride），甚至若干國家還扮演「不負責任駕駛」（drive recklessly）的角色給美國增加困擾。

為了要維持和鞏固這些聯盟，美國很在意它對這些國家承諾的信用（credibility）。美國一直相信「骨牌理論」（domino theory），如果在一個地方失信，必然會招致在其他地方「信用」的破產。美國盟國充分利用美國這種想法，所以可以「我行我素」，不會擔心美國的報復。

所以美國和盟國的關係應建立在對威脅的共同認知上，這種認知愈少，盟國的貢獻就愈少。今日美國的盟國已與過去不可同日而語，不僅比不上第二次世界大戰，也不如冷戰時代，其結果是美國的負擔

日益加重，造成美國巨大的軍事預算。

　　但美國的民意顯示美國人民認為當美國使用武力時，應有盟國的支持，所以美國為了這個理由去刪減國防預算，並不容易得到國會的支持。

　　小國給美國製造困擾的例子，如以色列在中東的強勢、伊拉克的馬力奇（Nouri al-Maliki）政府、阿富汗的卡扎（Karzai）政府、台灣2000-2008年的民進黨政府、菲律賓，甚至越南。所以以當前的大戰略已不符合美國利益，盟國對美國的貢獻太少，美國的「北約」東擴只能給美國帶來更多的負擔。

　　美國對盟國也不具信心，九一一事件後，「北約」曾表達願分擔反恐的責任，但國防部長倫斯斐認為盟國的作用不大，予以拒絕。2011年6月，即將卸任的國防部長蓋茨（Robert Gates）明確表示對「北約」的失望，並希望慎重考慮其存在的必要。

　　2010年1月國務卿希拉蕊曾公開稱讚日本在區域和平和穩定上的貢獻，但日本除了提供一些經費之外，事實上，在軍事上貢獻極少。從2002-2012年，日本軍事預算每年減少，十年內減了6%。

　　美日安保條約成立於1960年，美國承諾防禦日本，美國可使用日本12個主要軍事基地，其中1/3在沖繩（Okinawa）。日本一年提供30-40億美元支持美國的駐軍（約5萬人）。日本一年的軍事預算只占其GDP的1%，日本不但不願充分負擔其本身的防衛，也無興趣參與美國的海外軍事行動。

　　冷戰後美國使用武力有時是為了「認同政治」（identity politics），美國通常經由設立自由民主的結構去剷除暴力認同政治，並認為如此可將政治能量轉向好的方向。美國一直低估民族主義，但

在政治動員上，它是一個有力的工具。美國在越南就是被越南民族主義打敗的，為了反對美國的干預，越南軍人死亡了 110 萬人。

二戰後，1/3 以上的內部衝突與民族主義有關，殖民主義當年未依照族群界線去劃分國界。他們在統治時，往往把數個不同的族群放在他們控制下，以便「分而治之」，所以當他們離開時，不同族群自然會競爭權力。有的要主控，有的要自治，有的要分離，有的要自行建國。

全球化也有助於認同政治，人民從鄉村進入城市，社會動員和政治活動是分不開的。

美國自己不自覺的或不肯面對的事實是任何國家都不歡迎美國的駐軍。中東的反美主義已成為一股巨大的力量，尤其九一一事件後，美國的作為更為強化這種趨勢。

美國似乎很難理解，政治制度是很難移植的，但美國根深蒂固的相信民主不僅可以移植，還可以保證和平和安全。美國對落後國家的「建國」（nation-building）有高度的興趣，它認為經由選舉產生的政府，一定會得到人民的支持。但事實證明這這些國家選舉並不代表民主化，也無法實現「建國」的理想。

1990 年代，美國盛行對外進行「人道主義的干預」（humanitarian military intervention），但並不成功。因為人道主義遠比想像的複雜，且如何界定和有效執行十分困難。檢討來說，其缺點為：

1. 種族糾紛和犯罪與美國國家安全關聯甚小。
2. 不一定要採取軍事行動，應多利用國際刑事法院進行追訴。
3. 軍事干預只有地面部隊有效，但美國為了減少美軍傷亡，多以空襲為主，結果造成更多無辜平民死傷。

4. 以人道主義之名行意識型態干預之實。

★　　★　　★

美國自由霸權強調此一戰略利多弊少，由於世界的脆弱性，損害其內容的一部分，便會影響其他部分，所以美國必須全面貫徹。這種「脆弱和相互連結」（fragile and interconnected）的論點是有吸引力的，其中代表了美國對世界事務了解有限，恐懼、不確定感、意識型態以及傲慢。

但這個論點是經不起檢驗的：

1. 它模糊了美國原本強大的安全地位，「骨牌理論」是沒有證據的。

2. 對戰略利益分配的不公平，美國付出的代價高，但收穫少；美國盟國付出的代價少，但收穫多。

3. 它強調對維持世界和平和安全有貢獻，但它鼓勵了核子擴散，區域的衝突並未減少。

4. 連結論強調安全、自由貿易和美國的繁榮是不可分的。這是霸權安定理論，由經濟學者 Charles Kindleberger 所建立，其他學者 Robert Gilpin、Robert Keohane 和 John Ikenberry 也支持這一論點。但他們均未清楚說明和有效證明這三者的相對重要性以及在實務中如何運用？以及如何會成為美國外交政策的理論基礎？

把霸權安定理論轉變為外交政策的主義是有問題的。第一，美國是失多得少。第二，美國的經濟已不足支持。第三，美國在全球 GDP 的比例一直在下降。

　　自由霸權的擴張主義必然導致軍事衝突。美國在冷戰結束後的戰爭，居然是冷戰時期的兩倍。「北約」東擴是擴張勢力範圍，而非「保持現狀」（status quo）。美國如今的安全利益已經遍及全球，美國認為干涉他國內政是不可避免的。這種以大量軍事經費，戰爭來從事政治擴張，不是「保持現狀」的政策。

　　克制的大戰略必須集中在美國的重大安全利益上，同時，減少過去二十年「積極主義」（Activism）所造成的不良後果。美國在歐亞大陸（Eurasia）維持權力平衡是長期的地緣政治利益，美國有兩大重要利益，一是防止核武的擴散，二是壓制恐怖主義組織在全球的活動。

　　克制的大戰略包括四大區域，歐洲、東亞、中東和波斯灣和南亞。美國迄今仍是世界上最強大的國家，但未來其權力地位（power position）會減弱，原因有二，一來自內部，二來自外部。內部因素是美國的經濟會失去其活力（由於美國自己的錯誤），外部因素是來自中國和俄國的結合，日本、印度也將成為大國。俄國在歐洲已不形成威脅，任何兩個主要歐洲國家便可平衡俄國的力量。

　　作者建議美國的政治承諾和軍力布署都應階段性的減少。目標是將安全的責任由美國主要的盟國分擔，冷戰時代的結構應予以結束。這個過程將需要十年的時間。

核武問題

1. 核武技術已不再是困難問題，在反核武擴散條約（Nuclear Non-Proliferation Treaty）下，以色列、巴基斯坦、北韓都能製造核武。有的國家，如日本和德國，早已具有這種能力，很快就可以進入生產，未來有更多的國家可以生產核武。

2. 核武是很好的平衡者（equalizer），小國可以用來對抗大國。

3. 如果世界上沒有核武不必然比現在更安定和更安全。美國國家安全政策的首要目標是阻止任何國家以核武攻擊美國本土。最有效的武器是核子潛艇，美國有足夠的第二次打擊能力。但對其他國家延伸（extend）嚇阻是困難和危險的。

4. 美國是不太需要國際貿易的國家，在 2010 年美國外貿只占美國 GDP 的 29%，是已發展國家中比例最少的，且 1/3 是與加拿大和墨西哥的貿易，中國占 13%。

5. 自由霸權者辯稱，強大的軍力是維護美元地位的支柱。事實上，美元成為世界貨幣是在 1920 年代，是美國不重視國際安全的時代。美元放棄金本位是 1970 年美國越戰的時代，美國如減少對外的軍事干預，美元的地位才會更安全。

★　　★　　★

「自由霸權」是一項花費巨大、浪費和打敗自己的大戰略。美國強大的安全地位使這一大戰略沒有必要，這一大戰略沒有使美國更安全，反而產生了不幸的後果。

1. 造成對抗的行為，增加了美國的花費，侵蝕了美國的利益。

中國在崛起，俄國在配合中國，這將對美國形成最傳統的平衡。所謂「流氓國家」也在發展他們的能力，希望嚇阻美國可能的干預。如果美國一味強硬，其他國家也會更具平衡的力量。當其他國家增強其實力時，美國只會增加更多的花費。

2. 美國盟國對美國的正常反應便是「搭便車」或「不負責任的駕駛」。從冷戰結束後，大多數的盟國都在刪減軍事預算，美國繼續支持「北約」。對歐洲盟國來說，這也是必然的選擇，在亞洲，日本是最大的「搭便車」者，不願多花錢在自己國防上，必然是增加美國的負擔。

「不負責任的駕駛」最明顯的例子便是以色列（Israel），它不顧中東國家的反對和美國的勸阻，不斷擴大其占領區，使以巴和解難以推動。而美國對以色列幾乎無條件的支持和大力軍援是造成以色列無所顧忌的主要原因。

其他美國支持的「建國」對象，如伊拉克和阿富汗的民選政府也是為美國製造困擾的來源，由於受到美國保護，他們既不改革，也不認真建軍來保護自己。

美國「自由霸權」的最大缺點是對「認同政治」的極度缺乏敏感。民族、種族和宗教是世界上強大的力量，美國卻認為它可以克服這種阻力。事實上，美國並不受當地人民的認同，許多內戰是「認同政治」的原因，一小部分的在地反抗力量可以有效的抵抗美國的勢力。

在關鍵地區實施克制政策

一、歐洲是最容易的地區。

1. 歐洲在本質上穩定。

2. 「歐盟」（EU）提供一個良好的基礎使歐洲建立自己的防衛能力。

3. 核子嚇阻可幫助穩定歐洲的政治。

   「歐盟」是美國從世界撤退（disengagement）最理想的地區，美國應以十年為期從歐洲撤回其軍事布署和部隊。美國應以一新的安全合作協定取代「北約」。歐洲人不會為了討好美國來提供更多資源，美國也會因歐洲能為自己安全負起責任而感到滿意。

二、東亞是較具地緣政治動力的區域，也是美國推動克制大戰略最為困難的地方。中國是東亞強權，但日本、俄國、印度三國可以抵銷中國的壓力。當地其他國家需要美國，美國也需要他們。

根據美國的「國家情報理事會」（National Intelligence Council）的《2030 年全球趨勢》（Global Trends 2030），中國將在 2030-2040 年間，超過美國，印度第三，日本第四，巴西第五，德國第六。

這個趨勢說明美國的單極時代在迅速衰退，以冷戰模式來形容美中關係是最不適當的。一是中國在經濟能力上超過蘇聯甚多，二是中國採取資本主義，參與國際貿易，經濟上比蘇聯有更大的動力和創新。

但基於下列原因，中國可能不具蘇聯的競爭性。

1. 中國在地緣政治上的環境較為複雜。
2. 中國的地理位置，使它至多成為一個亞洲陸權。
3. 中國沒有強烈的意識型態。

美國在戰略利益上要阻止一個國家主宰歐亞大陸，但中國國力日增，美國的選擇將日益縮小。美國當前對中國的戰略，無論是「轉向亞洲」（Pivot to Asia）或軍事上的「海空一體」（Air-Sea Battle）都有新冷戰的味道，但這種作法是不成熟和錯誤的。中國尚不具挑戰美國的能力，它在成長的過程中，內部有許多困難，甚至會停滯。或許美國會對中國進行遏制，但為時尚早。

克制派提醒美國對中國的崛起應採取謹慎的步驟，美國應在亞洲採取權力平衡政策。美國應知道它處於一個相當安全的地位，中國沒有那麼強大，需要美國急於去打造一個圍堵鍊。此外，中國和美國在權力和目標上互動的性質也需要調適。

如果美國情報系統的預測是準確的話，中國終會強大到美國無法以冷戰模式去對抗。克制派建議美國應在現在鼓勵其同盟為他們的防衛多負責任，如果中國變得非常強大，美國也不應在任何情況下去複製冷戰的延伸核子嚇阻承諾。

★　　★　　★

　　印度將扮演一個阻止中國野心的重要角色，印度人口平均年齡較低，經濟成長可能會超過中國。印度與中國的邊界是易守難攻，並享

有海上可阻止中國和中東及波斯灣的運輸路線。美國一直在爭取印度對抗中國，但印度並不急於和中國為敵。

日本是美國在亞洲最重要的盟國，日本的問題是經濟成長緩慢、人口老化和減少。日本的海軍實力和沖繩島鏈形成對中國進入太平洋的障礙，美國結合日本可切斷中國的海上貿易。

日本的地理環境有利於防守，但日本和中國的距離太近，容易遭受飛彈的攻擊。東京和中國哈爾濱的距離是 750 里，左世堡（Sasebo）（在九州）的海軍基地距上海為 500 里，東京和北京相距1300 里。

日本嚴重缺少國內資源，不利於打消耗戰（attrition war），據稱日本有半年的石油儲存量，美國應修正與日本的防衛條約，要求日本負起自衛責任。美國也應改變在日本軍事布署，撤出駐軍，日本承諾以基地支援美國。由於日本的高科技，是一接近核子武器的國家。

日本未來的選擇是繼續和美國結盟，但內容已改變，或與中國合作，避免衝突。其實日本還有一項選擇，就是武裝中立。就長遠來說，如此可使日本早日成為一個正常的國家，在亞洲和世界扮演重要的角色。

中國和台灣

美國對台灣的承諾是最危險也是最無戰略需要的一項政策。由於台灣距離中國太近（100 里），很容易被中國武力攻擊。

美國對台灣承諾的架構是特別危險的，中國是核武國家，美國會甘冒核子戰爭的危險嗎？在這方面，美國對台灣的承諾基本上是不可信的。

1. 中國認為台灣是中國的一省，「台獨」在國際上沒有正當性。
2. 美國間接的也承認台灣是中國的一部分──「一中原則」。
3. 美國在台灣沒有重大利益。
4. 多年前，美國已拒絕以台灣為美軍基地。
5. 中國重視台灣，對美國壓力將加強。
6. 台海戰爭，錯估和升高的情勢已成熟。
7. 美國救援台灣的代價將愈來愈大。
8. 美國國內政治支持台灣。
9. 台海戰爭對美國不利，美國難以取勝。

韓國半島

南韓是一個繁榮和軍力強大的國家，可以能夠照顧自己。南韓的人口（4,900 萬）為北韓的一倍，南韓的經濟規模已超過 1.3 兆美元。北韓經濟落後和世界孤立。

美國應先撤退所有駐韓美軍，空軍可停駐久些，南韓可考慮發展核武。在近期內，美國在亞洲的基本戰略利益尚未受到大的威脅。中國也未接近成為區域霸權，美國應利用此一時機減少在亞洲的駐軍。

面對中國的可能威脅，美國應明確表示亞洲國家應力圖自保，美國將不可能維持過去的傳統和核子保障。

大中東地區

美國在此地區有三大主要利益，一是能源和核武擴散，二是傳統的國家安全利益，三是以色列的安全。目前最困難的問題是以色列在占領區（西岸，West Bank）的擴張以及巴勒斯坦國（a Palestinian state）未能建立。阿拉伯國家同情巴勒斯坦人的處境，但阿拉伯國家並不團結，無法形成對美國和以色列的有效壓力。

波斯灣（The Persian Gulf）

美國的利益在能源，世界上 50%的石油儲量在此區域。在 2012年，該區一年可生產 2,300 萬桶的石油，占世界的 30%，其中 2,000萬桶要經由霍爾木茲海峽（the straits of Hormuz），控制石油的生產和輸出有極大的戰略利益。

美國已不如過去過於依賴波斯灣的石油，2012 年僅占進口的20%。美國在大中東和南亞地區，由 1983 年成立的「中央指揮部」（CENTCOM），對 25 個國家進行軍事控制。冷戰之後，更加增加軍力，在 2003 年入侵伊拉克時，在波斯灣的軍力高達 20 萬人。據估計在 2010 年美國在此地區花費了 1,100 億美元，占美國防預算的15-20%，還不包括對伊拉克的戰爭。

美國重視波斯灣的原因有四：

1. 避免此一地區出現石油霸權。
2. 任一石油國可能會出現破壞性的敵對政權。
3. 如發生戰爭將傷害石油的基建，包括石油的出口。
4. 美國如不能防止上述情況發生，將會失去此一區域的警察地位。

克制派認為美國在波斯灣的利益有限，美國擔心的事都不太可能發生。美國可以以離岸（offshore）方式追求美國的利益。美國應理解阿拉伯人民基於民族主義和宗教上的理由，並不歡迎美國擔任該一地區的主控。如果真的有需要美國協助的地方，美國的海軍便足可勝

任。

以巴爭執

以色列是小國，但事實上很安全，它的高科技經濟與全球經濟接軌。它的科學家、工程師和企業家都是世界一流的。它有非常先進的軍火工業，還出口到「北約」國家。在武力上，在大中東地區無人能及，甚至擁有強大的核子嚇阻的能力。

阿拉伯雖然在人口、土地和資源上超出以色列甚多，但問題是他們不能團結對抗以色列，甚至彼此爭執不斷。較大的國家如埃及和沙烏地阿拉伯均對以色列保持冷靜，目前只有伊朗對以色列敵意甚深。

美國應促成以巴和解，允許巴勒斯坦人在約旦的西岸和加薩走廊成立巴勒斯坦國。美國從事此一努力已多年，但迄未成功，原因有三：

1. 巴解（PLO）的領袖哈馬士（Hamas）不同意。
2. 以色列的保守派也不接受。
3. 巴解不放棄過去被趕走數百萬難民回家的權利（right of return）。

美國被西方世界批評對解決中東以阿爭執並不積極，應用盡一切方法去拆除這一中東的火藥線，但事實上可能性不大，因為：

1. 美國國內支持以色列的力量太大。
2. 以色列本身成功的故事令人尊敬。
3. 巴勒斯坦人不團結，還涉及恐怖主義。
4. 受大中東政治環境的影響。

美國應繼續追求以巴和解，但不可能壓迫以色列屈服。美國應對地區爭執保持距離，但美國對以色列的支持和偏袒無人不知。阿拉伯人普遍對以巴和解無信心，也無興趣。

克制派認為美國應恢復 1967 年以阿戰爭前的立場。一方面，蘇俄介入的因素已消失；其次，以色列已相對富強和安全。美國應減少對以色列的「補助」（subsidy），同時減少對中東的軍售。

南亞：阿富汗、巴基斯坦、印度

美國在九一一事件後對南亞的政策是野心太大，造成反效果。美國原本的目的是消滅基地組織（AL-Qaeda），但在阿富汗和巴基斯坦的努力證明是無效的。阿富汗已成為美國歷史上時間最長的戰爭（《克制》一書出版時是 2014 年）。美國扶植的阿富汗政府很弱，相對的塔利班的力量卻愈來愈大。美國曾協助巴基斯坦政府對抗伊斯蘭極端主義分子，但成效甚少，證明美國對巴基斯坦的影響十分有限。

塔利班基本上是巴斯頓（Pashtun）民族的組織，在巴基斯坦有近 3,000 萬的巴斯頓人。他們在籌募資金、取得武器和訓練戰士上都得心應手。巴基斯坦人口近 2 億，軍人勢力龐大，政治上貪污嚴重。

印度有 12 億人口，和巴基斯坦打過 4 次戰爭，3 次與喀什米爾（Kashmir）有關。印度有 1.6 億回教徒，喀什米爾大部分人民為回教徒。喀什米爾的土地，印度控制 2/3，巴基斯坦 1/3。印度保持 50 萬軍隊，印度不希望美國介入，美國十分重視與印度的關係。巴基斯坦軍人不放棄追求喀什米爾的勝利，伊斯蘭宗教使巴基斯坦在此問題上十分團結，這一爭執將持續下去。

美國政策的改變

　　美國在阿富汗的「建國」目標不可能達成，企圖消滅基地組織（AL-Qaeda）的任務也不可能成功，美國只能緩和其目標，保持壓力，不要浪費太多的美國資源。美國宣布在 2014 年底前自阿富汗撤軍，這一決定應堅持，由於美國無法阻止阿富汗塔利班勢力和巴基斯坦軍方的關係，美國也不可能在阿富汗打敗塔利班。美國應了解美國在巴基斯坦極不受歡迎，巴基斯坦人民認為美國在阿富汗的戰爭，使得巴基斯坦軍方更加偏激。

　　美國在印度和巴基斯坦之間難以保持平衡。在 1990 年代有人倡議應採取「選擇性的接觸」（selective engagement）。如美國完全放棄接觸，將會造成一個「多極的」（multipolar）歐亞大陸，會產生幾個實力相等的國家。在過去 2/3 世紀，國際政治學者和政治家尚未看到這種制度，對過去的這種制度，他們並不喜歡。原因是：

1. 這種制度容易形成集體行動，即使有一個正常的權力平衡，但野心較大的國家會成為領導國家。
2. 野心大的國家必然會重視軍力的發展，如此他才會有機會成為領導國家。
3. 野心的國家在早期征服其他國家的過程中，將會累積更大的力量。

　　這種例子在拿破崙戰爭和第一次、第二次世界大戰時都發生過，要扭轉這種力量，需要付出很大的代價。

　　美國要改變大戰略的關鍵是改變的速度，這一改變必須要做但又不能進行的太快，否則會給美國帶來更多的困擾，原因是：

1. 美國的盟國多是民主國家，他們已習慣於減少國防支出。

2. 整體而言，軍事上的組織是不足的。

3. 美國的盟國已習慣接受美國的領導，在亞洲尚無這種主要國家合作的例子。

4. 德國和日本都不是核子國家。

基於以上的理由，一旦美國放鬆其防衛承諾，必然會造成不確定感和危險，這是為什麼大家都不願討論戰略大改變的主要原因。作者建議以十年為期，在與盟國配合下，逐漸減少美國的軍事介入，要給美國時間去適應，這一轉變不是很快就發生的。

★　　★　　★

整合的改革

冷戰結束後二十多年，美國仍全面和深入的介入全球事務，這一工作的代價是巨大的——經濟上、軍事上和政治上。雖然有些介入是需要的，但整體來說是過當的（excessive）。如果富裕的和勇敢的盟國能為自己的國家負起責任，美國在一個區域改變其政策會在其他區域更有說服力。這個政策改變的目的是使美國不必要成為由於「認同政治」而產生暴力組織的主要目標，美國有必要盡量放低姿態，而且避免在這些地區承擔新的承諾。

在歐洲和亞洲，美國當前給富裕足可防禦自己的國家太多的保護，美國必須改變這種合作夥伴的關係。作者認為當前情況有助改善這種關係。如果中國成為挑戰，美國將不可能以過去冷戰時代聯盟策略對抗中國。亞洲國家必須挺身而出，負起對抗中國的責任，甚至發展核武，形成權力平衡。

在中東地區，美國不應以軍事力量去干預其他國家的內政，並應

保持低姿態，避免引起民族主義和宗教的反感。

以色列已是一個有能力保護自己的國家，有關以阿爭執，「兩國方案」是符合美國利益的，否則以色列永遠不會成為一個正常的國家。

在阿富汗，美國於 2001 年為追捕賓拉登而發動戰爭是必要的，但隨後的政治介入是不必要的。在維持對基地組織保持壓力的前題上，美國應盡量減少軍事介入。美國應爭取願意和美國合作的國家，但對不願合作的國家也不必勉強。

對所有先進國家，核武擴散將是一個長期問題，為了本身安全和避免被侵略，核武是非常有用的工具。廢止核武是一個不解實際的想法。美國必須面對這一現實，對核武採取多邊管理，而不是阻止。對可能發生核武的國家，採取「預防性戰爭」（preventive war）不是一個有效的選擇。

對共同利益的控制（Command of the Commons）

克制的大戰略是「海上軍事戰略」（maritime military strategy）。重點在美國在海上形成對全球交通絕對優勢的影響力，包括貨品和資訊的移動。美國目前享有巨大的軍事影響力，作者稱之為「對共同利益的控制」，美國如今不僅控制海洋，也控制全球大部分的天空以及外太空（space）。作者的目標是以最少的代價，維持在歐亞大陸的優勢，並以不超過每年占 GDP2.5%的軍費來支持此一戰略。他建議：

1. 真正對美國安全的利益比現在軍力要達成的為少。
2. 應該對若干軍事開支設定上限（ceiling）。

3. 追求長期財政的健全。

控制並不表示其他國家不能在平時使用海洋、天空和太空。它代表美國可比其他國家享有巨大的使用權，美國可以有效地阻止它國行使此一權利，如果其他國家不從，將被美國擊敗。經由此一戰爭，它國將很難在短期內恢復，而美國可以保存、恢復和鞏固它的控制。

世界上大部分的交通和運輸需經過海洋，在地緣政治上「瓶頸」（chokepoint）至為重要，可以自由進出海洋關係國家的生存和發展。在歷史上，英國和日本都曾享有這種特權。美國的地理位置最適合海上戰略，巴拿馬運河通航後，美國的海上力量大為增強。其他大國則有不同的限制，如俄國、印度和中國。

控制海洋只是製造潛力。歷史上，海上大國是用來支援陸戰，第一、第二次大戰均是由海空軍支持的陸戰而解決。但核武從根本上改變了大國安全的關係，擁有核武的國家很難被征服。冷戰便是兩個超級大國避免直接戰爭的例子。在核武國家之間，彼此的競爭要特別慎重處理。它們可以打「代理戰爭」（proxy wars）、「有限戰爭」（limited wars），在空軍和太空武力的協助下，海軍是這類衝突較好的選擇。富有的國家交戰不是為了錢，也不是為了什麼理念，只是為了怕升高為核武戰爭。但民族主義仍然是一重要衝突的因素，不可忽視。

對共同利益控制的戰略利益：

1. 有效和直接有利於歐亞大陸的權力平衡。
2. 可使美國建立自己的力量，弱化敵人，集中戰鬥力量協助盟國以及對敵國進行離岸打擊。

可使美國有充分的時間建立自己的力量，美國需要從全球許多地

方進口動員的資源,並阻止敵國取得此類資源。自從第二次大戰後,美國已沒有真正動員過,人們已忘記需要多少時間完成動員。從和平時期經濟到高度軍事生產約需 30 個月。

在沒有長期駐軍的地方,美國可以在很短的時間去從事戰爭,例如 1991 年的海灣之戰、2001 年的阿富汗之戰和 2003 年的伊拉克之戰。

此一戰略還可對敵國進行孤立和封鎖。自 1991 年後,伊拉克的軍力沒有增加,現在美國對伊朗也以同樣方式處理。

美國享有地面作戰的優勢,美國是唯一有兩棲作戰(amphibious operations)能力的國家。美國的空中打擊力量也很難抵抗。

美國不必擔心其信用(credibility)的問題,因為美國已為盟國做得太多了(over insured)。美國有充分的安全,並保有行動的自由。

軍力結構

美國有五大軍種:陸軍、海軍、空軍、海軍陸戰隊和海岸防衛(coast guard)。美國軍力享有最高的素質,美國應刪減陸軍到 40 萬人,海軍陸戰隊到 20 萬人,空軍應減少 216 架飛機和 3 萬人員。海軍是此一大戰略的關鍵力量。目前美國海軍的能力無人能及,將來最重要的是「核子攻擊潛艦」(SSNS)和「核子動力導彈潛艇」(SSGNS)。在航空母艦上,美國現有 11 艘,但新的大戰略 7-9 艘便應足夠。

在太空方面,美國現在有 436 個衛星,其中 115 個是軍事的,193 個是商務的,118 個是他國的,10 個私人(民間)的。導航衛星美國用的是 NAVSTAR 的 GPS,中國是北斗(Beidou),歐洲是伽利

略（Galileo）。

美國全球軍力

截至 2012 年底，美國海外駐軍為 17 萬 3,000 人，在歐洲約 7 萬人，在亞洲約 8 萬人，約 4 萬人在波斯灣區域，另在阿富汗約 14 萬人。

海外基地在冷戰時有 598 個，迄今仍保留。美國海外基地有三種，一是主要運作基地（MOBS），二是前進運作基地（FOS），三是合作安全地點（CSL）。2004 年國防部稱有 850 個基地，但在十年內要減為 550 個。

整體而言，此一戰略的重點是航空母艦的重要性將減少，代之的是核子潛艇。飛機也會減少，但航程要加大。經此調整，軍人總數將減少 20%，軍事預算將減少 20%，占年度 GDP 的 2.5%。

結論：持續的辯論

克制的大戰略是在冷戰結束後不久，1990 年代中期形成。當時是「單極時代」，美國以極大的差距領先世界其他主要國家，美國的勢力銳不可擋。美國深陷於「勝利主義」（triumphalism）並提出「歷史的終結」，民主和自由已戰勝極權和專制。老布希提出「新世界秩序」（new world order）的口號。

這是由一批積極分子（activist）所推動的美國新的大戰略。美國一向有一龐大的戰略結構，由軍方、國防工業和智庫所組成，這些機構需要新的計劃才能繼續壯大。在冷戰之後初期，機會加上運氣，使美國輕易地取得了一些成就，如 1991 年波斯灣戰爭、「北約」東

擴、對波斯尼亞和科索夫的軍事干預。加上 2001 年的「九一一事件」，使這些主戰分子抓住了機會，在小布希總統任內，大力推動他們長期嚮往的美國「自由霸權」（Liberal Hegemony）。

但 2000 年後的美國卻和「自由霸權主義者」的主張未能配合。2003 年入侵伊拉克使美國不僅陷入中東泥淖，並使美國聲望大為受損。2008 年金融危機造成全世界性的經濟災難，美國難辭其咎。更嚴重的是由於其他國家的興起，美國領先的差距一直在縮小，其中最大的挑戰來自中國，其經濟規模有超過美國的趨勢。美國的反恐戰爭證明是代價太大，且成效有限。美國還在阿富汗和伊拉克進行「建國」，更是令人匪夷所思。

一時之間，美國「單極時代」業已或即將結束。美國「國家情報理事會」發表的「全球趨勢 2025：一個轉變的世界」（Global Trends 2025: A Transformed World）以及「全球趨勢 2030：可選擇的世界」（Global Trends 2030: Alternative Worlds）均強調全球能力的基本分配還在改變中，我們很快就會面對一個新的與中國競爭的兩極世界，或者面對一個新的多極世界。

無論我們未來面對的是什麼，「自由霸權」是一個失敗的戰略。它太依賴美國力量的優勢，但此一優勢在消失中。當美國擁有此一優勢時，它們也未善加利用。但不幸的，這種戰略思想已深植於美國的國家安全系統中。「自由霸權主義」有利於美國的機制（體系），符合美國建制派的世界觀，甚至廣大的公眾。如果沒有足夠的實力去執行這一政策，將會證明它不僅是代價太大和反效果，而且是災難性的，最近發生的事便是證明。

作者在這本書裡解釋為什麼「自由霸權」未能成功？這一戰略魯

莽地去平衡其他國家，削弱了美國的相對優勢，使得其他國家更能去對抗美國。這一戰略使美國在一個正在進行快速社會、政治和經濟變化的世界中，成為政治的焦點。美國固然強大到足以不理會被失敗的國家責難，但也不是強大到可以減少這些變化所造成的緊張和壓力。這一戰略低估了民族主義的韌性和世界人民對抵抗外來干預的自覺（self-aware）趨勢。這一戰略忽視了有組織的暴力已經「分散」（diffused），美國在這方面付出的代價過於浪費。最後，這一戰略給了美國盟國一張空白的安全支票，造成便宜的「搭便車」，如歐洲和日本，或「不負責任的駕駛」，如阿富汗和以色列。

作者列出一個新的大戰略：

1. 對外有限的政治目標和有限的手段。
2. 海上戰略：強大海軍，小而機動性強的海軍陸戰隊，長程空軍。
3. 全球聯絡（access）協議網，多為無人駐守的基地結構。
4. 如有重大安全威脅出現，美國在海上的控制力量將組織聯盟、集中兵力，甚至動員盟國的經濟來對抗。
5. 在長期內以不超過 2.5% GDP 的年度軍事預算可支持此一戰略，美國省下的經費可處理其他急待解決的問題。

政治上，美國必須要少做，美國必須集中力量在對其安全上最重要的危險上。對美國最大的威脅是歐亞大陸的霸權，目前這一為危險還小，但美國必須準備面對。如果這種挑戰發生，美國不可重蹈冷戰作法，單獨挑起責任。美國需要真正的盟國，不是現在依賴美國的盟國。美國現在就要開始重新交涉並減少當前程度的對外承諾。

美國還要放棄對其他國家強迫性的政治改革和改變其政治制度，

這一工作不當但耗費鉅大，且並不成功。

美國必須放棄或減少對富有、足可自保國家的保護，美國與歐洲國家的關係必須徹底改變，日本也應如此。美國不能再像冷戰時代，以擴大嚇阻去保護這些國家。德國、日本、南韓如認為有發展核武必要，是可以接受的。如此可形成區域的戰略平衡，減少美國直接捲入地區衝突的機會。

對「自由霸權主義者」的批評（反擊）：

他們認為機會已經過去了，他們認為國際政治只有美國在「單極時刻」（unipolar moment）才能改革。他們認為國際政治衝突的原因是國家的性質和經濟的性質。

1. 不完全的國家即不民主的國家，彼此戰爭，並與民主國家戰爭。民主國家之間很少戰爭，因為彼此信賴，因為人民反對戰爭。

2. 自由市場資本主義和國際貿易比衝突更有效用，此外貿易使資本主義國家「互相依賴」（interdependence）。

3. 當前是消除核子武器威脅最好的時機。美國的霸權可使自由的國家免於核戰的恐懼，一個民主國家間全面性的限武協議可以消除核武，並鎖定任何可能的威脅。

4. 美國應利用其力量優勢，儘可能地去壓制衝突。美國要防衛其他國家被非民主國家侵略，美國應對非民主國家的內政進行干預，使它們走上正確的道路。美國要儘一切可能，阻止其他國家取得核子武器。

對以上「自由霸權主義者」的主張，「克制派」的回應是：

1. 不認為民主國家之間的關係會如此和平和穩定，國內政治和

經濟結構並非防止衝突的可靠保障。

2. 民主與一個國家的歷史密不可分，人民有權去選擇他們民主的方式，這個世界不是完全靠美國力量決定的。

3. 市場資本主義對海外擴張並不是一個可靠的約束，美國對波斯灣石油的無法擺脫（obsession）便是一個最好的例子。

4. 經濟上的相互依存並不是防止衝突的可靠保障，第一次大戰前，交戰國之間的經濟依存十分密切，仍免不了戰爭。

5. 一個沒有核武的世界是不可能的。對一些國家，核武是它們安全的保障，俄國、巴基斯坦、以色列莫非如此。況且，不要輕言放棄核武，對核武國家彼此之間，核武是和平的保障。

★　　★　　★

「現實主義者」的批評：

克制派基本上是現實主義的大戰略，但現實主義者並不完全認同。現實主義者同意國際政治是競爭性的，但他們不同意競爭性會是什麼樣子。

選擇性接觸派主張美國應採取更為積極的角色，在這方面他們和自由霸權主義派並無區別，美國的這種主張主要是第二次大戰的經驗，以納粹德國和日本帝國為例。但當前歐洲和亞洲並無此類強權：即使中國在崛起，但它所受的限制不少，且美國很容易在亞洲去支持一些國家，平衡中國的力量。

有一種「攻擊性現實主義」的主張，他們認為現在就要遏制中國，美國應組成「防衛聯盟」，要製造對中國採取預防性行動的機

會，去阻止中國的成長。把中國捲入一場有限但失敗的戰爭，如此，可羞辱和顛覆中國的政權。作者認為這種預防性的措施，可能得不償失。

中國的力量和地理位置對其他國家並不構成安全問題，美國一直在製造中國為區域不安和威脅的印象，但亞洲國家並不樂見美國與中國的冷戰，更別說熱戰了。

美國仍然是世界上領先其他國家很多的最強大國家。美國的大戰略一直掌握在一個龐大的、自信的、有全球野心的和持續堅持自己理念的外交精英手中。對積極主動外交和安全政策的兩黨也有共識。美國軍方和情治系統是得天獨厚享有充分的資源。美國國會在對外援助上十分吝嗇但對支持美國國防部十分慷慨。美國外交菁英集團習於接受表面理由，對外交實際運用並不深入了解，「自由霸權主義」是不太容易被放棄的。

然而，一些改變的事實是明顯的：世界權力的分散，美國和其他國家差距的縮小，軍力的擴散，美國干預的代價的增高。超過十年的海外戰爭，美國軍人已有師老兵疲之感，且有不知為何而戰的疑慮（史諾登之例）。美國的經濟尚有待復甦，以及改善美國的財政為當務之急，這些因素都會對美國的國安政策有所影響。

克制派的大戰略對這些有力的事實，提出三種適應的可能方法：

1. 最不可能的是美國的政治家在看到克制大戰略的論點之後，有喜出望外之感，決定改變我們的大戰略。
2. 可能要經由一場災難才能接受這種改革。如果當年雷曼兄弟公司（Lehman Brothers）之崩潰，以及 2008 年接續下去的全球災難，美國和世界多數國家可能會走上大衰退。如今很

難相信美國在這種情況下，還會遠在海外的安全問題上能夠繼續揮霍大量經費。作者寧可不願因此而改革，但這不是不可能的事。

3. 最後一個途徑是典型的現代多元民主，這種的改變是漸進的。如果「自由霸權」要被取代，這是最可能的方式，緩慢但肯定。這些事實將會在美國的選擇中被注意到。軍事預算將被刪減，昂貴的戰爭將心不甘、情不願的結束，新的戰爭將被避免，駐外的美軍將逐漸的撤回國內。漸進的程序將會效率不高，盟國對美國的依賴也會拖延或根本不會改變。

「自由霸權主義」有其韌性，可能還會強化。在這種背景下，「克制派」只能繼續修正和加強對它的批評。如果真正的災難發生，美國至少還有一個明確的選擇方案。「克制派」對必要的改變可提供一些方向、秩序和效率。

三、軟性平衡

另一學者保羅（Paul T.V.）也寫了一本以軟性平衡來達成克制大國權力的書（《Restraining Great Powers: Soft Balancing from Empires to the Global Era》，2018），與波森的書有相輔相成的效果。其主要內容為：

國家日益依賴國際制度、有限的結盟和經濟手段去平衡和克制威脅性的行為。冷戰結束後，全球化和反對侵略性領土擴張並未能阻止美國在中東的戰爭。美國的行為鼓勵了俄國和中國的對外擴張政策。

為了克制地緣政治競爭的力量，需要更多的軟性平衡（soft

balancing）。傳統上依賴軍事力量的權力平衡在如今互相連結的世界，已不能保證長期的和平和穩定，必須結合硬性的和軟性的平衡，才能在未來維持和平。軟性平衡是以軍事對抗，戰爭之外手段的戰略，也是「避險」（hedge）的途徑。

戰爭是最可怕的事，自從現代國家產生之後（西元 1600 年），歐洲列強之間已發生了九次大戰。第一次世界大戰死亡了 3,700 萬人，第二次世界大戰死亡了 7,200 萬人。在冷戰時期，「代理戰爭」（proxy war）死了幾百萬人，美國的干預在開發中國家便造成了 2,000 至 3,000 萬人的死亡，冷戰後的伊拉克戰爭迄今已死亡了 25 萬人。

戰爭的發動往往是少數有權力的政治菁英的決定，侵略他國，造成對自己國家和其他國家的不安全。這種由國內利益集團和官僚體系形成的政策，以國家生存利益各為自己辯護。以美國為例，經常以區域和平和秩序而製造區域競爭，聲言反對核武擴散，但又不能阻止一些國家發展或擁有核武。

就國際關係而言，大國之間實力接近容易發生戰爭，但這種說法已經過時。因為如今經濟上的相互依賴，可防止大國之間的戰爭，尤其核武大國之間的恐怖平衡（MAD）更不易走向戰爭。

大國依然可以對小國發動戰爭，例如美國。後冷戰時期的一個奇特現象，由於美國強大，居然世界上沒有平衡美國的力量，其他國家只能以軟性平衡去牽制美國，即使大國如俄國和中國，也只能以「不對稱軍力」（asymmetries arms build up）或「半平衡結盟」（quasi-balancing coalition）的方式來平衡美國的力量。

權力平衡既是戰略，也是目標。它建立在下列幾項前提上：

1. 國際社會無政府的狀態（anarchic）。
2. 每個國家最大的目的是生存（survival）。
3. 沒有國家可確實了解其他國家的意圖（intentions）。
4. 國家之間權力競爭是不可避免的。
5. 為了自保，其他國家將聯合起來反對霸權。

國家傾向有利於自己的軍事平衡，不是真正的權力平衡。考驗相對力量便是戰爭，發生戰爭便代表權力平衡的失敗。冷戰結束之後二十年間，世界上並沒有平衡美國力量的國家或聯盟出現。對此一問題的解釋是軟性平衡已成了當前的主要安全戰略，理由（因素）如下：

1. 全球化使大多數國家經濟上相互依存程度日深，如今跨國企業（multinational corporations, MNCs）在 2017 年有 10 萬家，其子公司多達 86 萬家。從經濟上而言，軍事對抗（平衡）變得十分昂貴。
2. 戰爭的高科技化減少了大國之間直接衝突的機會。
3. 國際制度和組織的普通化有助軟性平衡的運作。
4. 第二次大戰後去殖民化，減少了領土問題的爭執和領土擴張的機會。
5. 極端意識型態如納粹主義、馬列主義的消失，減少了修正主義的誘惑和空間。
6. 在沒有緊張兩極或多極競爭下，有利於軟性平衡的發揮。

綜上所述，今日國家間的關係盡量避免使用硬性平衡，軟性平衡成為主要的外交政策。

★　　★　　★

　　軟性平衡的定義是以國際機制，協同外交、經濟制裁去約束強權或大國的侵略，使得它們的行為缺少正當性，難以達到它們的戰略目標。硬性平衡是以建軍、聯盟，海外駐軍的方式，如美國的「北大西洋公約」（NATO）和與一些國家的軍事聯盟。軟性平衡通常是次要國家以有限的外交結盟去平衡強大的和有威脅性的國家，如「東協」（ASEAN）。在硬性平衡和軟性平衡之間還有一種「有限的硬性平衡」（limited hard balancing），例如「戰略夥伴」（strategic partnership），如美國和印度、日本、澳大利亞的「四方協議」（Quad），中國和俄國的合作也是如此。

　　不論硬性平衡和軟性平衡都是企圖改變目標國家的成本效益計算（cost-benefit calculations）。硬性平衡是以實力和優勢力量來追求或維持有利的安全地位和利益。軟性平衡是以維護國際或區域秩序，挑戰大國行動的正當性，希望回歸合作和平等的關係。軟性平衡主要的目的是企圖限制武力的使用。

　　2003 年美國入侵伊拉克，並未獲得聯合國的授權，並被歐洲主要國家（除了英國）強烈反對。美國辯稱配合其政策是考驗聯合國的正當性，但這種說法是不被國際社會接受的。

　　軟性平衡的成功有賴下列條件的配合：

1. 視威脅的環境，敵對和平衡的國家應有限制。
2. 大國對國際正當性重視的程度。
3. 通常在重大衝突之後較為有效。
4. 參與國際機制國家愈多，愈為有效。
5. 在防守性和嚇阻制度下的對抗，可運作良好。
6. 目標國家在經濟上，對外依賴性較高。

7. 目標國家國內的支持度。

在過去十幾年，軟性平衡被現實主義者批評較多，它們認為國家行為的正當性來自實力，它們認為軟性平衡缺乏實質性，理論上也不一致，至多是辯論的觀點，而不是實際政策的工具。

但作者反駁說：

1. 在國際關係歷史上，軟性平衡經常出現，並視為硬性平衡的補充。
2. 軟性平衡充分運用國際制度與合作機制，只要有助於減少大國強勢政策的都是軟性平衡的發揮。
3. 軟性平衡是理性和經過算計對威脅的反應。它是一種持續性的戰略方式，它是必要大過選擇，也是一種「避險」（hedge）策略。
4. 任何權力平衡都不一定成功，但都值得一試。
5. 軟性平衡不限只在單極體系，近代歐洲歷史已充分說明這點。

事實上，軟實力（soft power）已逐漸被視為國家權力重要的一部分。哈佛大學教授奈伊（Joseph Nye）便是最強力的倡導者，他認為軟實力來自一個國家的文化、政治理想和政策，它不是靠威脅而是靠吸引力去得到想要的。

即使傳統的現實主義者如 E.H Carr 和 Hans Morgenthau 都承認國際機制對以權力為主的國家的重要性。最近的例子是中國在加入世界組織之後，已充分融入國際社會，有助於它的「和平崛起」。即使今日因為中國的強大，與中國和平相處，軟性平衡也勝過硬性平衡。

相反的，美國在冷戰後，以「北約」東擴去平衡一個衰退的俄

國，反而激起了俄國的強烈反彈。由此可證明，硬性平衡並無助於和平，並造成戰爭的危機。

美國在小布希（George W. Bush）政府時的外交是高度的硬性平衡，事後證明非但未達到美國的目的，反而重創了美國的地位和形象。

權力平衡的未來

希臘歷史學者 Polybius 的名言：「永遠不要讓一個國家權力如此之大，使其他國家即使為了自己合法的權利，也不敢與之爭辯。」

在國際關係中，如果沒有權力平衡（equilibrium）存在，最強大的國家將會以其優勢地位去屈服，甚至消滅其他較弱的國家。

冷戰結束後，美國成為單極超強，但並未出現平衡美國的力量。軟性平衡並未能阻止美國侵略伊拉克，美國非但未能得到傳統盟友的支持，並受到幾乎全世界的譴責。美國也未能達成它預期的目標——和平民主轉變伊拉克。此一事件對美國的地位和形象傷害極大。

2011 年歐巴馬（Barack Obama）就任總統後，決心重建美國的地位和形象，也就是美國正當性的問題。他不但宣布要從伊拉克撤軍，也為美國濫用權力而道歉。在他任內，美國在沒有其他國家參與和聯合國授權下，美國已減少了對外軍事干預。軟性平衡在歐巴馬任內已發揮了相當的作用。

法國政治學者亞洪（Raymond Aron）曾說過，「一個大國可能不容忍其他相等國家追求帝國的極致；也可能願意在其他國家之間站在前面爭取他們的支持。」很顯然的小布希是第一類，而歐巴馬是第二類。

後冷戰時期，全球化的經濟成為軟性平衡的重要工具。但 2010 年後，有限的硬性平衡又開始興起，主要原因是大國之間的競爭轉為激烈，尤其美國對崛起的中國和復仇主義的俄國，加強了軍事上的壓力。季辛吉（Henry Kissinger）說，權力平衡的目的是限制侵略的程度，而不是防止侵略。

對冷戰後的國際關係有兩種說法，一是認為美國太強大，平衡美國的代價太大，如 Stephen Brooks 和 William Wohlforth，即使俄國和中國也只能以不對稱（asymmetry）的方式去平衡美國的力量。另一種說法是美國雖然強大，但並未威脅其他國家。因為美國是「良性霸權」（benign hegemony），對其他國家提供秩序和安定。

根據一項研究，國外直接投資（FDI）每增加 10%，便會減少衝突的 3%。中國在亞洲並無硬性平衡的條件，唯一的理由是美國對中國的長期圍堵。如果能有效運用國際組織和規則，是維持區域秩序的方法之一。在全球化和大國之間和平的狀況中，軟性平衡是最能發揮功能的時機。

在後冷戰時期，大國之間在軟性平衡方面的表現並不令人滿意。在未來，由於大國之間的競爭加劇，軟性平衡和有限的硬性平衡對正面衝突而言，更為需要。「修昔底德陷阱」（Thucydides Trap）並非不可能發生。

全球化的強化使中國和其他競爭國家之間不易走上帝國主義政策，中國的對外政策，如「一帶一路」可仿照 19 世紀英國東印度公司的例子，以經濟合作為主。

美國的軟性平衡政策將容易得到美國人民的支持，美國應在改革國際制度，以軟性平衡來與其他國家交往作為美國戰略的核心。

▊四、更好的選擇：離岸平衡

上述三位學者在執行克制大戰略上，最後的結論便是美國應以「離岸平衡」（offshore Balancing）來取代美國的霸權主義。在此一論述中，華特（Stephen Walt）教授在其 2018 年《以善意鋪成的地獄》（The Hell of Good Intentions）一書的結論中，也是以「離岸平衡」作為美國霸權外交政策「較好的選擇」（a better way）。

川普在 2016 年 11 月大選的勝利，代表美國人民對美國外交表現不佳的證明。美國人希望美國維持強大地位，但並不支持美國過度伸延的霸權主義。

美國有一個優質選擇：「離岸平衡」。這個策略不是要將全世界塑造成為美國的形象，它主要關心全球的權力平衡，並避免其他國家威脅美國的安全。所謂美國的重大利益並不是全球性的，而是幾個關鍵的地區，如歐洲、東北亞和波斯灣。

如果一個潛在的區域霸權浮現，美國應以該地區的軍力作為第一道防線，因為他們要比美國更有誘因避免被那個霸權控制。如果當地力量無法維持區域的權力平衡，美國或許就可以介入。換言之，美國應盡量維持「離岸」，只有絕對必要時，才會「上岸」。

「離岸平衡」的優點：

1. 可減少美國的軍事負擔。
2. 可延長美國主宰世界的地位（只有遠離戰爭，才能厚植國力）。
3. 減少其他國家搭便車的機會（美國 GDP 不到「北約」盟國的一半，但卻負擔 75%的「北約」軍費）。
4. 可減少恐怖主義分子的威脅。

5.　減少世界上「反美主義」的擴散。

越戰是美國違反「離岸平衡」的例子，美國在越南並無重大利益，越南對東亞和平也沒有太大影響。美國更大的錯誤是在冷戰之後，未能遵守「離岸平衡」的戰略，造成更多的災難：

1.　「北約」東擴，激怒俄國。
2.　可避免伊拉克戰爭。
3.　不會與伊朗交惡。
4.　使中國漁翁得利。
5.　有害美國的經濟。

今日「離岸平衡」應有的作法：

1.　阻止中國成為全球霸權。
2.　應逐漸撤出歐洲的美軍，把「北約」交給歐洲人。
3.　在波斯灣回歸 1945-1993 年的政策（撤出多數軍力，放棄政權轉移，尊重國家主權）。
4.　改善與伊朗關係，阻止伊朗與中國合作。

回歸外交（diplomacy）

外交政策應將軍事威脅轉移回到外交，以最小程度的暴力來解決國際問題。保持彈性原則──沒有永遠的敵人和朋友。

外交工作的專業，把和平視作優先事項。推廣和平，追求穩定。戰爭無利可圖，減少對暴力的偏好。散播民主自由應從美國國內做起，放棄操弄他國政治的遊戲。

美國是個極為幸運的國家，俾斯麥（Otto von Bismarck）的名言：「上天似乎十分照顧酒鬼、傻子和美國。」美國今日所面對的問題幾乎

都是自己造成的，「美國的敵人就是美國自己」。但美國不會擔心好運
會用盡嗎？作為一個國家，美國正站在十字路口。美國人還需要多久的
時間才能回到正道——離岸平衡，而非繼續推動自由主義霸權。

五、如何執行克制大戰略

　　2021年美國智庫「蘭德」（RAND）出版了一本由 Miranda
Priebe 等五位學者合寫的《執行克制》（Implementing Restraint），
它指出一個現實主義的克制大戰略，就是「離岸平衡」。在檢討了美
國在幾個關鍵地區的政策後，它列舉了實施克制大戰略的十七項步
驟。

前言

　　在 2020 年夏天，在民主、共和兩黨中有一批政治家和評論家開
始問到美國是否要重新思考它對世界的作法。例如，川普質疑美國長
期同盟的價值，民主黨的拜登主張自阿富汗撤軍，認為美國應終止永
無止盡的戰爭。加上自 2019 年爆發的新冠疫情對經濟的影響，許多
美國人民認為美國應多關注國內的問題。

　　這篇報告集中在討論未來美國在世界的角色，一個現實主義的克
制大戰略，有時被稱之為「離岸平衡」（offshore balancing）。大戰
略是在國際和國內限制下，一個國家運用其國力去保護和促進其重大
利益的邏輯。所以，大戰略不僅是搜索國家安全政策的建議而已，它
是政策決定者在面對新的或變動環境中的一套觀念。本報告集中討論
區域安全的問題，去幫助決策者和一般大眾對執行這一大戰略有較多
的了解。

　　對美國任何改變其大戰略有許多新的主張，例如美國以武力去推動民主，或去重建社會，也有人主張美國在使用武力時應尊重國際法和國際組織。

　　一般而言，克制派傾向減少美國的過於頻繁的使用武力，終止或減少對外的安全承諾，以及減少美國在海外的駐軍。

　　克制派對國際社會的認知是無政府狀態，國家追求安全是最大的目標，並希望達到有利的權力分配。由於美國的力量和地理位置，美國應對其國家利益緊縮，並對外降低威脅的評估。

　　美國的利益和威脅會因區域的變化而不同，例如在冷戰時代，在歐洲以對抗蘇聯為主。如今，俄國在歐洲的威脅已大為減少，美國的戰略必須改變。

　　大戰略不會去討論細節的問題，它只給決策者提供一個架構，在選擇優先順序或在一個特殊的情況中，採取適當的措施。

　　我們要問三個問題：

1. 克制派建議的美國對關鍵區域的安全政策，美國有何大的或特殊的改變？
2. 哪些關鍵性的政策建議需要再加強？
3. 什麼形式的分析有助於彌補這些差距？

　　克制派提出的方案是基於有關世界運作的「因果關係」（causal claims）。例如，一個國家的生存遭受威脅，它會選擇去平衡這一威脅，而不是屈服於被占領。這種因果關係是克制派的重要部分，評估它的核心邏輯是否實在，最後決定是否應該指導美國對世界的方法。

　　多年來，克制大戰略的討論大部分是在學術界，只在政策路線的

邊緣。在外交政策主流圈中，克制派被形容為孤立主義或被排除在被接受的美國外交政策觀點之外，但如今在兩黨中，對此一主張已受到較多的重視。

除了強調中國在大國關係中為美國最大的威脅之外，克制派的主張與現行外交的作法均不相同。他們主張減少美國在海外的軍事布署、重新談判和終止許多現存的安全承諾，與其他大國加強合作解決利益衝突，對使用美國軍力應有一個更高的門檻。

克制派對後冷戰時期美國大戰略的威脅評估和假設不同。

克制派主張美國應多依賴外交去解決利益衝突，鼓勵其他國家去領導，美國應保存實力去維護美國的重大利益。美國應減少軍隊、減少對外安全承諾、減少在海外的基地和駐軍，對使用武力應有嚴格的限制。這一大戰略將視不同區域，對美國的利益以及單一國家可能主宰此一地區而有不同的作法。

尋求與當前的敵人，如俄國和伊朗，更合作的方法。在克制派中意見較不一致是美國在東亞地區的戰略。在東亞、歐洲和波斯灣，單一強大國家的崛起危及美國的重大利益，但還提不出如何因應此一威脅的政策指南，對每一個區域，設計更為具體的政策。克制派將擴大他們的邏輯以及進行更多的分析。

克制派對政策分析的建議：

1.　估計克制派大戰略的核心主張，充實和精緻其政策建議。
2.　為避免任何核心假設全部或部分不正確，要建立減少危險的戰略來避險（hedge）。
3.　確定美國軍事縮減，或增加在每一區域的軍事介入。
4.　了解大國的能力和行為會構成對美國重大利益的嚴重威脅。

5. 針對是否和如何對中國、俄國和伊朗在「灰色地帶」（grey zone）活動，提供建議。

6. 找出美國應保持優勢的海上區域。

7. 針對美國如何在太空和電子領域上去評估威脅和行動提出辦法。

運作克制大戰略的後續作法與發現：

1. 對威脅的評估和假設和後冷戰時期美國的政策制訂者不同。

   (1) 極少國際情勢會破壞美國安全。

   (2) 中國將更有能力，但區域國家會限制中國主宰東亞。

   (3) 中國將會有更大野心，但不會有不可改變或無法阻止的情勢。

   (4) 當前美國的對抗政策是對俄國、中國和伊朗不必要的挑釁。

   (5) 不認為美國較為妥協的方式會鼓勵其他大國更加侵略和強勢。

2. 主要依賴外交，鼓勵其他國家領導，為保衛美國重大利益而保持軍力。

   (1) 美國太依賴軍力在安全承諾上，在國外駐軍和使用武力。

   (2) 儘速結束在阿富汗和敘利亞的軍事干預，對未來使用軍力應有較嚴格的限制。

   (3) 公開與其他國家交涉去解決利益的衝突。

   (4) 鼓勵美國的夥伴在其區域內去領導。

   (5) 如果不能防止區域威脅的崛起，美國應保持其軍力去維護美國的重大利益。

3. 區域性政策建立在美國利益的程度和一個區域力量崛起的危險。

    (1) 美國重大利益在歐洲、東亞和波斯灣。

    (2) 區域內國家可平衡俄國和伊朗，但在東亞是否有效平衡中國則有待討論。對美國在東亞的軍力尚有討論空間。

4. 在克制派中對美國東亞戰略的歧見較多。

    歧見在兩方面，一是中國野心的程度，二是亞洲國家是否有能力和意願共同去有效的平衡中國。克制派均同意中國為對美國利益重大的威脅，但對美國的中國政策觀點並不一致。

5. 克制大戰略的建議。

6. 評估克制大戰略的核心訴求以及充實和精緻化其政策辦法。

7. 在指導美國國防部的防衛計劃和美軍布署的決定上確定方案（scenarios）。

8. 對美國軍事的平時活動，如演習，提供優先順序。

9. 針對非洲、美洲和北極，提供政策建議。

10. 針對政策辦法，評估減少經費的辦法。

歐洲

克制派非常不認同當前美國對歐洲的政策，沒有國家可控制此一區域，美國應減少在歐洲的軍力。事實上，美國在歐洲的成就甚小。

美國應大幅減少對歐洲國家的軍事承諾以及駐軍。美國應鼓勵歐洲國家發展自己的軍力。美國應改造「北約」或退出「北約」，只要與前盟國維持一個鬆散的安全合作即可。美國應對俄國採取較少對抗的政策。美國在歐洲已沒有用兵的必要，包括過去的人道干預。

冷戰後，俄國與美國相比，在經濟上和軍事上變得更弱。華特

（Stephen Walt）說，美國幾乎在每一方面都比俄國強大甚多。何況，俄國也沒有吸引力的意識型態。俄國在烏克蘭的用兵和散播不實消息的活動對美國並不構成威脅，其他歐洲國家大可去平衡俄國勢力。

後冷戰時期，美國對俄國的政策是反效果的。「北約」東擴和在俄國周圍國家去煽動「顏色革命」，大為激怒了俄國。事實上，美國對俄國的努力，分散了對中國的注意，使中國成為更大的威脅，而且還促成了俄國和中國的合作。

美國應採取對俄國更緩和的政策，例如默示接受俄國併吞克里米亞（Crimea）；終止因烏克蘭衝突對俄國的經濟制裁，停止對烏克蘭的軍援和軍售，正式終止烏克蘭加入「北約」的活動。

對俄國的緩和政策會使美俄進行重要的軍備管制條約，在中東的敘利亞，美國也應尊重俄國的介入。美國也應停止對俄國周圍前蘇聯加盟共和國的「政權改變」企圖，如烏克蘭（Ukraine）、麻爾多瓦（Moldova）、白俄羅斯（Belarus）、亞美尼亞（Armenia）、喬治亞（Georgia）和亞塞拜然（Azerbaijan），如此才能建立和俄國維持正常關係的「信心」。

有人認為俄國在拉丁美洲的委內瑞拉（Venezuela）、古巴（Cuba）和巴西（Brasil）有較密切的關係，但這些活動並不構成軍事對抗的條件。

★　　★　　★

美國已不需要對「北約」盟國提供全面的承諾，相反的，「北

約」不能成為把美國捲入一場不必要戰爭的危險。美國和歐洲國家有共同利益，即使美國減少在歐洲的軍力，也不會影響這些共同利益與合作。

美國不僅要阻止「北約」東擴，甚至應評估美國有無留在「北約」的必要。美國必須停止軍事上介入「北約」的干預，至多是提供一些後勤支援。

美國應在自歐洲撤出所有駐軍（5-10 年之內），但在地中海（the Mediterranean）應保留若干海軍基地。同時，美國應鼓勵歐洲國家多分擔在地中海和波羅的海（the Baltic）的海上防衛工作。

亞太地區

美國在亞太地區面對的是中國和北韓的威脅，在此一區域，中國是唯一可成為主宰性的國家。在這一問題上，克制派的意見並不一致，有人認為可比照歐洲減少軍事介入即可；但也有人認為由於中國的意向並不明確，與其他國家合作較為困難。為阻止中國主宰此一地區，美國的繼續維持其軍力有其必要。

米謝謨（John Mearsheimer）認為加強美國與東亞盟國的合作，加強美國的軍力去「遏制」（containment）中國有其必要。他代表一派學者認為美中的強烈競爭不可避免，也不可能經由美國的較為妥協政策而改變。

但克制派認為如果可能，美國對中國應採取更合作的方式。他們不認為中國當前有能力主宰此一地區。地區平衡的力量加上美國的繼續留駐，在未來也可阻止中國主宰此一地區。如果這些期望錯誤的話，美國更大的介入是有必要的。

　　克制派並未指出中國在較大區域（美國稱為印太地區）影響力的增加是否代表一種威脅，也沒有說中國在亞太地區升高的影響力是否構成對美國利益的嚴重威脅。

　　除非中國攻打日本和南韓，美國不應該對中國進行預防性戰爭，也不支持中國入侵台灣美國的軍事介入，美國應降低與台灣的關係。

　　美國應接受中國在南海的地位來換取中國不去威脅日本和影響美國的航行自由。釣魚台（Senkaku）包括在日美條約中，克制派有人主張美國應放棄保衛釣魚台，但並未形成共識。

　　美國主流共識是中國有全球的野心，當前的辯論是中國是否要改變美國的自由國際秩序？是否要取代美國的地位或者是與美國競爭？以及它是否要使用武力來達成這些目標？克制派認為大國的競爭和戰爭的危機是永遠存在的，但他們並不認為強烈的美中競爭是不可避免的。他們認為美國去遏制中國只能帶來不必要的衝突，所以建議美國應減少在此區域的軍事行動。甚至應接受中國在此一區域的影響力，例如，減少自由航行和在有爭議島嶼地區的巡航。

　　克制派認為美中有些共同的利益可以合作，如氣候變遷、反恐和防止核武擴散。兩國應加強在貿易和投資上的合作，並共同尋求在韓國半島的穩定，美國應謀求與中國建立信心機制來推動更多合作的途徑。

　　若干美國的中國問題專家，如 Michael Swine、Lyle Goldstein、Hugh White、James Steinberg、Michael O'Hanlon 主張美國應與中國談判來解決分歧。這些學者的想法是美國絕對優勢的時代已在結束中，而中國的相對力量在增長，所以美國應及時找出一個它可以接受的角色。他們提出了一些具體的建議，如 Goldstein 認為美國應停止

與越南的軍事合作以及接近中國海岸的偵察飛行，Swine 認為美國應撤出韓國半島來交換韓國的統一。

美中經濟關係上，當前美國政府的政策是認為與中國相互依存對美國不利，甚至主張與中國在經濟上「脫鉤」，但克制派認為在經濟上與中國脫鉤，可能對美國弊大於利。

儘管克制派與美國應加強與中國的合作，但仍然要防止中國主宰此一區域，包括海上公共利益。

北韓

克制派不認為北韓有太大的威脅，他們不支持對北韓使用武力。

美國 2017 年的「國家安全戰略」（NSS）稱北韓為一「流氓國家」尋求挑戰美國權力。主張對北韓進行完全的、可證實的和不可逆轉的「去核化」（denuclearization）。克制派認為經濟制裁和外交談判均無法改變北韓的立場，但以武力干預是危險和代價太大。克制派認為即使擁有核武，美國也可與它和平共處（一如當年的印度和巴基斯）。

美國當前的政策是一旦北韓政權垮台，美國必須軍事介入來確保核武的安全。但克制派認為中國和南韓有比美國更大的利益，去負起這個責任。美國可以在人道、後勤等方面提供支援，但如軍事介入將使情勢變得更困難，因為北韓距中國太近，容易引起不經意的升高緊張或衝突。

美國當前政策認為北韓對南韓構成直接威脅。克制派的學者波森

（Barry R. Posen）認為北韓對南韓傳統戰爭的威脅不大。他說，韓國半島的地理形勢有利於防守，且第一，分隔雙方的疆界很短；第二，邊界山多，地形險惡；第三，雙方在「去軍事化區」的防衛堅強。北韓軍力人數較多，但南韓軍備優良，南韓有較大的勝算。

克制派建議美國對北韓應增加接觸、減少壓力，甚至可與北韓建交。美國應以停止與南韓軍演來交換北韓的停止試射飛彈，美國更應停止對北韓的經濟制裁來爭取北韓的「非核化」。

美國應鼓勵南韓與北韓交往，美國應以正式條約來取代結束韓戰的「停戰協議」（armistice agreement）。

美國應與日本重新談判美日安保條約，要求日本對其本身安全負較大者任。美國應要求南韓在韓國半島之外，對區域安全做更多貢獻。

美國應終止與菲律賓的條約、與泰國的聯盟，也應終止與澳大利亞和紐西蘭的安全條約，並要求該兩國對本身安全多負責任。普雷布（Christopher A. Preble）甚至建議澳大利亞在西太平洋海上交通上扮演較大的角色。

新加坡

新加坡的位置和角色較為敏感，克制派對此尚無定論。

克制派建議美國在亞太地區維持最小的軍力，撤除所有接近中國領土周圍的軍力。美國應從南韓和日本的逐漸撤軍開始，包括在沖繩（Okinawa）的海軍海軍陸戰隊，美軍基地可交還給日本。美國應在距離離中國較遠的地區維持其海軍，例如 Diego Garcia。美國可與亞太地區盟國維持軍演，表示其保持支援盟國的實力。

　　克制派尋求的是與中國相互調適，同時美國保持對海洋的控制（command of the commons）。美國應避免布署激怒中國的「中程彈道飛彈」（INF-range system），但可鼓勵其他亞太主要國家布署，作為擴大防衛戰略的一部分，目的不在進攻中國，而是防止中國的侵略。

　　克制派中缺乏共識的是對台灣的政策，有人主張協助台灣強化台灣的自衛能力。也有主張停止對台灣軍售，從根本上解除美國與中國的緊張關係。Trevel Thall 和 Eric Gomez 認為美國對台灣軍售是對中國的挑釁，如停止對台軍售，才能使中國做出讓步，降低對台灣的武力統一。美國在減少在亞太地區軍事介入的同時，必須加強與有關國家的安全合作。換言之，如何調合在盟友和敵人之間對美國的認知（perceptions），美國和台灣的例子便是一個考驗。

　　克制派認為他們建議的亞太平衡戰略失敗的可能性很小。由於亞洲國家不如歐洲國家穩定，所以減少美國的軍力布署將是漸進的過程。

中東

　　克制派同意美國當前政策減少對中東的資源提供應將更大的優先放在其他地區，也同意美國的關鍵利益應是防止單一國家主控波斯灣石油，阻止以此區域為基地的恐怖主義分子攻擊美國本土。克制派和美國當前政策決定者不同的是如何去解釋和執行這一願景。

　　主要的區別在於對威脅的評估，美國政府認為伊朗是非常大的威脅，並可能主宰此一區域，所以要與伊朗的影響力對抗。克制派不認為伊朗有這個能力去主控此一區域，美國應減少在此一區域的參與。克制派期望美國應鼓勵沙烏地阿拉伯、土耳其和以色列去化解他們的

歧見來共同平衡伊朗的力量。

　　克制派不認為此一區域內的恐怖主義集團對美國構成重大的威脅。美國應停止在此一區域內的一些進行中的反恐行動，包括伊拉克和敘利亞，並在未來避免美國大規模的軍事介入。克制派認為美國的介入強化了恐怖主義的威脅，而軍事上的行動又無效果。

　　克制派主張美國應維持在中東外交和經濟上的接觸，美國應繼續蒐集情報並監聽可能的危險，以便可重回此一區域，但美國應盡量減少在地的軍力。

　　克制派認為美國長期高估伊朗的威脅，反對美國對伊朗進行預防性戰爭。即使伊朗擁有核武，也不會更具侵略性，因為它會被以色列和此區域的其他國家比下去。也沒有證據證明伊朗擁有核武之後會變得不理性，也沒有理由相信中東會成為核武競賽的局面。沙烏地阿拉伯和埃及都不會走上核武，情況不會壞到需要美國的干預。

　　川普總統任內曾對伊朗進行「極限施壓」（maximum pressure）要和伊朗競爭區域的影響力。克制派認為美國的利益在追求減少衝突，和平的改進和伊朗的關係。阻止伊朗核武最好的方式是接觸（engagement），美國應撤銷先決條件，來恢復外交談判，停止制裁，並重回與伊朗的「核武協議」（JCPA, Joint Comprehensive Plan of Action）。班都（Doug Bandow）甚至建議，美國應停止對沙烏地阿拉伯等國的軍演，結束對葉門（Yemen）戰爭的支持，從敘利亞和伊拉克撤軍。

　　寇白（Elbridge Colby）為 2018 年《國家防衛戰略》（NDS）的主要作者，也指出中東是一個低度優先（lower priority）的區域。他說要阻止伊朗的挑釁，美國必須減少在中東的軍事介入。

克制派主張美國應停止並撤出在敘利亞和伊拉克的行動。伊斯蘭國（ISIS）對美國本土不構成危險。美國應接受俄國在敘利亞的角色，去解決衝突。在美國於 2020 年以無人機謀殺伊朗軍頭索里曼尼（Qassem Soleimani）之後，伊拉克國會曾通過決議，要求美軍撤離。美國無需利用伊拉克去和伊朗競爭。

克制派認為民族主義是一巨大的力量去抗拒外來的干預和占領，所以反對美國在國際衝突中去反恐和干預。事實上既不成功，並遭致失敗。克制派認為美國對恐怖主義威脅反應過當，並傷害了美國的利益。克制派建議美國不要去介入中東的內戰或國內的紛爭，包括最富有的沙烏地阿拉伯在內。

克制派認為主要美國在後台撐腰，沙烏地阿拉伯、土耳其和以色列就不會有效的去平衡伊朗。這些國家認為美國的介入是理所當然，不會在防衛上花費太多努力。甚至依賴美國的支持，大膽的去製造區域衝突。皮勒（Paul R. Piller）等發現，當川普政府對伊朗的挑釁沒有採取報復行動後，沙烏地阿拉伯就對伊朗表達友好。

★　　★　　★

克制派不認為保護以色列為美國的重大利益，並建議美國和以色列的安全關係必須改變。因為以色列有足夠的軍事能力和國防工業可以保護自己，無需美國的直接協助。波森指出，以色列對美國的保證深具信心，它已肆無忌憚，大可無需美國的支持。這種關係使以色列與區域內其他國家合作已與無任何吸引力。

艾斯芙特（Emma Ashford）2018 年指出，當歐巴馬宣布美國將「轉向亞洲」（Pivot to Asia）時，以色列與沙烏地阿拉伯便加強了

和解的接觸。

克制派的學者均主張美國應以實際作為壓迫以色列對以巴
（Israeli-Palestine）談判的讓步，如完全停止對以色列的援助、凍結
以色列占領的土地、阻止以色列對巴基斯坦人的屠殺；以色列應退出
占領區，完成巴勒斯坦人的建國。美國應明確表示與以色列的合作端
視以巴和平的進展而定。

事實上，美國在若干國家的「前沿布署」比交戰地區的兵力還
多，如在卡達（Qatar）和科威特（Kuwait）各約有 13000 軍力，比
在伊拉克和敘利亞的還多。克制派認為美國的留駐兵力有三個任務：
反恐、確保石油交通和維持美國可在重大危機時回防。也有學者認為
美國的海軍要布署在中東之外，如 Diego Garcia。有些不屬於克制派
的學者也強烈主張美國不應在波斯灣保留駐軍和基地，因為如此只能
鼓勵區域內的國家，認為美國會維護區域的穩定而為所欲為。

克制派認為只有對高度危險的國家停止軍售才能避免負面的效
果。他們認為美國應主要依靠美國的海軍以及布署少量的特種部隊即
可。

南亞

南亞包括阿富汗、巴基斯坦和印度。南亞對美國無重大利益，也
無重大威脅。

克制派支持美國結束阿富汗戰爭的決定，但反對美國在阿富汗建
國和政治重建的政策，美國在阿富汗只需維持一小規模的反恐力量即
可。塔利班將主導阿富汗的未來，美國與塔利班的協議雖有瑕疵，但
還合理，使美國可以順利退出阿富汗。

　　美國一直擔心巴基斯坦政權瓦解的危機，巴基斯坦有 2.15 億人口，有強大軍力，也有核武，但與恐怖主義組織有很深的關係，且軍人在阿富汗主政。克制派不贊成美國干預巴基斯坦，它的人口是伊拉克和阿富汗加起來的三倍。

　　美國的擔心是一旦巴基斯坦政權垮台，其核武會落入恐怖主義分子手中。即使如此，克制派也不支持美國大規模的軍事介入，巴國軍人將控制核武。克制派建議此區域其他國家能多負責任和代價，聯合起來因應此一危機。克制派不支持在南亞形成正式的聯盟，如能促成印度和巴基斯坦合作，將符合美國的利益。

　　美國和巴基斯坦的關係不佳，克制派也主張美國應降低與巴國的關係。巴國除了長期認為美國偏袒印度對美國不滿外，對美國在阿富汗的軍事行動，使得巴國軍人更加偏激，也是原因之一。克制派認為美國對巴國提供技術援助，穩定巴國的核安，但認為巴國崩潰的可能性不大。巴國與中國關係良好，中國會支持巴國的穩定。美國與巴國的關係不是由於選擇，而是必要。兩件大事，一是 1979 年俄國入侵阿富汗，二是 2001 年九一一事件。未來會發生什麼大事，美國應未雨綢繆，有所準備。

　　美國一直希望與印度建立良好關係，因為印度不僅是大國，而且是平衡中國的有效力量。克制派支持這種想法，但提醒美國，印度一再拒絕與美國發展深入的合作關係。美國也支持印度成為聯合國常任理事國，但克制派也提醒美國不要太過於一廂情願，因為這不是美國力所能及。

　　印度和中國有邊界糾紛，2020 年 6 月曾爆發軍事衝突，這是自 1975 年來首次。如果中印衝突加劇，印度可能會與美國較為接近，

但美國會軍援印度嗎？克制派認為美國當前拉攏印度、日本和澳大利亞組成「四方安全對話」（Quadrilateral Security Dialogue，簡稱QSD，也稱 Quad）是針對中國，但不會有太大效果。

克制派認為美國在南亞除了反恐之外，只有很小的利益，美國只需維持海上力量即可。克制派認為當前美國在南亞的政策比任何其他地區都要克制，印度在歷史上有不結盟的傳統，美國和巴基斯坦也從無穩定的關係。在印度和巴基斯坦在喀什米爾（Kashmir）的長期鬥爭中，美國採取不介入的立場是非常合理的。

實施克制派大戰略的下一步

1. 克制派對威脅的評估和假設與冷戰後塑造美國大戰略的決策者不同。
2. 克制派較重視外交，鼓勵其他國家領導，保存軍力去防衛美國重大利益。
3. 在阻止單一國家主宰某一區域上，將視美國利益和危險的程度而定。
4. 克制派意見較不一致的是美國在亞太地區的戰略。
5. 對克制派大戰略政策意涵的建議。
6. 評估核心訴求（core claims）來充實和加強其政策具體作法。
7. 為避免任何核心假設的全部或部分不正確，要建立減少危險的戰略來避險。
8. 確定在什麼情況下，美國會停止軍事縮減或甚至在一個區域內增加軍事介入。
9. 闡明大國能力和行為的變化，足以形成對美國重大利益的嚴重威脅。

10. 對是否和如何因應在「灰色地帶」活動提供建議，包括：干預選舉，非傳統戰爭和網路活動。

11. 找出美國應保持優勢的海上區域。

12. 針對美國如何評估太空和網路領域的威脅和行動提出辦法。

13. 指導美國國防部的計劃，建立方案。美國 2010 年的 QDR（四年國防檢討）所提供的訊息包括：在伊拉克和阿富汗繼續穩定行動，對北韓政權垮台的反應，與中國為台灣發生大的衝突，俄國對波羅的海國家（the Baltic states）的高壓，成為核武國家的伊朗、巴基斯坦失去對核武的控制，對美國的網路攻擊。克制派不會支持美國對上述場景的干預。

14. 「美國的國家戰略」（NDS）的優先工作是穩定國家的安全合作與協助活動，以阻止敵人，使夥伴放心並準備可能的突發事件。在這個大戰略下，它解釋穩定國家活動的方式、數量和目標會不會改變。例如，什麼樣的活動可以繼續？什麼需要避免？對這些活動的目標要發出什麼樣的訊號？以及要傳給誰聽？平時與友好國家大型的軍演是有利的，但應避免威脅中國、俄國和伊朗。

15. 發展對非洲、美洲和北極的政策。

16. 發展對貿易和其他國際經濟議題的政策。維持與其他國家的自由貿易和投資關係，此一大戰略將不會影響美國的貿易。美國會用經濟手段來改進與俄國、中國和伊朗的關係嗎？或者美國會用經濟制裁來對付他們嗎？

17. 核心政策的處方是評估美國可節省多少支出？做得少可能比較多的干預更能促進美國的利益。這一大戰略是基於在長期上使美國財政更健全。

第六章
★ ★ ★

檢討與評論

█ 一、冷戰後五位美國總統的評價

（一）老布希（George H. W. Bush）

　　老布希（George H. W. Bush，任期 1989-1993 年）總統，蘇聯解體發生在 1991 年 12 月，老布希成功協商，結束冷戰。東西德也和平統一，僅此一事便奠定了老布希的歷史地位。他政治經歷豐富，曾任眾議員、美駐聯合國大使、駐中國聯絡辦事處主任、中央情報局長和雷根的副總統。

　　老布希處事謹慎，務實而不高調，他曾保證「北約」絕不東擴來爭取蘇聯合作。但事後美國反其道而行（在柯林頓總統任內）辯稱因未有書面協定，拒絕承認美國違背承諾，但俄國堅稱美國違反協議。肯楠（George Kennan）指責這是在冷戰後，美國最大的戰略錯誤。

　　他上任後因中國六四天安門事件，面對全國激烈的反應，他派密使到中國，表達穩定雙方關係的立場。對伊拉克侵略科威特，他結合盟國並取得聯合國同意，在 1991 年以速戰速決擊潰伊拉克軍隊，為了平衡伊朗在中東的力量，他決定停戰並撤回美軍。由於他對蘇聯的善意，蘇聯在聯合國安理會並未動用否決權。

　　在一個巨大變動的時刻，老布希發揮了他審慎和克制的優點，同時結合硬實力和軟實力，在外交上取得了極大的成就。尤其在 1991 年海灣戰爭中，是在 1950 年韓戰之後，第二次發揮了聯合國集體安全的功能。

　　有人批評他缺乏戰略遠見，老布希稱他的職責是盡其所能減少對美國的傷害，他也嘲笑所謂遠見這種事，可見他並不好大喜功。可惜這麼一位克制而戰功彪炳的總統，竟未能連任成功。8 年後（2001）

他的兒子小布希當選總統，也算還了他一個公道。

（二）柯林頓（Bill Clinton）

柯林頓（Bill Clinton，任期 1993-2001 年）利用美國人民厭戰的心理在 1992 年大選打敗了戰功彪炳的老布希總統，他的競選口號是「笨蛋，重要的是經濟」（It's economy. Stupid!）。終其兩任 8 年任期，他的大政方針始終是經濟，包括推廣全球化、成立「世界貿易組織」（WTO）、簽訂「北美貿易協定」（NAFTA）。他主張以「擴大和交往」來推動美國的民主，而不是軍事力量，他反對美國擔任世界警察的工作。

他與俄國總統葉爾欽私交甚篤，他邀請俄國加 G7 國家集團（G8），但對俄國的經濟困境，被批評並沒有大力援助俄國。他主張擴大「北約」組織，本來希望以「和平夥伴關係」納入前蘇聯加盟國，但被批評為不適當有兩套不一的集團，所以在 1999 年接受波蘭、匈牙利和捷克的為「北約」正式會員國。儘管此一政策遭致現實主義派的批評，不但背信，而且激怒俄國和美國反目，使美國失去了爭取和俄國合作的機會。

柯林頓是一位務實的和平主義者，在他任內對外軍事行動，多是人道的因素，如索馬利亞、海地、波斯尼亞、科索夫。他還促成巴解和約旦和解，北愛爾蘭的和平，緩和印度和巴基斯坦的關係，以及推動與北韓關係的改進。

柯林頓卸任時，留下的是國庫的盈餘，而不是債務。他的緋聞事件，成為美國歷史上第一位被彈劾的總統，但並未被裁定有罪。

（三）小布希（George W. Bush）

　　小布希總統（George W. Bush，任期 2001-2009 年）年輕時生活散漫，但 40 歲時戒酒之後，改邪歸正。1994 年當選德州州長，表現良好，2000 年以「同情心的保守主義」參選總統，和柯林頓的副總統高爾（Al Gore）在選票上幾乎打成平手（小輸對方 1%），但聯邦最高法院裁定在有爭議的佛羅里達州小布希勝選，拿下選舉人團多數票當選。

　　小布希的作風和他的父親老布希不一樣，對世界的看法是黑白分明，有強烈的道德觀，也肯冒險，他從他父親手中接收了一個十分強大和精明的外交團隊。他也能充分授權，副總統錢尼（Richard Cheney）和國防部長倫斯斐（Donald Rumsfeld）從尼克森總統時代就是白宮的搭檔，十分強勢。國務卿鮑爾（Colin Powell）為老布希政府的聯參主席，在 1991 年海灣戰爭中立了大功，以優勢兵力，速戰速決，被稱為「鮑爾主義」。

　　2001 年的「九一一事件」，徹底改變了小布希的外交政策。他宣布啟動全球對抗恐怖主義的戰爭，並強調「不是朋友，便是敵人」。2002 年 1 月正式指名「伊拉克、伊朗和北韓」是「邪惡軸心」（Axis of Evil）。他的外交團隊規劃的美國外交政策可以先發制人，且無需聯合國的授權和盟國的配合，使美國成為一個赤裸裸的帝國主義國家。

　　這一政策具體的表現便是在 2003 年 3 月在沒有任何理由和證據的情況下，攻打伊拉克，雖然軍事行動成功，但給中東地區帶來近20 年的戰亂。不但沒有消滅恐怖主義，反而催生了最偏激的伊斯蘭國（ISIS），也坐大了伊朗在中東的地位。由於缺乏正當性，在九一一事件後，美國曾得到世界大部分國家的同情，但侵略伊拉克之後幾

乎全世界對美國反感，小布希的民意支持度也由最高變成最低。2006
年美國情報機構的評估，「伊拉克戰爭使得恐怖主義更加惡化，並在
回教世界煽起反美浪潮，吸引年輕人投入戰爭。」

美國在蘇聯解體後曾享有「單極時刻」（Unipolar Moment），
世界上沒有任何國家或聯盟可以挑戰美國的地位，老布希和柯林頓兩
位總統 12 年任期，均十分克制和謹慎，使美國享有「大美和平」
（Pax Americana）的美譽。但在小布希 8 年任內，從伊拉克戰爭和
2008 年的金融風暴，使美國的領導地位大受傷害，不僅激怒了伊斯
蘭國家，也使中國趁勢崛起，加上「北約」東擴和美國發動的「顏色
革命」，非但未能爭取到俄國的合作，反而逼使俄國倒向東方，並與
中國合作。美國的單極時刻在小布希任期結束時已告結束。

（四）歐巴馬（Barack Obama）

歐巴馬（Barack Obama，任期 2009-2017 年）以反對伊拉克戰爭
的主張呼籲美國必須改變而當選。他是美國第一位非白人的總統，他
就任時正值金融風暴造成美國自 1930 年代經濟大蕭條以來最嚴峻的
經濟危機，但他沉著冷靜地渡過了這一考驗。他的目標是要改造美國
的形象，結束中東的戰爭，緩和與俄國的關係，尤其在防止核武擴散
方面，對中國發展建設性的關係（與胡錦濤和習近平會晤 24 次）。
但他這些目標多半被中東問題牽制，至多是好壞參半，他任內的工
作，反而主要是修復關係和處理危機。

歐巴馬是和平主義者，他減少美國軍力的強力介入，發揮美國的
軟實力，準備把美國在中東的力量轉移到亞洲，來因應中國的挑戰。
他對古巴的修好，大為提高了美國在拉丁美洲的地位，在對外干預
上，他在 2011 年介入利比亞的內戰，推翻了格達費，但在 2013 年

拒絕介入敘利亞的內戰。

歐巴馬重視國際協議和盟國，2015 年他以「六國同盟」（聯合國安理會五常加上德國）達成限制伊朗核武的協議。在 2015 年底又達成巴黎氣候協議，他在亞洲推動「跨太平洋夥伴協定」（TPP）。

他批評小布希總統的政策過度擴張，認為只有美國核心利益受到威脅時，才能獨自行動，並且要以國內的表現作為表率來領導世界。

由於他的低調和克制，有人批評他是「從背後領導」（to lead from behind），他的回應是「我不做愚蠢的事」。

（五）川普（Donald Trump）

川普（Donald Trump，任期 2017-2021 年）總統是美國政治上的一個異類，他是一個地產商人，從無從政經驗，但卻打敗了一路被看好的希拉蕊（Hillary Clinton）。他的當選有其社會背景，得到美國中下階層，自認被全球化受害者的選民支持，也有他成功的選舉策略，以集中力量爭取幾個搖擺州的選舉人團票而當選（在選票上他輸給對手 300 萬票）。他是美國歷史上當選年紀最大的總統，70 歲（但四年後被拜登的 78 歲打破紀錄）。

川普代表的是民粹主義、保護主義和民族主義，他指責過去的美國總統出賣了美國人民的利益，他對美國建制派口誅筆伐，他推翻美國過去 70 多年的「自由國際主義」，強調今後只有「美國第一」，矢言要使「美國再偉大」。他反對多邊主義，批評美國的盟國未盡義務，搭美國的「便車」（free-riding），反對中東的戰爭，並打算退出「北約」。

歷史學者佛格森（Niall Ferguson）說川普以霸凌其他國家來獲取

美國的利益。《紐約時報》專欄作家史蒂芬斯（Bret Stephens）說川普是一個沒有護欄（guard rail）的總統，他的一些屬下說他的言行不像個總統。

川普除了「美國第一」、「美國再偉大」的口號外，並沒有具體的戰略規則和外交作為，他把外交當生意做，重要的是要達成交易。他以貿易戰對付中國，希望中國讓步，作為交易的成就，但並未成功。他希望在北韓去核化上達成協議，並與金正恩建立親密個人關係，也未達到目的。

他的一切作為以爭取總統連任為目的，但他對新冠疫情處理的不當，使他未能如願。即使如此，他在選票上還比 2016 年增加了 900 萬票，可見他的基本票源十分穩定。他不敢相信拜登會以 8,100 萬選票贏得大選，所以一直指控民主黨「偷取」了選舉，甚至發動了 2021 年 1 月 6 日襲擊國會事件，大為傷害了美國的民主。

川普最大的敗筆是他的不誠實，以擴大和不實的「推文」來鞏固他的支持者，他對主流媒體不屑一顧，並把所有反對他的言論指稱為「假新聞」。在他總統任期內，美國已成為「陰謀論」盛行的國家，人們只相信他們自己人的訊息，形成「部落主義」，對美國的民主傷害至大。

★　　★　　★

根據奈伊（Joseph Nye, Jr.）的評分表，這五位總統表現最佳的是老布希，柯林頓和歐巴馬高於平均水準，小布希和川普大大的低於平均水準。

奈伊進一步指出，未來的總統將面臨兩種全球權力轉移，一是水平的權力轉移，另一是垂直的權力轉移。水平的轉移是亞洲的崛起，垂直的權力轉移是科技的驅動。英國《金融時報》主筆伍爾夫（Martin Wolf）說，「我們來到兩個盡頭，一個是西方帶領的全球化經濟的盡頭，一個是以美國為首的全球秩序，後冷戰『單極時刻』地緣政治的盡頭。」

21 世紀的科技是全球性的，包括它們的分布和結果。網路和連結成為實力的來源，和各方面連結最多的國家將是最有實力的國家。同時，各國必須運用軟實力開發網路，建立體制和機構，來因應共同的威脅和挑戰。

人類面臨三個共同問題，唯有透過全球合作才能解決，它們是核武戰爭、氣候變遷和科技的破壞力。

▌二、美國在外交政策上認知的錯誤

1. 完全以西方的歷史，尤其是歐洲的歷史來看待和解釋非西方的世界，包括東方的興起。所謂「國強必霸」、「修昔底德陷阱」強調新的強權，必將挑戰現在的強權。米謝謨（John Mearsheimer）的《大國政治的悲劇》（The Tragedy of Great Power Politics）一書就是一個典型的代表。

2. 完全以西方的價值觀來判斷非西方國家的善惡和是非，並把基督教文明視為普世價值，排斥其他的宗教文明，如伊斯蘭教、印度教和佛教（包括中國的儒家文明）。雖然強調文明的衝突，但漢廷頓（Samuel Huntington）卻反對歧視不同的文明，並認為如此是虛偽的、不道德的和危險的。

3. 美國以得天獨厚的優越地理位置和兩次世界大戰以後來居上身分，贏得勝利，使美國變成一個自大和傲慢的國家。冷戰後，美國更益加猖狂，以單邊主義對全世界行使極限施壓和長臂管轄，不但不重視盟國，連它一手創建的聯合國也毫不尊重。美國自認可不受任何國際組織和協議的約束，除非它們配合美國的需要。自 1994 年以來，美國未批准任何一項聯合國通過的法案。美國主張公海航行自由，但迄未通過 1982 年聯合國的海洋法。

4. 美國把全世界的安全視為美國的安全，似乎沒有美國，世界就會變得不安全。在冷戰初期，杜魯門（Harry Truman）總統曾說，只有全世界安全了，美國才有安全。他講這句話有他當時的背景，因為他要誇大共產主義的威脅，來說服美國國會支持對蘇聯的圍堵政策。但冷戰結束之後，這種說法已不合時宜。事實上，美國今日是世界上最安全的國家，沒有任何國家有能力和意願去進攻美國本土。

5. 美國自己很安全，但美國從不重視其他國家的安全，除非是和美國的利益相關。美國以超強的軍力，可以用武力干預任何地方，而且造成動亂之後，還可一走了之。2021 年 7 月的阿富汗便是一例，冷戰後的「北約」東擴也是如此。美國將前蘇聯附庸國一一納入「北約」，最後俄國要求不要再將烏克蘭納入，因為如此俄國與「北約」之間便無緩衝（buffer），對俄國安全形成威脅，但美國拒絕，還策動烏克蘭和俄國的戰爭。

6. 冷戰後，世界的格局已經改變，國家與國家之間已沒有必須對抗的必要。全球化的發展，使國家之間彼此的合作與相互依存成為常態，而且全世界的國家和人民已經政治覺醒，他

們在政治上安定、經濟上強大、文化上自信。美國的「例外主義」已經不那麼例外了，但美國始終不放棄「冷戰思維」，要去尋找新的敵人來支持美國的霸權。難道美國的霸權比增進美國人民的福祉還重要嗎？

7. 美國這種自以為是的使命感和認為永遠是世界第一的霸權心態，使美國迄今在海外仍維持 700 個以上的軍事基地，和十幾萬的駐軍。川普曾問到他的將軍們，為什麼第二次世界大戰結束了 75 年，美國還要在德國和日本駐軍？為什麼冷戰已結束 30 年了，還要維持「北約」？他的將軍們回答說，是為了美國的安全和美國的利益，川普不以為然。試問如果不是美國在蓄意製造區域性的對抗，有哪一個國家願意被美國駐軍？又有哪一個國家需要美國的保護？

8. 冷戰過後，事實上美國並沒有一個全球性的目標，唯一的目標就是要維持一個超強的軍事力量。美國對外用兵，從來不是為了自衛，只是要展示美國的強大，推銷美國的價值和擴大美國的影響力。但由於其他國家的興起，美國已相對的衰退。但美國對外仍採高壓手段，冷戰結束後 25 年內，美國在海外用兵 152 次，並對世界一半的人口進行各式各樣的制裁。美國一年 7,000-8,000 億美元的軍事預算，幾乎相當全世界所有其他國家的總合。但美國在外交和援外工作上的花費卻少得可憐，美國有必要維持如此龐大的軍力和軍費嗎？

9. 美國除了自大和傲慢之外，它看待事情的雙重標準也是令人嘆為觀止的。由於中國崛起的速度和力道超出美國的預期，從 2015 年之後便把中國當做首號敵人，口誅筆伐，污名化和妖魔化不留餘地，指稱中國具侵略性，破壞區域和平。但美國在 20 世紀初興起時，當時的老羅斯福總統在任內對外

用兵 9 次，並以「炮艇外交」欺壓拉丁美洲國家不計其數，美國人對他推崇備至，稱讚他「雄才大略」。奈何，中國今日的處境，雖國力增加，在經濟上為僅次於美國的世界第二大國，但在過去迄今的 40 年間，沒有對外用兵，也不干預他國內政，並積極協助和援助其他開發中國家，竟招致美國如此不堪的指責和羞辱！這種雙重標準也太離譜了吧！

10. 面對中國崛起對美國的壓力，美國表示不怕競爭，也不怕衝突。由於中美兩國制度不同，美國在拉幫結派，要組成「抗中聯盟」，並聲言要為朋友而戰，為價值而戰。請問：美國在阿富汗的戰爭，誰是美國的朋友？塔利班嗎？在敘利亞，美國還記得庫德族人（Kurds）嗎？20 年來，美國給中東帶來了什麼價值？7 兆美元帶給中東人民任何民主、自由和人權嗎？當前在烏克蘭又故技重施，打代理人戰爭，硬推烏克蘭人民上火線。這場戰爭無論是什麼結果，毀滅的是烏克蘭，美國可毫髮無損，還可大賺一筆軍火生意。有美國這種朋友，比敵人還可怕！

■ 三、何謂「以規則為基礎的秩序」？

　　拜登上任後第一次出訪歐洲，他經常用的一個名詞是「以規則為基礎的秩序」（rules-based order）。它出現在和英國的聯合聲明中二次，G7 和歐盟公報中四次，「北約」的宣言中六次。他的國務卿布林肯（Antony Blinken）也不遑多讓，尤其提到中國時，幾乎一定用這個名詞，指中國是對這一秩序的挑戰。

　　事實上，早在 2014 年，季辛吉在其《世界秩序》（World

Order）一書中，便指出所謂基於規則的世界體系面臨許多挑戰，因為該體系沒有一個各國均認同的定義，以及什麼是應盡的責任。今日的國際社會沒有清晰和一致的目標、方式或限制。

世界混亂無序，但各國又相互依存，從而產生了種種威脅。事實上，從來不存在一個真正全球性的「世界秩序」，至多是「西發利亞（Westphalia）體系」被稱之為「國際社會」。但此一體系遭受諸多挑戰，建立此一體系的歐洲國家首先便企圖超越其主權國家的基本原則（以「歐盟」為例）。

任何世界秩序必須長期成長，必須同時包括秩序和自由，必須依賴規則和均勢，並在正當性和權力之間維持平衡。如何將不同的歷史和價值觀塑造成一個共同的新秩序，這將是十分困難，但是值得追求的理想。

20 世紀下半葉，一個全球性世界秩序初步顯現，主要的內容是美國的理想主義和傳統的均勢原則。近代世界秩序的觀念源自 17 世紀的「西發利亞體系」，是以歐洲為主體，但非西方國家和西方國家對「秩序」的看法完全不同。中國自認為「天下」有自己的秩序制度，伊斯蘭民族認為只有伊斯蘭教義才是世界秩序。由於不受既有模式約束，它們可能擁有比西方更大的能量和韌性，中國便是一個例子。

冷戰後，西方（主要是美國）曾樂觀的認為代表與西方對抗的極權主義蘇聯的瓦解，西方的民主和自由將帶來一個新的世界秩序。但由於非西方國家力量的崛起，它們不斷追求自我認同，而且也不信賴美國推動民主的方式。結果不僅造成世界權力的多極化，也產生了更多的矛盾和糾結。

　　第二次世界大戰後以美國主導的世界秩序（冷戰結構）只存在了40 年。一個新世界秩序的產生必須要有正當性或經由權力的變化。一個秩序的失敗，主要的原因是未能看清面對挑戰的性質和範圍；另一個原因是不能適應權力關係發生的重大變化。20 世紀上半個世紀，德國的崛起是一個例子；21 世紀，中國的崛起也可能帶來類似的挑戰。

　　由於科技的進步，權力的變化在加速中，使不平衡的現象不斷增長。21 世紀的世界秩序結構有三個重大缺點：一是無政府的狀態在若干落後地區的滋長，二是政治組織發展和經濟組織發展的步調不一致，三是大國之間缺乏有效的機制可以磋商與合作。

　　不可否認的，美國仍是當前世界上最強大的國家，在 20-21 世紀，它已三次提出建立世界新秩序的主張。在 1991 年蘇聯解體後，美國曾享有「單極世界」的機會，但被小布希政府的濫用權力和武力給浪費掉了。當然美國不會放棄對此一理想的追求，但美國也必須要虛心面對下列問題：

1. 美國要努力防止的是什麼？
2. 美國想實現什麼？
3. 美國不應該做什麼？
4. 美國價值觀的本質是什麼？

　　美國不會放棄自己的普世原則，但必須接受其他國家（或地區）的歷史和文化現實。美國的目標必須是約束戰爭，實現平衡，維持和平。美國必須順勢而為，避免被挑戰吞沒。

★　　★　　★

　　講規則和秩序，美國最沒有資格，從第二次世界大戰結束後，美國是世界上依其自己的利益，使用武力，對外進行軍事干預最多的國家。據統計在 1945-1991 年之間，達 124 次，在冷戰結束之後的 25 年間（1991-2006 年），美國又在海外用兵 152 次，美國是依照什麼規則？維護誰的秩序？

　　當前國際社會上，唯一能被普遍接受的規則是國際法，唯一能合法維持國際秩序的機構是聯合國，但美國既不遵守國際法，也不尊重聯合國。最明顯的例子是自 1994 年以後，美國從未接受過聯合國通過的決議和法律，包括更早通過的「聯合國海洋法公約」（1982 年）。美國認為自己的利益，大於國際法和國際公約。國際法和國際公約應為美國服務，而不是美國要受其約束。

　　事實上，美國一直強調的「規則」，就是美國的利益，它甚至以美國國內法凌駕在國際條約上，如當前美國的「一個中國政策」，便是把「台灣關係法」放在美國和中國建立的外交關係三個公報上。美國對世界上幾乎將近一半的人民進行「經濟制裁」，也是根據美國自己的法律（甚至不必有法律依據，只是政治因素），無視任何國際法和國際公約的規定。

　　所以美國主張的「規則」是缺乏正當性的，根據「民主同盟基金會」（Alliance of Democracies Foundation）的一項調查，大多數國家認為美國對他們民主的威脅大過於中國和俄國，薩伊德（Edward Said）說過「帝國的官方聲明中，都會表達它與其他國家的不同，它是特殊的」。我們可以認定所謂「規則為基礎的秩序」就是美國帝國主義專用的名辭。

■ 四、川普的「脫軌」和美國的重建

　　川普雖然只是一任總統，但對美國在世界上的權力和影響力將有長期的負面影響。儘管美國以巨人之姿在世界舞台上兩手沾滿了血跡而招致批評，但川普的外交政策的確不一樣；短視、交易性、易變的、不可靠的、粗魯的、個人化的，並在言辭、性格和信仰上，極端的偏執。

　　這種重新對美國的評價是對美國不利的，過去七十五年來，大家對美國的認識是美國對自己一手打造的符合美國利益的國際關係和制度，美國是有承諾的，如果這一認知不斷被認為不負責任的和只圖私利的，這個世界對美國來說是愈來愈危險的，而且是不受歡迎的。

　　評估一個國家的外交政策基於兩個因素：力量和目的（power and purpose）。第一項較為直接，但也不盡然；第二項要多加預測，也更為重要。一個國家是友或是敵，會是多久？一個國家是信守承諾或只是虛晃一招？終究，這些是信任和信心的問題。

　　對美國在亞洲、歐洲和中東的夥伴而言，美國在世界舞台上的優先順序現在是被質疑的。對任何共識不是信心，而是有所保留，這不是拜登政府可以扭轉的，每個國家都必須對美國採取避險措施。

　　儘管 2020 年大選，拜登領先了川普 700 萬票（差距為普選票的4.5%、選舉人團票的 74%），但並不代表川普被選民唾棄。2016年，有人說川普當選是僥倖，但這種事情還可能發生，整個選舉的成敗在 8 萬張選票上，分配在三個搖擺州。

　　2020 年的選舉證明 2016 年川普當選並非僥倖，川普代表美國一半的選民。川普失德敗政，但仍然有 7,400 萬選民支持他，比 2016年還多出了 900 萬票。這是美國歷史上的最高得票，只有拜登的

8,100 萬票才能勝出。

在描述美國未來外交政策時，不可能排除川普主義的巨大影響。下一次美國總統大選可能完全不同，但這對美國在國際社會上的利益和影響力並不是好事。歐洲外交協會主任李奧那德（Mark Leonard）說，如果你做任何事只能以四年為期，你都會以更權宜的方式去做。

2016 年的初選過程，共和黨出現了川普，民主黨出現一位桑德斯（Bernie Sanders），他們並沒有其他共同的特點，只有一項便是拒絕國際主義（internationalism）。2016 年的大選摧毀了行之有年的美國兩黨外交的共識。一個具體的事實便是兩黨的候選人都主張退出「跨太平洋夥伴協定」（TPP）。這個協定是歐巴馬政府重返亞洲的重大支柱，也是民主黨參選人希拉蕊（Hillary Clinton）在擔任國務卿時全力促成的。但在大選的氛圍中，她也被迫宣布不支持，川普當選後上任第一天便取消了這一協定。

拜登面對的是美國已放棄了長達七十五年的國際主義，川普的政策是接近孤立主義，這也是美國另一個長期傳統。即使川普已非美國總統，但共和黨不太可能和川普主義脫鉤。至少，共和黨仍將對世界保持其本土主義和民族主義，拜登即使要恢復原先的美國國際主義，但他的民意基礎是不夠的。

拜登代表的和川普幾乎完全不同，但他的民意基礎非常有限，也缺乏足夠的政治資本。他不太可能在外交政策上有所發揮，民主黨是基於對川普的恐懼而一時團結。事實上，本身也分裂得嚴重，主要在中間主義和左派路線。它的中間選民，顯然並非本土主義或民族主義者，但對全球主義和孤立主義人仍十分好奇。由於拜登年事已高（在 2024 年大選時將 82 歲），他可能只做一任總統，民主黨內有意大位

者，必將在黨內爭取領導地位，預估美國的作為也要考慮這種黨內的因素。

更嚴重的是國外對美國的評估，必須考慮到大國政治的變化。美國可自稱有強大的經濟和最強大的軍事力量，但美國是否有這個必要和手段去在世界上扮演一個有高度企圖心的角色，追求其長期國家利益？美國外交政策可以從一個政府到另一個政府產生不可預測的改變。這個國家已進入非理性的時代，其大部分的人民相信陰謀論，美國今日有如雅典（Athens）的後期和 1930 年代的法國。一個曾經強大的民主制度已經破壞成為弱點，一個內部嚴重社會衝突的國家，不可能產生有力的、可預測性的外交政策。美國在國際政治上的重要性和影響力已大不如前。

亞洲地區對美國的重新評估是影響更大，中美衝突已成為亞洲重大的隱憂。但政治解決大於軍事對抗，地緣政治的評估已不是美國是否會戰勝中國，而是美國是否有必要介入。中國已對亞洲國家提出另一個選擇，美國退出 TPP 後將很難回頭，中國主導的 RECP 將使亞洲國家對中國依賴更深。

美國已和過去已大不一樣，當前世界對美國的影響認知短期內不會改變，川普留下的深刻疤痕也不可能很快療癒。

拜登形容川普政府是一個「脫軌」（aberration）現象，聲言美國將很快恢復正常。在 2020 年的大選中，拜登也強調美國在他領導之下，將回到「桌主」（back at the head of the table）的地位。但要回到川普之前的美國是不可能的，世界和美國都改變得太多了。雖然高喊維持美國霸權，對美國人民是一種安慰，但對世界其他國家來說是聽不進去的。當世界各國看到美國過去二十多年的表現，對美國是

沒有信心的。他們看到的是一連串的災難，從 2003 年的入侵伊拉克，造成中東地區長期的動亂，以及 2008 年的全球金融風暴，造成全世界經濟的損失和暴露美國政府的失能和腐敗。

在國內方面，美國的失敗也是明顯的，迄今美國在處理新冠疫情上是全世界國家中最失敗的。自 2020 年 2 月 6 日至 2022 年 3 月 24 日，777 天內，美國死於新冠肺炎的人數超過 100 萬人，是全世界第一位。中國 14 億人口，死亡人數不到 6,000 人。造成這種失敗的原因不外乎是缺乏有能力的領導，人民不肯為公共利益做最少的犧牲，以及長期存在的官僚體系的不協調和不合作。

這些病態在川普之前就已存在，歐巴馬總統必須以行政命令參加巴黎氣候公約和伊朗核武協議的方式來避免美國國會的批准，全世界都知道美國的參議院在過去 28 年來沒有批准過任何一項聯合國的多邊條約。川普「美國第一」的民粹式民族主義在美國外交政策中有它深厚的基礎，凡是對盟國的質疑，對極權主義領導人的熱情，貶低盟國，從美國一手打造的國際協議和組織中退出，而且還運用手段使一些有價值的機構無法運作。例如在川普任內，美國否決了每一位「國際貿易組織上訴法院」的人選，使得該法院達不到法定人數（required quorum）而無法開會審理，剝奪了 164 個會員國公開來解決紛爭的機會。

簡言之，拜登一再呼籲美國「模範的力量」（the power of our example），業已失去了它的號召力。當談到守護民主的支柱時，美國如今已成了避之唯恐不及而非熱情擁抱的樣本。美國仍然擁有軍事上的優勢和經濟上的力量去制裁其他國家，但軍事上的效果有限，經濟上更無效果。為達成美國的目的，美國必須從國內重建開始，這將是一個漫長、緩慢的過程。

　　拜登政府可能嚴重高估了美國的影響力，如他要召開有關氣候變遷的世界高層會議，以及舉辦民主峰會等。拜登今日面對的是一個權力分散的全球化世界，美國的聲望已下降。拜登面對其他國家的領導人應特別小心，美國可能不太習慣這種挑戰。美國的政策大多將由總統的行政命令執行，但很可能很快又被下任總統推翻。外國政府了解上次的美國總統選舉，並不是對川普主義的否定。即使美國親近的盟友對美國的不可測性也不敢大意，合理的回應便是「避險」（hedge），避免做出重大承諾，保留選擇的空間。在這種環境中，美國希望達成的目標都會較為困難。

　　除非是面對重大危機，在美國選舉中，外交政策通常扮演有限的角色。這點在 2020 年民主黨初選時表露無遺，幾乎每位參選人都把重整國內民主視為最重要的外交政策。拜登就是一個最極端的例子，他在 2019 年 10 月發表的第一篇主要外交政策文章，其中第一個重點是「重建我們教育制度」，第二個重點是「改革我們的司法制度」。

　　拜登的作為可以從他過去從政的紀錄和他任命的高級官員看出一些端倪，但有三個因素必須考慮到：第一，參議院最單薄的多數（50：50 加上副總統的一票）能影響多少拜登的外交政策；第二，過去幾十年來形成的制度上的震撼，造成的危險性影響；第三，選舉時的主張在實際上未必可行。例如，拜登曾說在美國完成基建研究和發展之前，不會和外國進行貿易協議。但世界上不會等待美國整修內部而「暫停」（time-off）他們應爭取的權益。

　　在整個競選過程中，拜登一直強調他要塑造一個「中產階級的外交政策」。這個口號很響亮，但事實上是否存在，都令人懷疑。每當討論到他的外交政策幫助美國人民時，拜登會避開貿易等問題，直接

談到最低工資、較好的教育、更多負擔起的健保等，這些都是很重要，但沒有一項是屬於外交的。拜登的「重建更好」（Build Back Better）經濟計劃，承諾在基礎建設上投下龐大聯邦經費，包括在若干範圍內的研究和發展，這些都是老式的工業政策，是不是好的經濟政策以及錢從哪裡來是可以討論的，但不是外交政策的內容則是肯定的。

真正外交政策的第一個挑戰是需要一個平衡的、非意識型態的中國政策。中國的一些作為——美國指稱的不斷強化軍力、南中國海的挑釁行為、日增的高壓政策、在新冠疫情初期的「隱瞞資訊」——不為美國所喜。但美國除了與中國和平共存之外，別無選擇。美國人民對中國的負面看法已從川普政府初期的 47% 上升到 2020 年的 73%。即使美國的企業和金融部門仍然希望從中國廣大的市場獲利，但對中國的觀點已變成負面居多。

要反轉這種關係的惡化，美國必須放棄醜化中國的壞習慣，並且停止對中國當作冷戰時代意識型態的競爭對手。相反的，美國需要承認中國在亞洲和世界上合理的利益，美國要決定什麼是可以接受的，什麼是要競爭的，以及什麼是必須對抗的。美國應與區域的盟國和潛在的夥伴加強關係，美國必須了解從金融危機後，世界情勢的改變，並且避免強迫亞洲國家在美中兩大超強之間選邊。

美國應在亞洲重返多邊貿易協議，並與歐洲國家合作，共同因應中國的挑戰，不要使歐洲成為美中競爭的戰場。最重要的是中國、台灣和美國三方面必須重視「一個中國」政策（美國必須約束國會中一些說話不負責任的議員）。如果這一協議出了問題，中國和美國之間的戰爭可能性將大為增加。美國如從這一戰爭中退卻將代表美國將放棄對台灣的承諾，將重創美國的信譽。但美中戰爭不可能只限於非核

子戰爭。

　　拜登就職時，美國長期的兩黨一致的外交政策已不存在。美國外交菁英們分為兩大陣營，一派是主張美國繼續領導全球，另一派是主張美應限縮美國的利益範圍。最近，若干另一派的人士開始懷疑在一個民粹和極權興起的世界中美國的角色是否適當，他們主張由一個民主的聯盟來對抗「非民主的聯盟」。拜登似乎同意這種看法，如果這種秩序出現，將不易處理全球性的挑戰。

　　第二派人士的觀點是檢討過去二十年美國的外交政策，證明美國已慣於把自己的利益定義的過於廣泛，導致在沒有明確美國利益受到威脅時，美國已養成習慣發動戰爭和進行軍事干預。這種主張的人士主張應開始「收縮」（retrenchment）把美國的核心利益界定在與中國、俄國和歐洲的關係上。過去三十年來推動民主、增進人權、幫助落後國家發展等消耗了太多美國外交的作為，這些應作為次一級的目標。至少，美國應先從中東撤出（對美國顯然並無重大利益）。

　　這兩派的辯論將不會在拜登任內結束，比正常的總統不同的是，拜登在任內將花費不少時間、外交努力和政治資本去處理川普留下來的劣政和敗績。但今日美國政治的嚴重分化，國會中政黨的尖銳對立、任何政策的改變均將是一場政治戰爭。此外，美國的民意也是分裂的，2016 年 PEW 的民調當被問到美國在解決世界問題上的角色時，41%的認為做得太多，27%認為太少，28%認為剛好。

　　拜登的問題是可能會做得太多，他應該集中力量在若干主要議題上，如在中國戰略上發展建設性的關係，重新穩定與俄國的關係。在國際經濟上追求雙贏，而非零和的競爭，重建盟國和友人的信心。

五、美國國內的危機

（一）美國民主的倒退

美國和其盟國應為過去十年全球民主倒退負責，一般而言，美國的盟國比世界其他地方更為民主。但自 2010 年以來，幾乎所有這些國家都經歷了相當程度的民主侵蝕。一些民主的核心元素，如選舉的公正性或司法的獨立已經弱化，而其程度遠遠超過其他國家的衰退。

這是瑞典一個研究機構 V-Dem 的研究結果，這份資料（data）被《紐約時報》報導。這份報告稱之為民主的「陣痛」（travail），這份報告也指出，多數世界上的民主倒退並不是外力的介入，而是多數民主國家強大的網路所造成的日益興起的腐敗。

根據美國麻省理工學院（MIT）的研究指出，在社群網站中，假新聞被轉發的機率比真相高出七成，而且傳播的速度快達六倍。

另一份研究報告，「國際民主和選舉協助研究所」（International Institute for Democracy and Electoral Assistance, IDEA）在「2021 年全球民主現況」（Global State of Democracy 2021）報告中，指出民主已陷入危機，因為自 2016 年至今，政治體制轉變為威權者有 26 國，轉變為民主者僅有 7 國。

IDEA 報告指出已連續 5 年，威權國家增加的數目已超過民主國家的增加，全球民主國家在 2015 年有 104 個，2020 年已減為 98 個，以全球人口總數計算，70%的人口是非民主國家。

民主倒退最嚴重的國家是美國、巴西和印度，主要原因是「後真相技術」，以網軍霸凌反對意見者，進行情緒勒索，並收買媒體進行愚民教育。

美國的盟國是禍源，如土耳其、匈牙利、以色列和菲律賓，有些在民主較有基礎的國家，包括美國也只差一步之遙。對投票權利的限制、司法的政治化等等，也引起許多學者的擔心。這個報告也削弱了美國的假設，美國是世界上天生的民主化。美國一向自稱為民主的全球首選，但現實並非如此；美國的影響力會帶來美式的自由，趨勢是這個說法已不是事實。

學者們認為這個變化極可能是由長期的力量所驅使，對民主本身自信心的衰退，對美國作為一個模範去學習的信心衰退，是由於 21 世紀初的震驚。幾十年來，美國對短程問題的重視，如反恐以及對非自由政治（illiberal politics）的過分投入，已使民主的形象受損，使民主化的國際共識已發生變化。

2010 年代，美國和其盟國對世界民主成長的貢獻只有 5%，但倒退（backsliding）卻增加了 36%。一般而言，在民主聯盟中，民主的品質比非美國聯盟國家的衰退接近一倍。

在過去，美國認為民主的倒退是受到俄國和中國的影響，但此一報告指出這是不正確的，與俄國和中國無關。冷戰後，美國宣稱它是民主化的力量，但這不是事實，美國以全球霸權的高姿態，所作所為均造成民主的倒退。

美國最強勢的是它的間接影響，以自己的成就成為其他國家模仿的對象，但過於強烈的對外推銷民主，使美國民主的形象急速下降。事實上，很少民調證明美國民主的優越性，最近 PEW 的調查發現，全球只有 17%的人民認為美國民主值得模仿，另有 23%認為美國從未提供好的榜樣。

美國的繁榮也將失去號召力，美國國內日益惡化的問題，如經濟

不平等、種族不正義、政黨兩極化和槍枝氾濫，大為影響外界對美國的認知，中國的崛起在經濟模式上已成為另一種選擇。

美國民主的倒退，連帶使世界民主倒退。

民主峰會

2021 年 12 月 10-12 日，拜登總統舉辦了一場視訊的民主峰會，邀請了 110 個國家參加。他聲明此一會議的目的是「在國內更新民主，在國外對抗專制」，主要的議題是防範威權主義、打擊貪腐、促進人權。

這個峰會沒有實質意義，沒有共同宣言，沒有任何公報，反而是各說各話，拉丁美洲國家在大會中批評美國對其他國家的干預是反民主的。

兩位學者 Medea Benjamin 和 Nicolas Davies 寫了一篇文章「拜登民主峰會充滿了矛盾」（Ten Contradictions That Plague Biden's Democracy Summit），他們說要認清美國在國內外不民主的本質，這個峰會是一個絕佳的機會，他們列舉了美國民主的十大矛盾：

1. 今年 1 月 6 日美國國會遭受到的攻擊，暴露美國民主的失敗，還有資格自認為全球民主的領袖嗎？
2. 美國主辦此一峰會的目的在孤立中國和俄國，並將該兩國妖魔化。
3. 氣候危機和疫情需要全球合作，而美國卻以民主峰會分裂世界。
4. 美國高舉人權，卻對獨裁國家大量提供武器。
5. 生存權為基本人權，但美國以經濟制裁，餓死貧困國家的人

民和兒童。

6. 美國和阿富汗叛軍妥協，不顧阿富汗政府和人民的死活。

7. 此一峰會在中東國家只邀請以色列和伊拉克兩國，代表什麼意義？

8. 從 2002 年起在關塔那摩灣的集中營虐待俘虜極不人道，這種侵犯人權的國家還配召開民主峰會嗎？

9. 美國以無人機和飛彈在中東濫殺無辜平民的事實，應請 Daniel Hale、Chelsea Manning 和 Julian Assange 三位「吹哨人」到民主峰會報告。

10. 美國的自私自利已無法無天，被邀請出席的委內瑞拉不是正式的總統，而是美國扶植的叛軍首領瓜伊多（Juan Guaido），他在委國的聲望只有 13%。

民主失能

美國一向以民主的燈塔自居，是世界上唯一以向外推銷民主為外交政策的國家，但如今美國民主的倒退不但是國際社會的共識，連美國人民也不得不承認。

2021 年 11 月 1 日皮優（PEW）研究中心調查，在美國和其 16 個友好國家中，其他 16 個國家認可美國民主的只有 17%，不認可的為 57%，23%認為美國從來就不是民主的標榜。在美國人民中，認可美國民主的只有 19%，不認可的為 72%。

前述 IDEA 於 2021 年 11 月 22 日發布的調查報告中，美國首度被列為「民主倒退國家」。

2021 年 12 月美國哈佛大學針對美國 18-29 歲青年的民調，肯定美國民主的為 7%，認為還有些作用的為 27%，失去信心的為 52%。

又根據英國《經濟學人》（Economist）在 2020 年 6 月的調查，73%的美國人認為民主很重要，49%認為美國是民主國家，但 52%認為政府只為一小部分人的利益而服務。

從上述幾個民調可以證明，美國民主的倒退已是一個不爭的事實，然而更嚴重的不僅是民主的倒退，而是民主的失能。到現在仍有近一半的美國選民並不認可 2020 年總統選舉的結果。2021 年 1 月 6 日暴民攻進美國國會事件，已成為美國建國以來民主最大的傷害。

從 2016 年到 2020 年兩次美國總統選舉的過程，我們可看出美國人民本身已失去了對民主的信心。美國的政黨用種種方法去限制選民投票的權利來圖利自己，利用選舉人團制度來否定普選的結果，以二、三個州 8 萬張選票來扭轉全國 1 億 5000 萬選民的意願，甚至以聯邦最高法院對有爭議地區選舉結果的判決來決定選舉的輸贏。這樣的選舉是符合民主的程序嗎？這樣的民主是真正的民主嗎？

偏見和謊言已成為美國的政治標記，一位總統以謊言治國，卻有一半的選民認同和支持他，這代表了什麼意義？是對美國民主的無信心，對菁英政治的反感，或對長期在海外窮兵黷武的厭倦？

美國有它不堪的陰暗面：政府無能、貧富差距大、財團壟斷經濟、種族矛盾無解、槍枝氾濫、警察暴力、公衛體系殘破、教育制度落後、政治介入司法、政黨嚴重對立。

民主政治變成部落主義（tribalism），政黨變成幫派，人民生活在「信息繭房」（information cocoon）中。美國今日最大的危機是人民對現實和真相失去了辨識的能力，假新聞、陰謀論鋪天蓋地而來。無知和偏見充斥在社會每一個角落。

美國人民的反智和反科學（anti-intellectualism）已達到了令人無

法想像的地步。美國民主有如染上了瘟疫，且一發不可收拾。沒有真相，不信任科學，什麼事都可能發生。

哈佛大學兩位教授 Steven Levitsky 和 Daniel Ziblatt 在 2018 年寫了一本《民主如何死亡》（How Democracies Die），稱美國的民主正在走向「失能」（dysfunction）。

曾任參議員的學者莫尼漢（Daniel P. Moynihan）曾有句名言，「你可以有自己的想法，但不可有自己的事實」（Everyone is entitled to his own opinion, but not his own facts）。一個健康的社會會為理念爭論，但一個病態的社會卻會為事實而爭論。

美國藝術家克魯格（Barbara Kruger）有一段警世之語，用來形容今日的美國是再適當不過了，「一無所知，盡信不疑，通通忘掉」（Know nothing. Believe anything. Forget everything）。

美國民主的失能最嚴重的現象在黨爭嚴重危及憲法上。由於共和黨日益右傾，民主黨日益左傾，中間溫和的力量急速萎縮。美國的政治兩極化在九個老牌的民主國家中高居首位，五成的共和黨和四成的民主黨對彼此的敵意，已超越宗教和種族問題上的對立。

美國前總統卡特（Jimmy Carter）於今（2022）年 1 月 7 日在《紐約時報》發表〈我擔心美國的民主〉（I'm fearful for America's democracy）一文，他引述一份民調（the Survey Center on American Life），指出有 36% 的美國人民，約 1 億的美國成年人，認為傳統美國的生活方式正在快速消失，可能要以武力來挽救它。另《華盛頓郵報》也報導約有 40% 的共和黨人，相信以暴力對抗政府有時是正當的。

美國保守派的大將卡根（Robert Kagan）在 2021 年 9 月 23 日在

《華盛頓郵報》上，寫了一篇〈我們憲法的危機已經到來〉（Our constitutional crisis is already here），他指出美國正步入自內戰（南北戰爭）以來最嚴重的憲法危機。他預言 2024 年，川普將捲土重來，其政治爆發力極可能導致國家撕裂的憲法危機。

卡根指出，迄今川普的支持者多數仍深信上次大選，民主黨靠做票，竊取了選舉勝利。他們還準備在 2020 年期中選舉拿回參院多數，並在 2024 年贏得大選，他們已超前部署在共和黨控制的州議會，主控未來選務作業與計票結果。他們已在 16 個州議會（目前共和黨擁有 27 個州長，民主黨只有 23 個）通過議案，讓州議會對選舉程序有更大的主控權，這些均埋下了引爆憲法危機的種子。

他說不能低估川普的影響力，他讓許多美國人感受到使命感、權力感和一種新的身分認同感。他代表了受委屈的美國人（不限於白人），因為他們已忍受太久了。

《紐約時報》已發出警告說，美國人民已拿到了「鐵達尼」（Titanic）的船票，面對國家的分裂和死亡。

（二）美國的貧富不均

美國在第二次世界大戰後成為世界的超級強國，在 1950 年代，美國的生產力約占世界的 50%，由於其他國家的發展和經濟成長，美國生產力占世界的比例相對減少。1960 年代降為 30%，1970-1990 年維持在 25%左右，在全球化的過程中，2001-2010 年間，整個西方在經濟總量上所占的比例加速下降了 10.33%，超過過去 40 年下降的總合。

從 2001 年美國介入中東戰爭後，經濟便直線滑落，國債也一路

升高。2008 年的金融風暴重創美國和西方的經濟，使全球 GDP 下降了 5.3%，出口下降了 20%，貿易成長減少了一半，由 6% 降到 3%。但東方國家不但受害較小，而且恢復和成長的速度驚人。哈佛大學教授艾里森（Graham Allison）在 2017 年以公司股份計算，美國在第二次世界大戰後占 50%，1980 年占 22%，2016 年占 16%。中國在 1980 年占 2%，2016 年占 18%，預估在 2040 年將占 30%，屆時美國只占 11%。芝加哥大學教授、諾貝爾經濟學獎得主佛格爾（Robert Fogel）預測中國在 2040 年經濟規模將達 123 兆美元，占世界 GDP 的 40%，屆時美國為 14%，歐洲為 5%。

毫無疑問地，中國是全球化的最大受益國，也是因應金融危機最成功的國家。2011 年中國已擁有 3.2 兆美元的外匯儲備和 1.2 兆的美國國債。2013 年中國進出口貿易已達 4 兆美元，在美中近 6,000 億美元的貿易中，享有 3,752 億美元的順差（2017 年）。

美國由世界上最大的經濟體走向衰退，除了「其他國家的興起」之外，主要還是美國自己造成的。主要的因素是不加節制的浪費，金融信用的過渡擴張和窮兵黷武。

美國人民消費多、儲蓄少，浪費驚人。美國人民平均的消費比中國人大 11 倍，儲蓄率卻不到中國人的 1/10（中國人為 40-50%，美國人為個數，還有時為負數）。美國政府的預算浮濫更為驚人，僅是醫療費用的支出就占美國預算赤字的 82%。

最嚴重的是美國政府放任和縱容大企業和華爾街金融炒手，幾乎無上限的去擴大信用貸款，造成美國的產業空洞化和社會貧富差距的擴大。2008 年的金融風暴就是這種「信貸危機」引發的，結果震垮了美國的經濟，也傷害了世界的經濟。

在窮兵黷武上，美國的好戰在全世界可說無出其右。美國以維護世界秩序為名，對其他國家不僅干涉內政，還採取軍事行動。從第二次世界大戰結束到如今，全世界的戰爭和衝突，幾乎全部與美國有關，包括當前俄國和烏克蘭的戰爭，也是美國一手打造的。

美國以維護世界秩序為名，事實上是維護美國的霸權。為了維護這個霸權，美國在本身沒有任何安全威脅的情況下，把全世界的安全視為美國的安全，迄今美國在全世界擁有近 800 個軍事基地，世界上最強大的軍力，美國一年的軍費為 7,000-8,000 億美元，接近全世界所有其他國家軍費的總和。過去 20 年，僅是中東的戰爭，美國便花費了 8 兆美元，但結果是一事無成，一無所獲。

2001 年柯林頓（Bill Clinton）總統卸任時，曾留下 2,560 億美元的預算盈餘，但 2012 年美國國債已達 15 兆美元，2017 年為 19.8 兆美元，2021 年已超過 30 兆美元，為美國當年 GDP（22.9 兆美元）的 130%，依此速度到了 2029 年可能達到 89 兆美元。美「聯儲」（FED）主席鮑爾（Jerome Powell）說，國債增長速度超過了經濟成長速度是十分嚴重的事，但美國似無對策。

根據美國財經智庫 SIFMA 的統計，去年 30 兆美元的債務，使保險業增加了 43%，公司債券增加了 60%，股票型保險增加了 71%。但美國的中產階級減少了 5,400 萬人，更進一步擴大了美國的貧富差距。

2008 年金融危機後，帶來了不少的後遺症，例如：

1. 債務和赤字引發的違約風險。
2. 去全球化。
3. 民粹崛起，民主危機。

金融危機暴露的不僅是債務，而是美國經濟的空心化和製造業的空洞化。經濟空心化的現象表現在下列三方面：

1. 企業界大舉負債，卻無力還債，2021 年美國企業界的負債已高達 41%，為美國 35 年來的新高。

2. 「殭屍」（zombie）企業（指市價超過 5 億美元，卻無償債能力）占 8%。

3. 政府和企業的槓桿（負債占資產比重）已接近 100%，相反的，民間消費卻降到 80%。這說明了美國政府和大企業為罪魁禍首，只會使經濟泡沫化。

美國政府和大企業熱衷於「金錢遊戲」，不僅製造了經濟危機，也使美國的製造業空洞化。美國曾是世界上最大的製造國，但如今已完全退出競爭的行列。以造船業為例，不斷萎縮，如今只剩八家廠商，員工流失了 2 萬多人，市值只占全世界市場的 1%，規模、設備、品質均遠為落後。

2000-2022 年的新冠疫情又使美國雪上加霜。美國政府處理疫情失敗，使美國人民的死亡人數已超過 100 萬人，高居世界第一。

美國在疫情期間，政府以大量發行鈔票，企圖刺激經濟上揚，但這些錢並不一定落入最需要的人手上，反而因過多的熱錢，形成炒股熱潮，而中產階級卻因為通貨膨脹和失業而變得窮困，又加擴大了貧富差距。

為了推卸政府的責任，美國把矛頭指向中國，指稱中國是「強暴」（rape）美國最大的國家。川普的經濟顧問納瓦羅（Peter Navarro）說，「中國造成美國 7 萬家工廠關閉，2,500 萬人失業或低度就業，並使美國對中國負債上兆美元。」

美國今日最嚴重的經濟問題莫過於財富之分配不均，2010 年英國牛津大學出版的《經濟不平等的手冊》（Handbook on Economic Inequality），指出「無以為繼的美國」（the unsustainable American State）。2013 年聯合國發表「不平等事關重大」（Inequality Matters）報告，指出收入不均是政治動盪的根源，也是全球經濟成長下降的主因。

美國諾貝爾經濟學獎得主史迪格里茲（Joseph E. Stiglitz）在其《不公平的代價》（The Price of Inequality: How Today's Divided Society Endangers Our Future, 2012）一書中，揭露美國經濟的不平等已造成社會嚴重的分裂，他說，「美國如今是 1%的民有、1%的民治和 1%民享。」

美國過去 35 年經濟成長的所得，絕大部分被最頂層的富人和資本家取得，中下階層人民所得甚少。據統計，美國中下階層人民的所得在 2016 年仍維持在 44 年前（1972 年）的水準。2019 年，45%人民的帳戶為 0，24%少於 1000 美元，兩者合計為 69%（另有一統計，75%的人儲蓄少於 1000 美元）。兩位經濟學家祖克曼（Gabriel Zucman）和賽斯（Emmanuel Saez）在 2016 年估計，美國前 1%（約 170 萬）的人擁有 39%的財富，後 50%（約 1.65 億）的人的資產為負數。法國學者皮卡特（Thomas Piketty）指出美國經濟的分配不均，主要的原因是資本利得大於勞動收入太多。

在人民的幸福和富足上，美國的表現是已開發中國家中最差的。美國人民的平均壽命在下降，美國人民缺乏健保的比率在過去兩年內從 10.9%上升到 13.7%。「絕望死」（deaths of despair）的比率在 2017 年是 1999 年的 4 倍。

　　紐約大學經濟學教授魯比尼（Nouriel Roubini）指出，美國經濟是一種貧血式 U 型，可能導致超級經濟大蕭條。他說這種 K 型社會（貧富差距擴大）已嚴重到無法持續，階級分化將會造成美國更大的分裂。

　　美國稱霸世界的野心和好戰的本質只能使美國經濟日益險惡。美國挑起俄國和烏克蘭的戰爭，以及處心積慮的打壓中國，只能惡化地緣政治的平衡和經濟供應鏈脫鈎或中斷的風險，引發原物料、物流、製造和運輸等情勢的惡化，導致物價上漲。通貨膨脹將加劇美國的社會矛盾，對財政收支形成更大的壓力，債務不斷飆升，必將危及美國信用、美元優勢及美國霸權。

　　美國內政不修，拜登政府不思力圖「重建」，反而在海外到處煽風點火，或許是企圖以製造危機來轉移美國人民的焦點。但一個分裂的美國在外交上是沒有著力點的。誠如林肯（Abraham Lincoln）總統所言，「一個分裂的房子是站不起來的」（A house divided against itself, cannot stand）。

（三）美國的種族主義

　　美國對黑人的壓迫和歧視是無人不知的，各種對黑人不公不義的事情也經常發生。2020 年 5 月 25 日黑人佛洛伊德（George Floyd）被白人警察用膝蓋壓死的事件引發了「黑人生命不容忽視」（Black Lives Matter）大規模的抗議和暴動，即使如此，也沒有減少川普在大選中的得票，雖然他沒能當選連任，但得票比 2016 年還增加了 900萬票，因為他是個「白人至上主義者」。

　　美國歷史學者史勒辛吉（Arthur Schlesinger, Jr.）稱美國就是一部

種族壓迫的歷史，這種「結構性的種族主義」是無解的。1964 年詹森（Lyndon Johnson）總統任內完成的「民權法案」，使黑人享有完整的公民權利，被認為是美國最進步、最開明的法律。但徒法不足以自行，白人對黑人的歧視仍然普遍存在。

論述美國種族主義的書籍和文章不可勝計，但無助白人至上主義者對黑人的成見。美國有色種族（黑人、拉丁民族、亞裔等）預估在 2050 年左右可能會超過白人，這是美國白人的夢魘，也是川普煽動族群分裂的策略。

對此問題，我引述寇提斯（Ta-Nehisi Coates）所著《美國的悲劇》（An American Tragedy, 2019）的主要內容，提供一個較完整的認識。

美國是個徹頭徹尾種族主義和白人至上主義的國家。以下是一些基本的數字：黑人占美國人口 13%，黑人被謀殺的比例是 49%，黑人被關在監獄中的比例是 41%，黑人占美國最貧窮的比例是 45%。

我們可以說，美國是一個建立在奴隸制度，實施種族隔離的國家。美國黑人從來沒有「美好的往日」這種事。美國人認為黑人與白人天生不平等，這是真理。白人的平等也是建立在黑人的奴隸制度上。美國人自稱這是美國民主的基礎。奴隸制度的特色之一是摧毀黑人的家庭。美國從未為奴隸制度道歉，因為美國不能讓白人至上主義受到傷害。美國是靠謊言維持其社會制度。

美國的奴隸制度是美國政府刻意打造出來的，還經常以「白種人的無辜為自己卸責」。美國也講族群融合，但是有條件的。一是黑人的表現要比白人「優秀兩倍」，二是膚色要半黑，三是舉止優雅、禮貌周到，四是在任何情況中不能動怒。

美國不少有識之士也曾嚴厲批評美國對黑人的壓迫。1858 年 Stephen Douglas 曾說，美國政府的建立是以白人為基礎。Jeremiah Wright（牧師）曾講「天譴美國」（God Damn America），他說我渴望美國儘快被推翻，美國憲法化成無數的碎片。在越戰時，Martin Luther King 指稱美國是全世界最惡劣的暴力販子。黑人名歌手 Harry Belafonte 在 2006 年指稱美國小布希總統是全世界頭號恐怖分子。

美國白人對黑人的暴行：

1. 侵占土地。
2. 剝削勞力（種植棉花一磅 50 分，只給黑人 5 分）。
3. 不公正的司法。
4. 限制房屋貸款（芝加哥達 85%）。

美國白人至上主義者享受「追逐與宰殺黑人的快感」。

白人家庭的財產為黑人的 20 倍。

美國黑人迄今仍是在美國最被隔離的族群。

從地方政府到聯邦最高法院的司法立場始終一致──阻止和妨礙有利於黑人的法律。

拆散黑人家庭也是壓迫黑人重要的方式之一，在南方有超過 50%的黑人家庭被強迫拆散──對黑人來說，這可能是他們最重要的資產。

南北戰爭後，白人恐怖主義盛行，黑人被受到懲罰。奧克拉荷馬的塔沙市（Tulsa, Oklahoma）和佛羅里達的黑檀市（Rosewood, Florida）幾被夷為平地。

刺殺林肯的布斯（John Booth）說，美國是為白人而成立的國

家，不包括黑人在內。

1935 年小羅斯福總統的「新政」（New Deal），平均全國 65%，南方 70-80%的人口不具備申請的資格，主要的便是針對黑人。

美國的軍人權利法案對黑人也不適用。

1960 年，美國人擁有房屋的比例為 60%，但不包括黑人。事實上在法律上，美國以種種方法阻止黑人擁有自己的房子。在黑人群聚較多的地區，如紐約、芝加哥，美國將黑人集中在貧窮的地區，貫徹種族隔離和種族暴力。黑人的工作量是白人的兩倍，但白人對黑人的「掠奪」是三倍。

美國還有一個傳統，即是懲罰黑人的成功，將不會影響白人的特權，白人必須要享有比黑人高出很多的特權。換言之，如改善黑人的貧窮生活，會減少白人至上主義。

美國憲法中有「Fugitive Slave Clause」，黑人犯罪無處可逃。南北戰爭前的維吉尼亞州，黑人有 23 條可判死，白人只有一條。南北戰爭後，「私刑」（lynching）氾濫。美國白人認為黑人的性犯罪為其本質。美國最大的基建就是「擴建監獄」。美國南方黑人是生活在一個警察國家之中。

反黑人觀點：民主黨人 30%，共和黨人 79%。聯邦和各州之間在遏制奴隸制度和歧視黑人（Jim Crow）法律上，在利益分配上都有既成的偏見。2015 年的一份民調，54%的共和黨選民認為歐巴馬是穆斯林，相信他在美國出生的只有 29%。從 2011-2012 年，有 19 個州通過限制投票的規定，均不利黑人投票。

　　將川普推向選舉的力量是「歐巴馬出生地」的爭議，這種公開、持續的種族主義的攻擊，已為美國的淪落開了一條大路。川普的意識形態就是白人至上主義，白人身分是力量的核心。川普支持者年收入的中位數是 72,000 美元，是黑人家庭的兩倍，也比全國平均值高出 15,000 美元。

　　根據 Edison Research 的統計，投給川普的白人年收入有 20%不到 50,000 美元，有 28%在 5-10 萬之間，有 14%超過 10 萬美元。

　　川普強烈跨越了幾乎每一項白人的人口特質。沒有一個州，白人的得票率低於 40%。

　　身分認同政治是川普造成的本質，也是他勝選的原因。2016 年，白人勞工階層支持川普的為 61%，西語裔 24%，黑人 11%。維繫白人榮耀與白人身分，至今仍是美國自由派的核心思維。川普比任何一個政治人物都了解「血腥遺產」的價值，以及身為「非黑鬼」的力量。

　　今天在美國發生的悲劇，比大部分人們想像的更嚴重，而且不會隨著川普下台落幕。杜波依斯（W. E. De Bois）說，「奴隸制度對當代文明是一場災難。」鮑德溫（James Baldwin）說，「白人將人類帶領到滅絕的邊緣。」美國原住民被屠殺，非洲黑人被奴役，均是「戰爭資本主義」（war capitalism）。川普只是讓美國人的歷史包袱更沉重了，對世界而言，所有的美國人都應該是白人。把歧視黑人當成理所當然，天下還有正義和真理嗎？

（四）亂象不止，擴大分裂

1. 疫情失控，百萬人死亡

在 2020 年初爆發的新冠病毒（Covid-19）重創美國，截至目前，美國有 8,100 萬人確診，100 萬人死亡。2020 年死亡人數為 38 萬人，2021 年為 77 萬人。美國人口占全世界 5%，確診人數為全世界人口的 25%。美國又創造了一個確診人數和死亡人數均為「世界第一」的紀錄，或是「美國例外」的空前成就。

諷刺的是 2019 年 10 月美國約翰霍普金斯（Johns Hopkins）大學公布的「全球健康安全指數」（Global Health Security Index），美國名列第一。但美國在 2020 年迄今的表現，已是世界倒數第一。

由於自雷根總統以來，美國奉行「新自由主義」，重視市場機制，政府減少介入，所以美國迄今未建立全國性的公共醫療體系。歐巴馬總統任內曾推動「全國醫療保險計劃」（又稱歐巴馬健保 Obama care），但被右派勢力阻撓，功敗垂成（迄今美國仍有 2,750 萬人沒有醫療保險）。在醫療體系私人化的市場機制下，患者往往要付出高昂的費用，尤其是使一般中下階層人民，望而卻步。

為阻止疫情擴散，2020 年 6 月，川普總統經由國會同意曾提出 2 兆美元來紓困，並發放每位公民 1200 美元，但卻因「馬太效應」（the Matthew effect）──「有的更多，沒有的更少」，對人民實質幫助不大。美國名經濟學家高伯瑞（James K. Galbraith）曾說過，美國是一個「私人富裕，公眾敗壞」的國家。換言之，美國對富人施行社會主義，對窮人施行資本主義。

美國這次處理疫情失敗的原因有三：

第一，川普的領導無方。

第二，政府治理功能的失調。

第三，社會對國家疫情缺乏共識。

分別說明如下：

(1) 川普一開始並不重視此一疫情，在 2020 年 1-2 月的關鍵時刻，除了在 2020 年 1 月 31 日宣布不准中國人入境外，似乎什麼都沒有做。他本人一再宣稱疫情並不嚴重，只是流感，又說疫情很容易控制，很快會消失，甚至在 7 月 28 日公然說謊，說美國已大部分沒有病毒。

在伍華德（Bob Woodward）訪談川普一書（Rage）中，曾指出疫情的嚴重性，希望川普積極處理，但川普說他要低調處理，不想給民眾製造恐慌。伍華德建議他應私下請教公衛專家福希（Anthony Fauci），但川普說福希辯不過他。伍華德鍥而不捨，又建議他應和比爾蓋茲（Bill Gates）見面，但川普說他沒有這個時間。

根據美國勞工部發表的報告，2020 年 4 月份的失業人口為 2,050 萬人，失業率高達 14.7%。但川普不以為意，他認為他的支持度十分穩定（這是事實）；他認為到秋後，經濟情勢會好轉（但沒有發生），將有助他的選情。

創刊 200 多年的美國權威醫學期刊《新英格蘭醫學期刊》於 2020 年 10 月 7 日首次對美國總統選舉表示意見，譴責川普處理疫情的失當，呼籲美國人民用選票趕他下台。該刊的社論「瀕死於權力真空」，指出川普把危機變成悲劇，當前的議題是事實，而不是意見；發生的錯誤，不只是愚蠢，而是魯莽。並說中國疫情的死亡率為百萬分之 3，而美國是百萬分之 500 以上。美國空有醫療科技優勢，但政府未能盡責，

川普不尊重專業，又散發不實言論。

(2) 除了政黨的惡鬥之外，美國政府機關的不協調，管理上無效率，醫療機構等漏洞百出。根據 Fareed Zakaria 的《後疫情效應》（Ten Lessons for a Post-Pandemic World, 2021）一書中，指出美國聯邦州和地方政府共有 2684 個政府和 90126 個單位，權力分散，極無效率。在甘迺迪政府（1960）年代，政府各部會的任命層次有 17 層，到了川普政府時代已經增至 71 層。這種結構，福山（Francis Fukuyama）稱之為「否決政治」（vetocracy）。

事實上，右派在緊縮政府的資源，左派在擴大政府的花費，使得美國政府在管理上一直在退步。美國花在人民身上的醫療支出為其他國家的 2 倍，但受益的人民卻少的可憐，尤其是弱勢族群，美國黑人感染的比率是白人的 2 倍，死亡是白人的 2-4 倍（視地區而定）。

(3) 美國是一個個人主義的國家，人民對政府不信任，也不願配合政府的措施。美國人民有「反智的傳統」（Richard Hofstadter, Anti-intellectualism in American Life, 1963），不相信政府，也不相信專家，尤其新民粹主義對威權有極強烈的反感。他們認為美國的資本主義已經破滅，甚至年輕人開始接受社會主義。

他們認為戴口罩、保持社交距離、居家隔離是違法人權，川普在這方面做了不好的示範。疫情早期，他也不戴口罩，甚至在一次記者會中，他對一位戴口罩的記者說，「你認為這是政治正確嗎？」他 2020 年 10 月 2 日確診住院，第 3 天就出來了，讓大家感覺感染病毒並不嚴重，還塑造自己英雄的形象。美國有句俗話，「盲人領導盲人，結果雙雙掉進溝

裡」（If a blind man leads a blind man, both will fall into a pit），這就是美國的寫照。

★　★　★

川普曾對他的好友參議員葛拉漢（Lindsey Graham）抱怨，疫情打亂了他的選情。對疫情失控，他說那不是他的錯，那是中國傳到美國來的。他說中國疫情的嚴重遠比外界知道得多。在一場造勢大會上，他把病毒說為「功夫病毒」（kung flu），他十分得意。把疫情推給中國已成為他的策略，共和黨製作的選舉策略備忘錄，其中有一句「不要為川普辯護，只要攻擊中國」。

美國處理疫情失敗的成績，不僅削弱了美國的國際地位，也強化了美國的危機意識，由於中國處理疫情的成功，使美國對中國更加仇視。哈佛大學前校長薩默斯（Lawrence Summers）說，這場疫情是中美力量變化的轉折點。

諾貝爾經濟學獎得主克魯曼（Paul Krugman）說美國已成一個「否認與死亡之國」（land of denial and death）。江森（Ian Johnson）稱「中國為西方爭取了時間，西方卻白白浪費了它」（China bought the West time, the West squandered it）。

2. 墮胎合法化的爭議

當前美國一個熱門的議題是美國聯邦最高法院在一項判決尚未通過前，竟洩漏其內容。就程序而言，這是前所未有的司法墮落，是對法律嚴重的背叛；就內容而言，這又是美國政客或政黨惡性鬥爭的重大事件。因為案情代表美國兩大政治理念：自由和保守，或兩大政黨，民主黨和共和黨的鬥爭程度，已經把司法踐踏。

1973 年 1 月 22 日，聯邦最高法院在「洛伊控訴韋德」（Roe v. Wade）一案中，判決洛伊勝訴，准許墮胎合法化。此一判決影響之大，令人難以想像。1960-1970 年代，美國犯罪率極高，但到了 1990 年代，犯罪率大幅下降。於是各種專家提出解釋，多是治安政策成功、警察工作效率提升、槍枝管制較為嚴格等。

但兩位經濟學者李維特（Steven Levitt）和杜伯納（Stephen Dubner）在 2006 年出版的《怪異經濟學》（Freakonomics，中文版譯名為《蘋果橘子經濟學》）一書中，以具體調查證明犯罪率大幅下降的主因是墮胎合法化後，大為減少了貧窮、年輕、未婚女性的生產率，從根本上減少了犯罪的來源──非婚生、窮困、未接受教育、加入幫派、販毒、搶劫、殺人的年輕人。

墮胎合法化法案通過後，第一年全美有 75 萬名婦女墮胎（為新生兒的 1/4），到了 1980 年，墮胎數達到 160 萬（為新生兒的 1/2.25），到李維特調查時，全美墮胎數約 3700 萬件。

但如今，過去 50 年來未經過挑戰的墮胎合法化判決卻成為當前政治鬥爭的犧牲品。美國聯邦最高法院 9 名大法官由總統提名，參議院同意任命。川普執政 4 年任命了 3 位大法官，均是保守派，因此大法官的結構由原來保守派和自由派的 5：4，成為當前的 6：3。所以變更 1973 年判決是輕而易舉的事。

對墮胎合法化，原則上自由派支持，保守派反對，也就是民主黨支持，共和黨反對。從執筆的大法官保守派的阿利托（Samuel Alito）的說法，美國憲法並沒有涉及婦女的墮胎權，因此 1973 年判決是錯誤的。言外之意，墮胎問題應由州議會和州長決定，聯邦政府並無管轄權，也不是憲法賦予公民的權利。

美國民意有 7 成以上贊同婦女有墮胎的選擇權，但各州因執政的黨派不同而有寬嚴不同的規定，目前已有 26 個州可能對墮胎採取較嚴格的限制。保守派的德克薩斯州在去年 9 月就通過了嚴格的限制墮胎禁令。民主黨控制的麻薩諸塞州議會否決了共和黨州長的反對，將墮胎權利列入州法律。

一個事關婦女重大權益的判決，竟因政黨惡鬥而被犧牲，這真是美國民主的莫大悲哀。何況還對美國的治安有如此重大的影響，美國人的無知和愚昧也是不可想像的。

3. 槍殺氾濫，束手無策

今（2022）年 5 月 14 日美國德州尤瓦爾迪（Uvalde）一個 18 歲的青年在一所學校（Roob）槍殺了 19 名學童和 2 名老師。這是繼 2012 年康乃狄克州珊迪胡克（Sandy Hook）小學 20 多位兒童被暴徒槍殺的第二大血案。這是今年第 288 次校園槍殺案，高居世界第一（第二名的墨西哥為 8 次）。2021 年，美國的殺人案件創下了歷史的新高，有近 1 萬名兒童和青少年死於槍下。

美國是世界上公民擁槍數最多的國家，占全世界 45%。美國人口 3.3 億，平均每人擁有 1.2 支槍。因為美國憲法第二條修正案，賦予公民擁有槍枝的權利。美國人強調個人主義，自衛為天賦人權。每次發生重大槍擊案後，美國總要從法律上採取行動，嚴格限制槍枝買賣，但沒有一次成功。最近一次努力是參議員 Patrick Toomey 和 Joe Manchin 在 2012 年珊迪胡克事件後提出的法案，但在 2013 年以 54 票對 46 票在參議院被否決。

根據作者在 2005 年所著的《意識形態和美國外交政策》一書中引述 1994 年的資料顯示，美國合法的槍商有 2815 萬人，平均 900

人便有 1 人。全美國有 17.5 萬家槍店，比加油站還多，平均每 5 秒鐘增加一支槍，每 14 秒鐘，便有 1 人被槍殺。這個數字只會增加，不會減少。

美國反對管制槍枝的人士說，即使法律限制也無用，因為人們還是可以有種種方法取得槍枝。美國哥倫比亞大學在 2016 年發表自十幾個國家研究結論，槍枝管制可減少槍枝致死人數，包括南非下降13%、奧地利下降 4.8%、澳洲和英國也下降不少。但所謂管制主要是實施背景調查，取得許可和執照，和禁止大型槍械等，仍然無法全面禁止個人擁有槍枝和槍枝的出售。

美國限制槍枝最大的阻力來自「美國步槍協會」（National Rifle Association, NRA），成立於 1871 年，1975 年成立「立法行動組織」，1977 年成立「政治行動委員會」，成為美國最有影響力的遊說機構，還在選舉中提供政治獻金。2020 年，該會的經費為 2.5 億美元，每年花在政治遊說上約 300-500 萬美元，這並不包括捐款或政治獻金在內。

NRA 不但堅決反對限制槍枝，相反的，它還主張「以槍制槍」，增加校園的武裝警力，甚至「公開持槍」（open-carry），在公共場所不加掩飾地攜帶槍枝。

NRA 為達到阻止立法限制槍枝的目的，它對國會議員在槍枝問題上的立場予以評分，在選舉時作為支持與否的依據。NRA 的會員多達 400 多萬人，其中不乏知名人士，包括老布希總統和川普總統。支持 NRA 的以共和黨人居多。

此次槍擊案後，拜登總統說「已經忍無可忍」，副總統賀錦麗說「受夠了」，不少人說「必須採取行動」，但就是拿不出辦法。槍擊

案第二天的民調，顯示有 88%支持對購槍者進行背景調查，75%贊成設立槍支銷售的全國資料庫，就是沒有禁止擁有槍枝的選項。

　　今年早些時，蓋洛普（Gallup）的民調顯示，對槍枝問題，36%對現狀不滿，41%對現狀滿意。PEW 年初的民調，38%支持共和黨的槍枝政策，37%支持民主黨的槍枝政策。

　　看來，美國槍殺問題無解，只能坐視不幸的事一再發生。

第七章
★ ★ ★

結論

　　在第四章美國霸權的空洞化中，我首先引用了 1987 年，保羅甘迺迪（Paul Kennedy）所寫的《強權的興衰》（The Rise and Fall of the Great Powers）一書。作者指出強權之走向衰退的主要原因是力量的過度擴張和債務的不斷增加。1988 年漢廷頓（Samuel Huntington）在《外交事務》（Foreign Affairs）寫了一篇「美國的衰退或復興？」（The U.S.-Decline or Renewal?）表面上是呼應甘迺迪的說法，但事實上他並不完全認同甘迺迪的論點。

　　漢廷頓是位保守的和悲觀主義的學者，他對國家的發展、文明的衝突和美國的認同都有深入的分析。他是一位愛國者，也是白人至上者，但並不因此而減少他對美國缺失的批判，1999 年，他在《外交事務》上曾嚴厲列舉美國在對外關係上的八大罪狀。他也說過美國的「價值」只說明了一半的事實，掩飾了美國對印第安人的種族滅絕和對黑人的奴隸制度，並說在美國歷史上，多數的時間是一個種族主義的國家。把自己的「價值」當作普世價值，是天真和神話，也是對其他文明的不尊重。

　　在 1988 年底的這篇文章中，他說在冷戰時代，美國經歷了五次的衰退，分別是：

1. 1957-1958 年蘇聯首先發射人造衛星（sputnik）。
2. 1960 年代，尼克森（Richard Nixon）宣稱世界已走向多極——軍事兩極，經濟五極。
3. 1973 年第一次石油危機，OPEC 國家以石油抵制西方國家。
4. 1970 年代，越戰失利，水門事件迫使尼克森辭職，以及蘇聯積極在海外擴充勢力。
5. 1988 年，美國預算和貿易赤字上升以及來自日本競爭力的威脅，加上 1987 年 10 月股票市場的崩盤，成為衰退的最高點

（zenith）。

漢廷頓也指出美國經濟上的一些問題，如消費多、儲蓄少、軍費多，在 1987 年時，美國的預算赤字已達 1,600 億美元，國債達到 4,000 億美元。美國的生產力占世界的比例，從 1950 年代的 40-50%，降到 1970-1980 年代的 22-25%，但他認為美國霸權能維持 20-25%世界的生產力是安全的。他認為衰退論是心理作用，甚至是一些旁觀者的看法。相對的，他認為提醒美國的衰退反而會激發美國的反省和更新的力量，不是一件壞事。

甘迺迪和漢廷頓對美國衰退論的看法都在蘇聯解體之前，當時漢廷頓擔心的是蘇聯的軍力、日本的經濟和美國的消費，事後證明蘇聯是被與美國軍備競賽拖垮的（軍費開支占 GNP 的比例，美國是 7%，蘇聯是 18%）。美國關心的是日本和歐洲和美國在經濟上的競爭，中國還不在考慮範圍內。

在蘇聯解體前，漢廷頓認為 21 世紀仍是美國的世紀。布里辛斯基（Zbigniew Brzeziński）也認為今後世界上能像美國在生產力曾達到 30%者是不可能的事，所以美國是唯一的超級強權，也是最後一個超級強權。

只不過這兩位 20 世紀最偉大的政治學者均未預料到中國的崛起和它巨大的經濟實力。當今兩位知名的學者艾里森（Graham Allison）和佛格爾（Robert Fogel）均預測中國的生產總值在 2040 年將超過世界的 30%。艾里森說在 2008 年美國金融危機後，全球 40%的經濟成長在中國。

漢廷頓和布里辛斯基在他們的時代對世局的看法和分析都不失為真知灼見。只不過世事的變化往往超過人類的想像，1980 年代沒有

人會料到蘇聯會在瞬間裂解，更沒有人預料到中國會成為 21 世紀挑戰美國地位的大國。

　　回顧冷戰後的世局，美國的衰退是在 2001 年「九一一事件」之後，美國以反恐為名，行擴張霸權之實，陷於中東戰爭 20 年。2008 年的金融風暴，揭穿了美國金權政治腐敗的真相，也使世人見識了美國民主的真相。但美國權力菁英不思檢討，反而為了維護美國的霸權，不斷製造世界的動亂，如在歐洲製造烏克蘭和俄國的戰爭，在亞洲挑釁中國的主權和領土完整。美國的傲慢和自大，只能使美國在國際社會中愈來愈孤獨，美國的強勢作為只能加速美國霸權的衰退。

★　　★　　★

　　由於國內的政治分化和對立，模糊了美國的外交政策。民主、共和兩黨均不敢面對現實，承認美國的衰退，尤其執政的民主黨，面對共和黨強大的壓力，不斷強調美國的國際地位，高喊「美國回來了」；和領導力量，拉幫結派，膨脹美國的霸權實力。但這些都是表象，虛而不實。事實上，美國力量的衰退和國際地位的低落是顯而易見的，各種統計數字和民調都已呈現真相和事實。

　　拜登一上任，便提出重建「大西洋聯盟」和重視「歐盟」和「北約」，積極爭取美國盟友的支持。但歐洲盟國已對美國失去了信心，至多只是敷衍而已。在亞洲，美國以日本為核心，印度和澳洲為側翼，企圖打造一個亞洲的「北約」來對抗中國。但亞洲的歷史因素和地理結構與歐洲大不相同，沒有組成類似「北約」的環境和條件，美國勢將白忙一場，得不償失。

　　美國從總統拜登到副總統、國務卿、國防部長，馬不停蹄的到處奔走，提醒各國要注意中國的威脅和野心，強調美國維護「以規則為基礎的世界秩序」的願景和決心。問題是美國一向重視自己的利益，何來規則和秩序？美國為了對抗俄國和中國，要組成民主國家對抗極權國家的聯盟，問題是美國的民主已經變質，實力大不如前，更談不上信用，卻要其他國家去為美國「墊背」。這些國家有必要去與俄國和中國為敵嗎？美國強調他們重視的是「價值」和「朋友」，對世界上絕大多數國家而言，美國的「價值」早已破產；當美國的「朋友」十分危險，因為美國可以欺騙你，也可以拋棄你。美國在「北約」東擴上是如何欺騙俄國的，美國在阿富汗是如何拋棄它支持的政府。除非是目盲和智障，有哪一個國家還會相信美國連自己都不會相信的謊言。

　　冷戰結束後 30 年來，全世界的動亂，哪一件不是與美國有關，美國到底維護了什麼「價值」，又保護了哪個「朋友」？中東 20 年烽火稍停，美國又開始在歐洲和亞洲同時點火。美國人不怕玩火，因為犧牲的是他國的人民和財產，如果發現情況不對，美國大可一走了之，可憐的是被美國利用的國家和人民，當前的烏克蘭也難逃此一命運！

　　美國口口聲聲是為了國際秩序、價值和朋友而戰，問題是國際秩序不是美國的個別利益。美國不尊重其他國家的文化不等於自己的優越地位，美國的朋友如果只是近親繁殖，不啻是另一種帝國主義——以種族主義為基礎的國際秩序。

　　美國的這種主張符合美國的利益嗎？世界上能接受的國家有多少？如果美國認為沒有對抗便沒有安全，美國豈不是自掘墳墓？今天全世界反抗美國的力量不會比過去少，未來可能會更多。美國一次又

一次失掉與其他國家和平相處的機會，美國已沒有多少力量繼續浪費下去。美國政治菁英型塑的國際空間已愈來愈小，美國將面對愈來愈多國內外對美國政策的反對和反抗。

　　面對川普總統留下來的爛攤子，美國理應首先整理自己的門戶，對內安定美國人民對政府的信心，對外要恢復美國的信譽。拜登也一直說要從美國教育和司法改革做起，建立一個以中產階級為中心的制度。但他就任一年多來，除了推出若干經濟重建方案之外，在其他方面，迄今未能提出任何具體的改革方案。美國的中產階級仍一直在萎縮中，看不出改革的方向，也看不到隧道的出口。如今美國又在歐洲製造了一場戰爭，美國不出兵，但在物質和軍備上提供大量的援助。美國想藉烏克蘭和俄國的戰爭來削弱俄國，並分化「北約」盟國。但美國必須了解這場戰爭只能毀滅烏克蘭和強化俄國對美國的敵意，並使美國重新陷入歐洲的權力鬥爭。前蘇聯衛星國和俄國之間的鬥爭，法國和德國的角色將成為平衡者，將使歐洲走向獨立自主的地位，不會讓美國稱心如意，坐收漁翁之利。

★　　★　　★

　　美國自己國家的歷史不長（246 年），在國家發展的過程中可供其他國家參考的經驗除了對印第安人的種族滅絕和黑人的奴隸制度之外，唯一有較多記載的歷史便是戰爭，其中對外國的戰爭 280 多次，對內消滅印第安人的戰爭 291 次，所以除了戰爭之外，美國沒有什麼可貢獻的歷史經驗。自 19 世紀末期 20 世紀初期（1890-1910 年）經由美西戰爭和羅斯福（Theodore Roosevelt）總統的「砲艇外交」，成為帝國主義後在二戰之後更進一步走上霸權主義。1823 年的門羅主

義，美國不准其他國家干預美洲事務；1947 年的杜魯門主義，美國
以全世界的安全為美國的安全，只有美國可干預它國內政，但不准其
他國家干預。1991 年蘇聯解體，美國成為世界上唯一的霸權，對外
行動更無顧慮。2001 年小布希（George W. Bush）總統更把世界一分
為二，「不是朋友，便是敵人」。但美國 2003 年公然侵略伊拉克，
招致全世界的反感，美國陷於中東泥淖 20 年。2021 年 9 月自阿富汗
撤軍，政權由當年叛軍塔利班接收，美國重蹈 1975 年越南戰爭失敗
的悲劇。如今又在烏克蘭打代理戰爭，企圖以犧牲烏克蘭來拖垮俄
國，但美國不會達到它的目的，只會給自己帶來災難。

　　不能記取歷史教訓，而一再犯同樣的錯誤，是美國外交上重大失
敗的主因。美國稱霸世界已經 70 多年，但世界格局的變化太大，如
今世界的權力轉移正朝向東方發展，西方文明業已衰退。美國的傲慢
和自大使美國目盲，看不清世界權力的變化，也看不清自己角色的變
化，仍認為自己可以主宰世界，其他國家也樂於接受美國的領導。這
是美國一廂情願的想法，和事實距離太遠了。

★　　★　　★

　　川普之後的美國最重要的工作是緩和美國內部的矛盾，對立和分
化，以及強化美國的基礎建設。但美國仍不肯放棄冷戰思維，在西方
激怒了俄國，在東方一再對中國挑釁。今天的美國還能同時應付兩場
戰爭嗎？將俄國逼上和中國合作會有利於美國嗎？美國今天沒有戰略
思想家，但至少還應考慮到美國的利益何在？從拜登上任來一年半的
表現來看，是令人徹底失望的。

　　美國政要們僕僕風塵，在全球結幫拉派，去抗俄、抗中，問題是

會有效嗎？這些國家和美國的利益是相同嗎？歐洲國家和中國的關係是經濟和貿易，亞洲國家和中國也是建立在經濟合作上，美國硬要把安全問題「橫柴入灶」，指中國是侵略者，破壞世界秩序，影響區域安全，完全是含血噴人，美國可以隨意指責他人，不拿出證據嗎？美國以利他主義掩飾美國的自私自利，其他國家會相信嗎？美國在中東推動了 20 年的謊言政治，從反恐到推動民主，從平亂到建國，要給中東人民帶來安定和繁榮，結果一事無成，一走了之。美國如何給中東支持美國的朋友一個交代？美國如何面對美國人民，這 8 兆美元是如何花掉的？

　　事實證明，美國不僅是世界的亂源，也是世界上最大的騙子，但美國從未對自己不當的政策，向被害國人民道歉，也從未對設計和執行美國外交政策失敗的官員課以責任。

　　當拜登指稱普丁在烏克蘭戰爭中為「戰犯」，應負上戰爭罪時，以此標準，美國的戰犯和戰爭罪的人數將不計其數，從小布希、錢尼、倫斯斐、伍佛維茲到軍中的將領們，哪一位不是雙手沾滿了血跡，從二戰結束迄今，美國戰犯的人數絕對是世界第一。美國國會反對「國際刑事法庭公約」的理由是美國人不會接受任何國際法對美國人民權利的限制。世界上有這種霸道的國家嗎？這樣的國家還能自稱是民主的燈塔嗎？

★　　★　　★

　　涉入中美關係最深，高齡 99 歲的季辛吉（Henry Kissinger）對中美關係的發展，憂心忡忡。他感慨地說，中美關係再也回不到從前了。他認為中美關係一定要有基本的交往規則，他擔心美國在台海密

集的軍事行動，容易造成擦槍走火。他直言，美國從未面對比今日更
分歧和複雜的危機。美國必須就新的全球秩序，與中國達成諒解，以
確保穩定。他警告說，如果中美兩國不能合作，就會走向世界末日
（Armageddon-like）；如果美國發動一場與中國的戰爭，只會害人害
己，不僅毫無勝算，還會導致世界毀滅。

問題是中美關係不能由西方的歷史來解釋，美國最大的問題便是
只以自己的觀點來看待國際關係，米謝謨（John Mearsheimer）所著
《大國政治的悲劇》（The Tragedy of Great Power Politics），便是典
型的西方論述，以歐洲戰爭的歷史來解釋當前的國際關係，認為國強
必霸，導致霸權之爭。

誠如佛格森（Niall Ferguson）所說，美國對歷史無知，他曾創造
「中美」（Chimerica）一辭，形容中美兩國關係密切，合則兩利，
分則兩害，甚至雙輸。佛格森強調中國文化是難以匹敵的力量。卡布
蘭（Robert Kaplan）也說，美國不重視地緣政治。他在 2010 年出版
的《季風亞洲：21 世紀大國賽局與地緣政治的衝突核心》
（Monsoon: The Indian Ocean and the Future of American Power）對中
美關係有下面兩段的分析：

「中國的崛起沒有任何不合法和不合理之處，美國沒有必要予以
敵視。一個堅實、持續有進展的美中關係不僅合理，也是 21 世紀全
球體系最好的狀況，有助於全球治理的成型。」

「東亞的現況不能視為理所當然，分裂的國家經常會以出乎意料
之外的方式統一。」

經濟學者諾貝爾經濟獎得主史蒂格里茲（Joseph Stiglitz）指出美
國模式並沒有惠及美國大多數人民，但大多數中國人民從經濟發展中

獲益。他認為美國圍堵中國不會成功，對自己也不利。美國不與中國合作，美國的利益也無法實現。

美國對中國政策的改變，從交往到對抗，是從 2015 年後。2014 年歐巴馬總統在參加在中國舉辦的 APEC 上，說中國是美國不可缺少的夥伴，美國重回亞洲，目的不是圍堵中國，而是要幫助中國，並建構更緊密的中美關係。

2015 年後美國出版了若干仇視中國的著作，其中包括白邦瑞（Michael Pillsbury）的《百年馬拉松》（The Hundred-Year Marathon）指稱，由於美國對中國假設和情報的失敗，美國已被中國趕上，他以美國國防大學出版的《權力的弔詭》（The Paradox of Power）一書，稱軍事平衡已偏向中國，中國在百年馬拉松中已經超前美國 10 年，到 2050 年中國經濟將比美國大 3 倍。在 20 次兵棋推演中，只要中方使出「殺手鐧」（Assassin's mace）中國都會贏。他指的「殺手鐧」是一套不對稱武器，在敵人最脆弱的地方打敗對方。

另一本是美國前副總統錢尼（Dick Cheney）所寫的《例外的：為什麼世界需要一個強大的美國》（Exceptional: Why the World Needs a Powerful America），除了為 2003 年美國入侵伊拉克辯解外，他指責歐巴馬總統不重視美國的霸權地位。他對中國的崛起有非常誇張的說法，他說中國正在東亞進行侵略，中國的目的不是世界的和平、自由和安全，而是要打敗美國，所以美國必須要阻止中國成為區域霸權，他的結論是美國必須永遠是世界第一。

白邦瑞和錢尼的觀點代表了美國外交菁英對中國看法的重大改變，2016 年川普在總統大選中，便把美國的失敗歸罪於中國，甚至說中國「強暴」（rape）了美國，使美國產業空洞化、工廠倒閉、人

民失業。他的國安顧問從波頓（John Bolton）到歐布萊恩（Robert O'Brien）更是對中國極端仇視，認為中國企圖取代美國的地位。2018 年 10 月副總統潘斯（Mike Pence）發表了有史以來對中國最嚴厲指責的演說。國務卿蓬佩奧（Mike Pompeo）甚至發表希望中共政權被推翻的言論。

　　為什麼美國變得如此仇視中國，主要原因是中國的進步發展和成就超過了美國的想像。中國以 40 年的時間成為世界僅次於美國的大國，令美國不解和恐懼。中國的成就超過英美等國家 200 年的成就，這種翻天覆地的變化是西方人無法理解的。中國崛起令美國如此不安和仇視主要的原因，可歸納為：

1. 未依照美國的方式改變，令美國難堪。
2. 中國為非白人，令種族主義的美國不滿。
3. 霸權地位受到威脅，令美國緊張，坐立不安。

　　一位美國學者講出最直白的一句話，美國的真正原因是因為中國將會比美國大，這是美國最難以接受的。

　　為了阻止中國超越美國，美國決定全面「封殺」中國，在川普時代是打貿易戰，企圖在經濟上拖垮中國。進入拜登時代，更進一步結合全世界的盟友去孤立中國；甚至在台灣問題上，激怒中國，企圖製造軍事衝突來削弱中國。

　　但美國不了解中國，也低估中國，以上的招數均傷不了中國，反而使中國更加努力，奮發圖強。中國人有耐心和韌性，相信時和勢都在中國一方。中國對付美國的方式便是專心做好自己的事情，在總體經濟超越美國之前，絕不輕舉妄動。

　　美國的自大和傲慢表現在以不平等對待其他國家，在美國的官方

論述中，從未肯定中國的成功和成就；相反的，只會全面詆毀和醜化中國，甚至已到了口不擇言、潑婦罵街的地步。但學術界對中國卻有完全不同的看法，例如諾貝爾經濟獎得主、紐約大學教授賽克斯（Jeffrey Sachs）稱中國是世界歷史上最成功的故事。學者拉摩（Joshua Cooper Ramo）創造「北京共識」一詞，代表中國的政策不是尋求衝突，而是避免衝突、不強勢逼人及全力發展經濟能力。哈佛大學教授華特（Stephen Watt）說，美國以貶低中國的成就來掩飾美國外交的失敗。

澳大利亞前總理，也是學者的陸克文（Kevin Rudd）在 2018 年曾以「如何防止一個可以防止的戰爭」（How to Avoid an Avoidable War）為文和演講（最近已編印成書），他認為美國認定中國對美國霸權構成威脅，決心予以反擊。他提出十個問題，我把它濃縮為五點：

1. 如果中國不接受美國的要脅，美國要怎麼辦？
2. 如果美國以冷戰方式對付中國，但中國不是蘇聯（經濟為蘇聯的 10 倍），會有效嗎？
3. 中國威權式資本主義會對民主式資本主義構成強大威脅嗎？何況中國不搞意識形態對抗。
4. 美國如何從事一場與中國的貿易競爭？
5. 有多少國家會支持美國對中國的敵視和對抗政策？

陸克文認為美國對中國的政策已流於民粹，缺乏理性的討論。他認為美國和中國應致力於避免一場不必要的戰爭，在投降和對抗之間找出一條可以為雙方接受的選擇。

理性探討中美關係，中國不想當美國的敵人，美國也沒有必要與

中國為敵。在地理上，兩國分占地球東西兩大洲的中心位置，相隔 8,000 海里，如不蓄意製造事端，實在沒有對抗的必要。美國指責中國未盡大國義務，原因是中國未能完全配合美國的政策；美國指責中國擴張軍力，有侵略性，但中國一直是防守性的，因為美國從未放棄對中國的圍堵。美國又指稱中國的崛起是以傷害美國利益為代價，問題是美國何時變得如此脆弱，一個和平崛起的中國竟能傷害美國的利益？這是標準的欲加之罪，何患無辭！

事實上，美國是被自己的意識形態所綁架，只因中國是非西方國家、非西方文明（基督教）、非白種人、非民主國家。在這方面，美國是低估了中國的文化，一個立國 200 多年的國家，竟對一個有 5,000 年文明的國家予以貶低，是自暴其短。中國歷史的深度和文化的底蘊是中國的強項。美國政客經常指中國是站在歷史錯誤的一邊，是對歷史的無知。漢廷頓（Samuel Huntington）曾說過西方文明有三個缺點：虛偽、不道德和危險，這三個缺點美國已充分具備。

事實上，國際社會舊的秩序已在裂解，但新的秩序尚未產生。今後一段時間可能是布里辛斯基所預測的將是一個混沌的時代。布里辛斯基曾警告美國，如中國、俄國和伊朗形成聯盟，將是美國外交的惡夢，但這一準聯盟業已成型。冷戰後的美國迄未建立有效的大戰略，只在與美國無重大利害關係的問題上浪費美國的資源，如「北約」東擴，在中東進行推動民主建國，在台海進行無休止的軍機、軍艦的「自由航行」，在拉丁美洲進行一些無意義的干預，如委內瑞拉。

美國在全世界去找主要的敵人，但其實美國最大的敵人是自己。由於窮兵黷武、債台高築和自以為是，在國際社會上高談民主和價值，但美國本身的民主已經失能，政黨尖銳對立、貧富差距、社會不平等和種族歧視，已使美國毫無施政績效可言。《紐約時報》專欄作

家布魯克斯（David Brooks）說，「如果我們認為我們的制度優越，可能是一廂情願；如果我們不能把我們的制度變得更好，將會有更多人會說，他們要跟中國人一樣。」

中美之爭最後將是政治制度和政府績效之爭，如今美國已顯然落後。一個新冠疫情把美國幾乎變成了「失敗國家」，自 2020 年 2 月 6 日到 2022 年 3 月 24 日，777 天美國新冠疫情死亡人數超過 100 萬人。中國人口是美國的 4.3 倍，但死亡人數不到 6,000 人。

金融海嘯爆發 14 年來（2008-2021 年），全球 GDP 增加了 37.1 兆美元，其中中國貢獻了 38.5%，美國 23.3%，歐盟 6.9%。中國一個國家超過美國和歐盟 28 個國家的總合，預測未來 10 年，此一情況也不會改變。

《紐約時報》專欄作家佛里德曼（Thomas Friedman）引一位電視藝人（Bill Maher）的話，認為該藝人形容美中關係比任何美國外交官還要真切。該藝人說，美中兩國最大的區別是中國可以把大事情辦好，但美國卻不行。

2021 年 9 月 7 日《紐約時報》專欄作家史蒂芬斯（Bret Stephens）指稱拜登是一個失敗的總統，而美國是一個脆弱的國家。他說今天美國的社會已經是個不能相信政府、新聞媒體、科學機構、警察或任何為公共利益運作機構的國家。他說拜登已成為當前美國的象徵，任性卻搖搖欲墜，雄心勃勃卻毫無能力。

當全世界關心世局的人看到美國媒體如此形容美國和它的總統時，他們將如何看待美國在國際社會中的角色和作為 ?!

參考
書目

★ ★ ★

Acheson, Dean, Present at the Creation: My Years in the State Department（N.Y.: Norton, 1969）.

Allison, Graham, Destined for War: Can America and China Escape Thucydides's Trap?（Boston: Houghton Mifflin Harcourt, 2017）.

Art, Robert, A Grand Strategy for America（Ithaca, N.Y.: Cornell University Press, 2004）

Assange, Julian, The WikiLeaks Files: The World According to The US Empire（N.Y.: Verso, 2015）.

Baker, James III and Others, The Iraq Study Group Report: The Way Forward - A New Approach（N.Y.: Vintage, 2006）.

Bandow, Doug, Foreign Follies: America's New Global Empire（Maitland, FL: Xulon Press, 2006）.

Barber, Benjamin R., Fear's Empire: War, Terrorism, and Democracy（N.Y.: Norton, 2003）.

Bartlett, Ruhl, Policy and Power: Two Centuries of American Foreign Relations（N.Y.: Greenwood, 1963）.

Beale, Howard K., Theodore Roosevelt and the Rise of America to World Power（Baltimore: Johns Hopkins University Press, 1956）.

Blackwill, Robert, War by Other Means: Geoeconomics and Statecraft （Cambridge: Belknap, 2016）.

Bloom, Allen, The Closing of the American Mind （N.Y.: Simon & Schuster, 1987）.

Bolton, John, The Room Where It Happened: A White House Memoir （N.Y.: Simon & Schuster, 2020）.

Bremmer, Ian, Us vs. Them: The Failure of Globalism （N.Y.: Portfolio, 2018）.

Brzezinski, Zbigniew, and Huntington, Samuel P., Political Power: USA/USSR （N.Y.: Viking, 1963）.

Brzezinski, Zbigniew, Out of Control: Global Turmoil on the Eve of the 21st Century （N.Y.: Touchstone, 1993）.

Brzezinski, Zbigniew, The Choice: Global Domination or Global Leadership （N.Y.: Basic Books, 2004）.

Brzezinski, Zbigniew, The Grand Chessboard: American Primacy and Its Geostrategic Imperatives （N.Y.: Basic Books, 1997）.

Brzezinski, Zbigniew, Strategic Vision: America and the Crisis of Global Power （N.Y.: Basic Books, 2012）.

Buchanan, Patrick J., A Republic, Not an Empire: Reclaiming America's Destiny （Washington, D.C.: Regnery, 1999）.

Bush, George and Scowcroft, Brent, A World Transformed （N.Y.: Vintage, 1999）.

Carl von Clausewitz, On War （Princeton, N.J.: Princeton University Press,

1989）.

Carr, E. H., The Twenty Years' Crisis, 1919-1939: An Introduction to the Study of International Relations（N.Y.: Palgrave, 2001）.

Cheney, Dick and Cheney, Liz, Exceptional: Why the World Needs a Powerful America（N.Y.: Simon & Schuster, 2015）.

Coates, Ta-Nehisi, We Were Eight Years in Power: An American Tragedy（N.Y.: One World, 2017）.

Cohen, Eliot, A., Supreme Command: Soldiers, Statesmen, and Leadership in Wartime（N. Y.: Free Press, 2002）.

Cox Michael, US Foreign Policy After the Cold War: Superpower Without a Mission?（London: Pinter, 1995）.

Cunliffe, Philip, The New Twenty Years' Crisis: A Critique of International Relations, 1999-2019（Montreal: McGill-Queen's University Press, 2020）.

Daalder, Ivo H., and James M. Lindsay, America Unbound: The Bush Revolution in Foreign Policy（Washington, D.C.: Brookings Institution, 2003）.

Daalder, Ivo H. and Lindsay, James M., The Empty Throne: America's Abdication of Global Leadership（N.Y.: Public Affairs, 2018）.

Dubois, W.E.B., Black Reconstruction in America（N.Y.: Atheneum, 1992）.

Ferguson, Niall, The Cash Nexus: Money and Power in the Modern World, 1700-2000（N. Y.: Basic Books, 2002）.

Ferguson, Niall, Colossus: The Price of America's Empire（N.Y.: Penguin, 2004）.

Ferguson, Niall, Empire: How Britain Made the Modern World （N.Y.: Penguin, 2004）.

Ferguson, Niall, The War of the World: Twentieth-Century Conflict and the Descent of the West （N.Y.: Penguin, 2006）.

Ferguson, Niall, Civilization: The West and the Rest （N.Y.: Penguin, 2011）.

Ferguson, Niall, The Great Degeneration: How Institutions Decay and Economies Die （N.Y.: Penguin, 2013）.

Ferguson, Niall, The Square and the Tower: Networks and Power （N.Y.: Penguin, 2018）.

Friedman, Thomas L., The Lexus and the Olive Tree: Understanding Globalization （N.Y.: Farrar, Straus and Giroux, 1999）.

Fukuyama, Francis, The End of History and the Last Man （N.Y.: Free Press, 1992）.

Fukuyama, Francis, State Building: Governance and World Order in the 21st Century （Ithaca, N.Y.: Cornell University Press, 2004）.

Fukuyama, Francis, After the Neocons: America at the Crossroads （London : Profile Books, 2006）.

Gaddis, John L., We Now Know: Rethinking Cold War History （N.Y.: Oxford University Press, 1997）.

Gaddis, John L., On Grand Strategy （N.Y.: Penguin, 2018）.

Giddens, Anthony, Runaway World: How Globalization Is Reshaping Our Lives （London: Routledge, 2000）.

Gutfeld, Arnon, American Exceptionalism: The Effects of Plenty on the

American Experience （Portland, Oregon: Sussex Academic Press, 2002）.

Guyatt, Nicholas, Another American Century？ The United States and the World after 2000（New York: Zed Books, 2000）.

Haass, Richard N., The Reluctant Sheriff: The United States After the Cold War （N.Y.: Council on Foreign Relations, 1997）.

Haass, Richard, A World in Disarray: American Foreign Policy and the Crisis of the Old Order （N.Y.: Penguin, 2017）.

Harries, Owen, ed., Americas Purpose: New Visions of U.S. Foreign Policy （Washington D.C.: The National Interest, 1991）.

Hastedt, Glenn P., American Foreign Policy: Past, Present, Future（New York: Prentice-Hall, 1991）.

Hirsh, Michael, At War with Ourselves: Why America is Squandering Its Chance to Build a Better World （N.Y.: Oxford University Press, 2003）.

Hoffmann, Stanley, Primacy or Word Order: American Foreign Policy Since the Cold War （N. Y.: McGraw-Hill, 1978）.

Hofstadter, Richard, Anti-Intellectualism in American Life （N.Y.: Knopf, 1963）.

Hofstadter, Richard, The American Political Tradition: And the Men Who Made It （N.Y.: Vintage, 1989）.

Huntington, Samuel P., Political Order in Changing Societies （New Haven: Yale University Press, 1968）.

Huntington, Samuel P., American Politics: The Promise of Disharmony （Cambridge: Belknap Press, 1981）.

Huntington, Samuel P., The Clash of Civilizations and the Remaking of World Order（N.Y.:　Simon & Schuster, 1996）.

Huntington, Samuel P., Who Are We? The Challenges to America's National Identity（N.Y.: Simon & Schuster, 2004）.

Ikle, Fred, Every War Must End （N.Y.: Columbia University Press, 2005）.

International Institute for Democracy and Electoral Assistance （IDEA）, Global State of Democracy 2021.

Joffe, Josef, Uberpower: The Imperial Temptation of America （N.Y.: Norton, 2006）

Johnson, Chalmers, Blowback: The Costs and Consequences of American Empire （N. Y.: Metropolitan Books, 2000）.

Johnson, Chalmers, The Sorrows of Empire: Militarism, Secrecy, and the End of the Republic （N. Y.: Metropolitan Books, 2004）.

Johnson, Ian, Wild Grass: Three Portraits Of Change In Modern China （N.Y.: Vintage, 2005）.

Kagan, Robert and Kristol, William, eds. Present Dangers: Crisis and Opportunity in American Foreign and Defense Policy （San Francisco: Encounter Books, 2000）.

Kaplan, Robert D., Warrior Politics: Why Leadership Demands a Pagan Ethos （N.Y.: Random House, 2001）.

Kaplan, Robert D., Monsoon: The Indian Ocean and The Future of American Power （N.Y.: Random House, 2011）.

Kaplan, Robert D., The Revenge of Geography: What the Map Tells Us About

Coming Conflicts and the Battle Against Fate（N.Y.: Random House, 2013）.

Kaplan, Robert D., Earning the Rockies: How Geography Shapes America's Role in the World（N.Y.: Random House, 2017）.

Kaplan, Robert D., The Return of Marco Polo's World: War, Strategy and American Interests in the Twenty-First Century（N.Y.: Random House, 2018）.

Kennan, George F., At a Century's Ending: Reflections, 1982-1995（N.Y.: Norton, 1996）.

Kennedy, Paul M., The Rise and Fall of the Great Powers: Economic Change and Military Conflict from 1500 to 2000（N.Y.: Random House, 1987）.

Kennedy, Paul M., Preparing for the Twenty-First Century（London: HarperCollins, 1993）.

Keohane, Robert and Joseph Nye, Jr., Power and Interdependence: World Politics in Transition（Boston: Little, Brown, 1997）.

Kindleberger, Charles, Manias, Panics, and Crashes: A History of Financial Crises（N.Y.: Wiley, 2005）.

Kissinger, Henry, Nuclear Weapons and Foreign Policy（N.Y.: Harper & Brothers, 1957）.

Kissinger, Henry, A World Restored: Metternich, Castlereagh and the Problems of Peace 1812-1822（Boston: Houghton Mifflin Company, 1957）.

Kissinger, Henry, The Necessity For Choice: Prospects of American Foreign Policy（NY: HarperCollins, 1961）.

Kissinger, Henry, American Foreign Policy: Three Essays（N.Y.: Norton, 1969）.

Kissinger, Henry, The White House Years（Boston: Little, Brown, 1979）.

Kissinger, Henry, Diplomacy（N.Y.: Simon & Schuster, 1994）.

Kissinger, Henry, Years of Renewal: The Concluding Volume of His Classic Memoirs（N.Y.: Simon & Schuster, 1999）.

Kissinger, Henry, Does America Need a Foreign Policy?（N.Y.: Simon & Schuster, 2001）.

Kissinger, Henry, Ending the Vietnam War: A History of America's Involvement in and Extrication from the Vietnam War（N.Y.: Simon & Schuster, 2003）.

Kissinger, Henry, Crisis: The Anatomy of Two Major Foreign Policy Crises（N.Y.: Simon & Schuster, 2003）.

Kissinger, Henry, On China（N.Y.: Penguin, 2011）.

Kissinger, Henry, World Order（N.Y.: Penguin, 2014）.

Krauthammer, Charles, Democratic Realism: An American Foreign Policy for a Unipolar World（Washington, D.C.: Aei Press, 2004）.

Krugman, Paul, Peddling Prosperity: Economic Sense and Nonsense in an Age of Diminished Expectations（N.Y.: Norton, 1994）.

Kupchan, Charles A., The Vulnerability of Empire（Ithaca, N.Y.: Cornell University Press, 1994）.

Kupchan, Charles A., The End of the American Era: U.S. Foreign Policy and the Geopolitics of the Twenty-first Century（N.Y.: Knopf, 2002）.

Levitsky, Steven, and Ziblatt, Daniel, How Democracies Die?（N.Y.: Crown, 2018）.

Levitt, Steven and Dubner, Stephen J., Freakonomics: A Rogue Economist Explores the Hidden Side of Everything（N.Y.: William Morrow, 2005）.

Lipset, Seymour M., American Exceptionalism: A Double Edged Sword（N.Y.: Norton, 1997）.

Lord, Winston, and Kissinger, Henry, Kissinger on Kissinger: Reflections on Diplomacy, Grand Strategy, and Leadership（N.Y.: St. Martin's, 2019）.

Lundestad, Geir, The American "Empire" and the Other Studies of U.S. Foreign Policy in a Comparative Perspective（Oxford: Oxford University Press, 1990）.

Luttwak, Edward N., The Endangered American Dream（N.Y.: Simon & Schuster, 1993）.

Madsen, Deborah L., American Exceptionalism（Jackson, Miss.: University Press of Mississippi, 1998）.

Mahbubani, Kishore, 20 Years of Can Asians Think?（N.Y.: Marshall Cavendish, 2018）.

Mahbubani, Kishore, Has China Won? The Chinese Challenge to American Primacy（N.Y.: Public Affairs, 2020）.

Mandelbaum, Michael, Mission Failure: America and the World in the Post-Cold War Era（N.Y.: Oxford University Press, 2016）.

Mandelbaum, Michael, The Rise and Fall of Peace on Earth（N.Y.: Oxford University Press, 2019）.

Mann, Michael, Incoherent Empire（N .Y.: Verso, 2003）.

May, Ernest R., American Imperialism: A Speculative Essay（Chicago: Imprint, 1991）.

May, Ernest R., American Cold War Strategy: Interpreting NSC 68（Boston: Bedford, 1993）.

McElroy, Robert W., Morality and American Foreign Policy: The Role of Ethics in International Affairs（Princeton, N.J.: Princeton University Press, 1992）.

McEvoy-Levy, Siobhan, American Exceptionalism and U.S. Foreign Policy: Public Diplomacy at the End of the Cold War（N.Y.: Palgrave, 2001）.

Mead, Walter R., Mortal Splendor: The American Empire in Transition（Boston: Houghton Mifflin, 1987）.

Mead, Walter R., Special Providence: American Foreign Policy and How it Changed the World（N.Y.: Knopf, 2001）.

Mearsheimer, John J., The Tragedy of Great Power Politics（N.Y.: Norton, 2001）.

Mearsheimer, John J., The Great Delusion: Liberal Dreams and International Realities（New Haven: Yale University Press, 2018）.

Morgenthau, Hans J., Politics Among Nations: The Struggle for Peace and Power（Alfred Knopf, 1962）.

Moynihan, Daniel, Beyond the Melting Pot: The Negroes, Puerto Ricans, Jews, Italians, and Irish of New York City（Cambridge: MIT Press, 1970）.

Navarro, Peter, Crouching Tiger: What China's Militarism Means for the World（N.Y.: Prometheus, 2015）.

Nixon, Richard, Real Peace: No More Vietnams （N.Y.: Simon & Schuster, 1993）.

Nordlinger, Eric A., Isolationism Reconfigured: American Foreign Policy for a New Century （Princeton, N.J.: Princeton University Press, 1995）.

Nye, Joseph S. Jr., Bound to Lead: The Changing Nature of American Power （N.Y.: Basic Books, 1990）.

Nye, Joseph S. Jr., Understanding International Conflicts: An Introduction to Theory and History （London: Longman, 2008）.

Nye, Joseph S. Jr., Is the American Century Over? （Cambridge: Polity, 2015）.

Nye, Joseph S. Jr., Do Morals Matter? Presidents and Foreign Policy from FDR to Trump （N.Y.: Commonwealth, 2020）.

Nye, Joseph S. Jr., The Paradox of American Power: Why the World's Only Superpower Can't Go It Alone （N. Y.: Oxford University Press, 2002）.

Paulson, Henry M., Dealing with China: An Insider Unmasks the New Economic Superpower （N.Y.: Twelve, 2015）.

Pfaff, William, Barbarian Sentiment: America in the New Century （N. Y.: Hill and Wang, 2000）.

Piketty, Thomas, Capital in the Twenty-First Century （Cambridge: Belknap Press, 2014）.

Piketty, Thomas, Saez, Emmanuel, Zucman, Gabriel, "Distributional National Accounts: Methods and Estimates for the United States," Working Paper 4445 （National Bureau of Economic Research, December, 2016）.

Pillsbury, Michael, The Hundred-Year Marathon: China's Secret Strategy to Replace America As the Global Superpower（N.Y.: Henry Holt, 2015）.

Posen, Barry R., Restraint: A New Foundation for U.S. Grand Strategy（Ithaca, N.Y.: Cornell University Press, 2014）.

Prestowitz, Clyde, Rogue Nation: American Unilateralism And The Failure Of Good Intentions（N.Y.: Basic Books, 2004）.

Priebe, Miranda, and Others, Implementing Restraint: Changes in U.S. Regional Security Policies to Operationalize a Realist Grand Strategy of Restraint（Santa Monica, Calif.: RAND, 2021）.

Rachman, Gideon, Easternization: Asia's Rise and America's Decline from Obama to Trump and Beyond（N.Y.: Penguin, 2016）.

Rogin, Josh, Chaos Under Heaven: Trump, Xi, and the Battle for the Twenty-First Century（Boston: Houghton Mifflin, 2021）.

Rosecrance, Richard, ed., America As an Ordinary Country: U.S. Foreign Policy and the Future（Ithaca, N.Y.: Cornell University Press, 1976）.

Russett, Bruce, Grasping the Democratic Peace: Principles for a Post-Cold War World（Princeton, N.J.: Princeton University Press, 1993）.

Sachs, Jeffrey D., A New Foreign Policy: Beyond American Exceptionalism（N.Y.: Columbia University Press, 2018）.

Schlesinger, Arthur M. Jr., The Cycle of American History（Boston: Houghton Mifflin, 1986）.

Schlesinger, Arthur M. Jr., The Disuniting of America: Reflections on a Multicultural Society（N.Y.: Norton, 1992）.

Smith, Tony, America's Mission: The United States and the Worldwide Struggle for Democracy in the Twentieth Century （Princeton, N.J.: Princeton University Press, 1994）.

Smith, Tony, America's Mission: The United States and the Worldwide Struggle for Democracy （Princeton, N.J.: Princeton University Press, 1995）.

Snyder, Jack, Myths of Empire: Domestic Politics and International Ambition （Ithaca, N.Y.: Cornell University Press, 1991）.

Sombart, Werner, Why is There No Socialism In the United States? （White Plain, N.Y.: International Art and Sciences Press, 1976）.

Soros, George, The Bubble of American Supremacy: Correcting the Misuse of American Power （N. Y.: Public Affairs, 2004）.

Steel, Ronald, Pax Americana （N.Y.: Viking, 1967）.

Steel, Ronald, Temptations of a Superpower: America's Foreign Policy after the Cold War （Cambridge, Mass.: Harvard University Press, 1995）.

Steel, Ronald, Walter Lippmann and the American Century （London: Routledge, 1999）.

Stiglitz, Joseph, The Price of Inequality: How Today's Divided Society Endangers Our Future （N.Y.: Norton, 2012）.

Stoessinger, John G., Why Nations Go to War （N.Y.: St. Martin's, 1993）.

Tammen, Ronald L., and Others, Power Transitions: Strategies for the 21st Century （Washington, D.C.: CQ Press, 2000）.

Todd, Emmanuel, After the Empire: The Breakdown of the American Order （N.Y.: Columbia University Press, 2003）.

Tucker, Robert W., and Hendrickson, David C., The Imperial Temptation: The New World Order and America's Purpose （N.Y.: Council on Foreign Relations Press, 1992）.

Vaïsse, Justin,Zbigniew Brzezinski: America's Grand Strategist （Cambridge, Mass: Harvard University Press, 2018）.

Wallerstein, Immanuel, After Liberalism （New York: New Press, 1995）.

Walt, Stephen M., The Hell of Good Intentions: America's Foreign Policy Elite and the Decline of U.S. Primacy （N.Y.: Farrar, Straus and Giroux, 2018）.

Weinberg, Albert K., Manifest Destiny: A Study of Nationalist Expansionism in American History （Chicago: Quadrangle, 1963）.

White, Donald W., The American Century: The Rise and Decline of the United States as a World Power （New Haven: Yale University Press, 1996）.

Williams, William Appleman, The Tragedy of American Diplomacy （N.Y.: Norton, 2009）.

Wohlstetter, Albert, Swords from Plowshares: The Military Potential of Civilian Nuclear Energy （Chicago: University of Chicago Press, 1979）.

Woodward, Bob, The Commanders （N.Y.: Simon & Schuster, 1991）.

Woodward, Bob, The Agenda: Inside the Clinton White House （N.Y.: Simon & Schuster, 1994）.

Woodward, Bob, Bush at War （N. Y.: Simon & Schuster, 2002）.

Woodward, Bob, Rage （N.Y.: Simon & Schuster, 2020）.

Yergin, Daniel, and Stanislaw, Joseph, The Commanding Heights （N.Y.: Free Press, 1998）.

Zakaria, Fareed, The Post-America World （N.Y.: Norton, 2012）.

Zakaria, Fareed, Ten Lessons for a Post-Pandemic World （N.Y.: Norton, 2020）.

Zsaak, Robert, American Diplomacy and World Power （N.Y.: St. Martin's, 1997）.

Zunz, Oliver, Why the American Century （Chicago: University of Chicago Press, 1998）.

「上天似乎十分照顧酒鬼、傻子和美國。」──俾斯麥

"There seems to be a special providence that looks after drunkards, fools, and the United States of America."

──Otto von Bismarck

歷史與現場 328
美國霸權的衰退和墮落：冷戰後美國外交政策的檢討

作　　者—關　中
圖表提供—關　中
責任編輯—陳萱宇
主　　編—謝翠鈺
行銷企劃—鄭家謙
封面設計—陳文德
美術編輯—菩薩蠻數位文化有限公司

董 事 長—趙政岷
出 版 者—時報文化出版企業股份有限公司
　　　　　108019 台北市和平西路三段二四〇號七樓
　　　　　發行專線—（〇二）二三〇六六八四二
　　　　　讀者服務專線—〇八〇〇二三一七〇五
　　　　　　　　　　　（〇二）二三〇四七一〇三
　　　　　讀者服務傳真—（〇二）二三〇四六八五八
　　　　　郵撥——九三四四七二四時報文化出版公司
　　　　　信箱——〇八九九　台北華江橋郵局第九九信箱
時報悅讀網—http://www.readingtimes.com.tw
法律顧問—理律法律事務所　陳長文律師、李念祖律師
印刷—勁達印刷有限公司
初版一刷—二〇二二年十一月十一日
初版三刷—二〇二三年四月二十八日
定價—新台幣五〇〇元
缺頁或破損的書，請寄回更換

時報文化出版公司成立於一九七五年，
並於一九九九年股票上櫃公開發行，於二〇〇八年脫離中時集團非屬旺中，
以「尊重智慧與創意的文化事業」為信念。

美國霸權的衰退和墮落：冷戰後美國外交政策的檢討/關
中著. -- 初版. -- 台北市 : 時報文化出版企業股份有限公
司, 2022.11
　　面；　　公分. --（歷史與現場；328）
ISBN 978-626-353-020-1（平裝）

1.CST: 美國外交政策 2.CST: 霸權主義 3.CST: 國際政治

578.52　　　　　　　　　　　　　　111015862

ISBN 978-626-353-020-1
Printed in Taiwan